全国医药类高职高专规划教材·药品类专业

供药学、药物制剂、制药工程、药品营销、化学制药等专业用

药品GMP实务

主　编　张中社（杨凌职业技术学院）
　　　　郑剑玲（辽宁卫生职业技术学院）

副主编　刘春兰（黑龙江农业经济职业学院）
　　　　殷作群（黑龙江生物科技职业学院）

编　委（以姓氏笔画为序）
　　　　干玲玲（安徽中医药高等专科学校）
　　　　王　欣（上海勃林格殷格翰药业有限公司）
　　　　刘春兰（黑龙江农业经济职业学院）
　　　　许一平（山东中医药高等专科学校）
　　　　张中社（杨凌职业技术学院）
　　　　张　芳（湖北中医药高等专科学校）
　　　　陈胜发（杨凌职业技术学院）
　　　　郑剑玲（辽宁卫生职业技术学院）
　　　　殷作群（黑龙江生物科技职业学院）
　　　　黄竹青（辽宁卫生职业技术学院）

西安交通大学出版社
XI'AN JIAOTONG UNIVERSITY PRESS

内容提要

本教材分为上篇理论知识和下篇实训指导两个部分，以"理论够用、突出技能操作"为原则，力求避免深奥理论的阐述，突出实践能力的培养。全书以我国现行《药品生产质量管理规范》(GMP)为主线，全面系统地介绍了药品生产及流通过程中涉及的相关 GMP 知识，附有知识链接、课堂讨论、目标检测等模块，条理清晰，文字精炼，内容科学实用。适用于药学、药物制剂、制药工程、化学制药、药品营销、药品经营与管理等高职高专药品类专业的教学使用，可作为全国执业药师资格考试复习用书，也可供药品生产企业对各级员工进行 GMP 培训使用。

图书在版编目(CIP)数据

药品 GMP 实务/张中社,郑剑玲主编. —西安:西安交通大学出版社,2012.6(2021.7重印)
ISBN 978-7-5605-4263-8

Ⅰ.①药… Ⅱ.①张…②郑… Ⅲ.①制药工业-质量管理体系-中国-医学院校-教材 Ⅳ.①F426.7

中国版本图书馆 CIP 数据核字(2012)第 066418 号

书　　名	药品 GMP 实务
主　　编	张中社　郑剑玲
责任编辑	宋伟丽
出版发行	西安交通大学出版社
	（西安市兴庆南路1号　邮政编码 710048）
网　　址	http://www.xjtupress.com
电　　话	(029)82668357　82667874(发行中心)
	(029)82668315(总编办)
传　　真	(029)82668280
印　　刷	西安日报社印务中心
开　　本	787mm×1092mm　1/16　印张　17.25　字数　413千字
版次印次	2012年6月第1版　2021年7月第6次印刷
书　　号	ISBN 978-7-5605-4263-8
定　　价	36.00元

读者购书、书店添货，如发现印装质量问题，请与本社发行中心联系、调换。
订购热线：(029)82665248　(029)82665249
投稿热线：(029)82665546
读者信箱：xjtumpress@163.com

版权所有　侵权必究

前 言

在药品生产企业、流通领域及质量技术监督管理部门,迫切需要从事药品质量控制、药品销售管理、技术监督与管理等方面的专业人才。高职高专药品经营与管理技术专业正是为了适应这一新形势而产生的新兴专业。本书是针对高职教育和高职学生的特点,体现医药职业教育特色,以强化技能训练和素质教育为主而编写的,可供高职高专院校药学、药物制剂、制药工程、药品营销、药品经营与管理等专业使用的教材。

药品 GMP 实务是一项应用管理技术,是对药品在原料采购、药品生产、药品销售过程中进行质量控制、安全性评价的专业综合技术。教材在编写过程中,充分借鉴药品经营与管理专业药品 GMP 相关教材的编写经验,广泛搜集有关药品生产与管理方面的技术资料,力求反映高职高专特色,本着"理论够用,突出技能操作"的原则,尽量压缩理论部分内容,避免深奥的理论,突出实践能力的培养。

本书分为上、下两篇,上篇为理论知识,下篇为实训指导。上篇共十一章,以 2010 版《药品生产质量管理规范》(GMP)为主线,全面介绍了药品生产及流通过程中涉及到的相关 GMP 知识。下篇是十一项实训指导,供各院校根据自己的学习安排和实训条件选择教学。本教材特色鲜明,编排新颖,全书附有学习目标、知识链接、课堂讨论和目标检测等模块。

前言和第一章由张中社编写,第二章由郑剑玲编写,第三章及实训一由许一平编写,第四章及实训二由干玲玲编写,第五章及实训三、四、五、六由殷作群编写,第六章及实训七、八由陈胜发编写,第七章及实训九由王欣和殷作群编写,第八章及实训十由刘春兰编写,第九章由黄竹青编写,第十章及实训十一由张芳编写,第十一章由干玲玲编写,附录由张中社、王欣和张芳编写。全书最后由张中社、郑剑玲统稿。

由于编者的水平有限,掌握的文献资料还不够全面,难免有疏漏和不足之处,恳请使用本教材的教师、学生和同行提出宝贵意见,以便在今后修订中改正。

编 者
2012 年 2 月

目 录

上篇 理论知识

第一章 导论 (003)
第一节 GMP的起源与发展 (005)
一、GMP的概念 (005)
二、GMP的起源 (006)
三、我国GMP的发展 (007)
四、CGMP的理念 (008)
第二节 GMP的分类和特点 (009)
一、GMP的分类 (009)
二、GMP的特点 (009)
第三节 GMP实施的三要素 (010)
一、硬件 (010)
二、软件 (010)
三、人员 (010)
第四节 实施GMP的意义和基本原则 (011)
一、实施GMP的意义 (011)
二、GMP的基本原则 (012)
第五节 TQM、GMP与ISO9000 (014)
一、TQM理论 (014)
二、GMP与ISO9000系列标准 (015)

第二章 机构与人员 (018)
第一节 机构设置 (018)
一、制药企业组织机构的设计 (019)
二、制药企业关键部门的职能 (019)
第二节 各部门具体职能与人员职责 (021)
一、质量部职能 (021)
二、生产部职能 (023)
三、设备部职能 (023)
四、物料部职能 (024)
五、技术开发部职能 (024)
六、人力资源部职能 (024)
七、营销部职能 (025)

第三节　关键人员 …………………………………………………………………………（026）
　　一、企业负责人 …………………………………………………………………………（026）
　　二、生产管理负责人 ……………………………………………………………………（026）
　　三、质量管理负责人 ……………………………………………………………………（027）
　　四、质量受权人 …………………………………………………………………………（027）
　第四节　人员的选择和培训 ………………………………………………………………（028）
　　一、GMP 对人员素质的要求 …………………………………………………………（028）
　　二、人员培训原则 ………………………………………………………………………（029）
　　三、人员培训体系 ………………………………………………………………………（030）
　　四、培训计划及基本内容 ………………………………………………………………（031）
　　五、培训考核制度及培训的管理 ………………………………………………………（032）
　第五节　人员卫生 …………………………………………………………………………（033）
　　一、人员卫生培训 ………………………………………………………………………（033）
　　二、健康管理 ……………………………………………………………………………（033）

第三章　厂房设施与设备管理 …………………………………………………………………（036）
　第一节　我国 GMP 对厂房设施与设备管理的基本要求 ………………………………（036）
　第二节　厂房与设施管理 …………………………………………………………………（036）
　　一、厂址选择与厂区规划 ………………………………………………………………（037）
　　二、厂房管理 ……………………………………………………………………………（040）
　　三、空气净化设施管理 …………………………………………………………………（043）
　第三节　设备管理 …………………………………………………………………………（047）
　　一、设备使用管理 ………………………………………………………………………（047）
　　二、药品生产设备的设计与选型 ………………………………………………………（051）
　　三、典型 SMP、SOP 的设计示例 ………………………………………………………（051）

第四章　物料管理 ………………………………………………………………………………（055）
　第一节　我国 GMP 对物料管理的基本要求 ……………………………………………（055）
　　一、物料管理的基本原则 ………………………………………………………………（055）
　　二、原辅料的管理 ………………………………………………………………………（056）
　　三、中间产品和待包装产品的管理 ……………………………………………………（056）
　　四、包装材料的管理 ……………………………………………………………………（056）
　　五、特殊药品的管理 ……………………………………………………………………（056）
　第二节　物料采购管理 ……………………………………………………………………（057）
　　一、物料采购管理原则 …………………………………………………………………（057）
　　二、物料采购管理 ………………………………………………………………………（057）
　第三节　物料仓储管理 ……………………………………………………………………（059）
　　一、物料接收 ……………………………………………………………………………（059）
　　二、物料的入库 …………………………………………………………………………（061）
　　三、储存与养护 …………………………………………………………………………（064）

四、物料的发放……………………………………………………………………（068）

第五章　卫生管理……………………………………………………………………（071）
第一节　我国GMP对卫生管理的基本要求…………………………………………（072）
　　一、卫生的含义……………………………………………………………………（072）
　　二、污染……………………………………………………………………………（073）
　　三、我国GMP对卫生管理的基本要求…………………………………………（074）
第二节　环境卫生管理………………………………………………………………（075）
　　一、厂房清洁规程与生产环境卫生监督…………………………………………（075）
　　二、主要剂型生产对空气净化系统的要求………………………………………（078）
第三节　设备卫生管理………………………………………………………………（079）
　　一、制药设备的GMP卫生要求…………………………………………………（079）
　　二、设备的清洁规程………………………………………………………………（081）
第四节　工艺卫生管理………………………………………………………………（082）
　　一、物料卫生管理…………………………………………………………………（082）
　　二、生产介质的卫生管理…………………………………………………………（082）
　　三、几种常见剂型的生产工艺卫生管理…………………………………………（083）
第五节　人员卫生管理………………………………………………………………（084）
　　一、人员污染………………………………………………………………………（084）
　　二、人员卫生管理…………………………………………………………………（084）
　　三、人员卫生工作的培训…………………………………………………………（086）

第六章　文件管理……………………………………………………………………（088）
第一节　我国GMP对文件管理的基本要求…………………………………………（089）
　　一、GMP文件的概念……………………………………………………………（089）
　　二、文件管理的基本要求…………………………………………………………（089）
第二节　GMP文件的分类……………………………………………………………（091）
　　一、标准……………………………………………………………………………（092）
　　二、记录……………………………………………………………………………（093）
第三节　GMP文件管理………………………………………………………………（094）
　　一、GMP文件管理的目的………………………………………………………（094）
　　二、GMP文件管理的内容………………………………………………………（095）
第四节　GMP文件的编号管理………………………………………………………（099）
　　一、文件编号系统…………………………………………………………………（099）
　　二、GMP文件的系统编号………………………………………………………（100）

第七章　生产管理……………………………………………………………………（105）
第一节　我国GMP对生产管理的基本要求…………………………………………（105）
第二节　生产操作规程………………………………………………………………（105）
　　一、生产操作中的主要规程和指令………………………………………………（106）
　　二、生产操作中规程和指令的编制………………………………………………（108）

第三节　批生产记录 (110)
     一、编制原则 (110)
     二、批生产记录的管理 (110)
     三、内容和格式 (110)
   第四节　批包装记录 (110)
     一、药品包装的分类 (111)
     二、药品包装的作用 (111)
     三、质量标准制定的原则 (112)
     四、批包装记录的管理 (112)
   第五节　生产过程中的混淆、污染和交叉污染的管理 (113)
     一、混淆的概念及防混淆管理 (113)
     二、污染及防污染管理 (114)
   第六节　生产过程的管理 (116)
     一、GMP对生产过程的要求 (116)
     二、生产过程的控制 (117)
     三、不同制剂产品及不同生产特性产品的生产过程控制 (118)

第八章　质量管理 (120)
   第一节　我国GMP对质量管理的基本要求 (120)
     一、建立质量管理体系 (121)
     二、制定适当的质量目标 (122)
     三、质量管理人员及职责要求 (123)
     四、质量保证 (124)
     五、质量控制 (125)
     六、质量风险管理 (127)
   第二节　质量标准的制订 (128)
     一、原辅料质量标准 (128)
     二、包装材料质量标准 (129)
     三、中间产品质量标准 (129)
     四、成品质量标准 (129)
     五、工艺用水质量标准 (129)
   第三节　质量检验 (130)
     一、取样管理 (130)
     二、检验操作 (131)
     三、检验室管理 (132)
   第四节　质量控制 (132)
     一、原辅料、包装材料的质量控制 (132)
     二、生产过程的质量控制 (134)
     三、产品出厂后的质量控制 (137)

第九章 确认与验证 (141)
第一节 概述 (142)
一、确认和验证的定义及关系 (142)
二、确认与验证的目的和范围 (142)
第二节 验证的分类与适用范围 (142)
一、验证的分类 (142)
二、验证状态的维护 (146)
三、验证生命周期 (146)
第三节 确认与验证程序及管理 (147)
一、验证程序 (147)
二、验证文件管理 (148)
三、验证周期 (149)
四、再验证 (149)
第四节 确认与验证的内容 (149)
一、厂房与设施的验证 (150)
二、设备验证 (151)
三、工艺验证 (152)
四、清洁验证 (154)
五、计量器具及仪器的鉴定和校验 (155)
六、产品验证 (155)
七、物料验证 (155)

第十章 自检与认证管理 (157)
第一节 我国GMP对自检与认证管理的基本要求 (157)
一、GMP对自检的规定 (157)
二、《药品生产企业GMP认证管理办法》对认证的规定 (157)
第二节 自检 (158)
一、自检小组的组建 (158)
二、自检人员的职责 (158)
三、自检项目 (159)
四、自检的程序 (161)
第三节 GMP的申报与认证 (161)
一、认证的法律依据 (162)
二、GMP认证的资料申报 (162)
三、GMP认证申报注意事项 (163)
第四节 GMP认证检查 (164)
一、GMP认证程序 (164)
二、GMP认证现场检查的内容 (165)

第十一章　产品销售与收回管理 (168)
　第一节　我国GMP对销售管理的基本要求 (168)
　　一、我国GMP对销售管理的基本要求 (168)
　　二、生产企业进行GMP认证中对销售管理的要求 (168)
　第二节　产品销售及服务 (169)
　　一、产品销售 (169)
　　二、产品服务 (173)
　第三节　产品退货及收回 (176)
　　一、产品退货 (176)
　　二、产品收回 (178)
　　三、产品退货和收回后销毁管理规程 (180)

下篇　实训指导

　实训一　生产区域设备的清洁卫生消毒 (185)
　实训二　物料的接收 (187)
　实训三　人员洗手、手消毒操作 (192)
　实训四　人员进出洁净区 (194)
　实训五　物料进入洁净区 (196)
　实训六　压片机清洗和消毒 (198)
　实训七　称重记录 (200)
　实训八　抄写SOP (202)
　实训九　生产用具的清洗、消毒 (204)
　实训十　填写质量管理文件 (206)
　实训十一　模拟药品生产企业GMP认证现场检查 (209)

附录一　药品生产流程图 (210)

附录二　药品生产质量管理规范 (219)

附录三　药品GMP认证检查评定标准 (252)

参考文献 (265)

上 篇

理论知识

第一章 导论

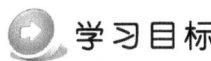 学习目标

【知识要求】
掌握 GMP 概念、类型、GMP 实施三要素。
【能力要求】
能综合运用 GMP 知识分析药难事件,找出产生的原因及解决对策。

药品是人类与疾病斗争的有力武器,药品质量的好坏直接关系到人们的身体健康和生命安危。因此,世界各国均实行严格的药品质量监督管理,以保证药品质量。

 案例分析

肝素钠事件

2008年2月底,美国 FDA 向全国医疗部门发出警示,美国百特制药公司利用进口中国肝素钠原料药生产的注射液已在全美几十家医院引起 350 例(后据查实共计 1 000 多例)患者的严重不良反应,并有 4 名患者死亡。截至 2008 年 9 月底,因肝素钠注射液死亡的病例已达81人。

齐二药事件

2006年4月24日开始,中山大学附属第三医院相继有多名患者在使用黑龙江省齐齐哈尔第二制药有限公司生产的亮菌甲素注射液过程中出现急性肾衰竭的临床症状。经药品检验部门检验查明,此批问题药品中含有有毒有害物质二甘醇。经卫生部、国家食品药品监督管理局组织医学专家论证,二甘醇是导致事件中患者急性肾衰竭的元凶。

经查明,齐二药原辅料采购、质量检验工序管理不善,相关主管人员和工序责任人违反有关药品采购及质量检验的管理规定,以有毒的二甘醇冒充丙二醇作为用药辅料生产亮菌甲素注射液,最终导致此事件的发生。

据统计,中山三院共有 65 名患者曾使用过这批含二甘醇的亮菌甲素注射液,确认有 15 名患者致损与亮菌甲素注射液有关联性,其中 13 名死亡。

欣弗事件

2008年7月24日,青海西宁部分患者使用"欣弗"后,出现胸闷、心悸、心慌等临床症状,青海省药监局第一时间发出紧急通知,要求该省停用。随后,广西、浙江、黑龙江、山东等省药

监局也分别报告,有患者在使用该注射液后出现相似临床症状。8月15日,国家食品药品监督管理局召开新闻发布会,通报了欣弗注射液引发的药品不良反应事件调查结果,安徽华源生物药业有限公司违反规定生产,是导致这起不良事件的主要原因。全国有16省区共报告欣弗不良反应病例93例;死亡11人。

安徽华源生物药业有限公司2008年6~7月生产的克林霉素磷酸酯葡萄糖注射液(欣弗)违反GMP工艺流程,降低灭菌温度,缩短灭菌时间;样品检测发现,无菌检查和热原检查不合格。

博雅球蛋白事件

2008年5月22日至28日,江西南昌大学第二附属医院先后有6名患者意外死亡,几名患者生前都曾注射过由江西博雅生物制药股份有限公司生产的静脉注射用人免疫球蛋白,5月29日,全国各级食品药品监督管理部门立即对辖区内所有标示为江西博雅生物制药有限公司生产的静脉注射人免疫球蛋白进行封存,江西省食品药品监督管理局连夜调查问题药品流向、使用及库存情况,要求企业立即实施召回。辽宁、河南、湖北、山东、上海等全国各省(市)药监部门对江西博雅生产的人免疫球蛋白产品进行了地毯式搜查。

甲氨蝶呤事件

2007年7月底,国家药品不良反应监测中心陆续收到广西、上海等地部分医院的药品不良反应病例报告,一些白血病患者在使用上海华联制药厂生产的甲氨蝶呤注射液后出现行走困难等神经损害症状。国家食品药品监督管理局和卫生部随即组织专家对相关不良事件病例进行调查和分析。7月30日,上海华联制药厂070405B、070502B两个批号注射用甲氨蝶呤(5mg)被暂停用于鞘内注射。

经查明,事件原因是华联制药厂在生产过程中,现场操作人员将硫酸长春新碱尾液混于注射用甲氨蝶呤及盐酸阿糖胞苷等批号药品中,导致了多个批次的药品被污染,造成重大的药品生产质量责任事故。

刺五加事件

2008年10月6日,云南省食品药品监督管理局报告,云南红河州第四人民医院有6名患者使用黑龙江完达山制药厂生产的刺五加注射液之后出现严重不良反应,其中3例死亡。第2天,卫生部与国家食品药品监督管理局就发出紧急通知,暂停销售、使用黑龙江完达山制药厂(2008年1月更名为完达山制药股份有限公司)生产的刺五加注射液。

完达山药业公司生产的刺五加注射液部分药品在流通环节被雨水浸泡,使药品受到细菌污染,后被更换包装标签并销售。2008年7月1日,昆明特大暴雨造成库存的刺五加注射液被雨水浸泡。完达山药业公司云南销售人员张某从完达山药业公司调来包装标签,更换后销售;中国药品生物制品检定所、云南省食品药品检验所在被雨水浸泡药品的部分样品中检出多种细菌。此外,完达山药业公司包装标签管理存在严重缺陷。完达山药业公司管理人员质量意识淡薄,包装标签管理不严,提供包装标签说明书给销售人员在厂外重新贴签包装。

双黄连事件

2009年2月11日,卫生部、国家食品药品监督管理局接到报告,青海省大通回族土族自治县3名患者使用标识为黑龙江乌苏里江制药有限公司佳木斯分公司生产的双黄连注射液（批号：0809028、0808030，规格20ml/支）发生不良反应事件，并有一例死亡病例报告。

<h4 style="text-align:center">香丹事件</h4>

2009年3月24日，卫生部、国家食品药品监督管理局接到广东省报告，3月19日广东省中山市13名患者在使用浙江天瑞药业有限公司生产的香丹注射液（批号为080524，规格10ml/支）后，出现寒战、发热等临床表现。经广东省药品检验所检验，天瑞药业生产的该批号香丹注射液热源检测项目不合格。

近年来，欣弗事件、齐二药事件等接连发生的药品安全事件让公众对用药安全格外关注。而从2006年开始，国家药监部门更是进行了对药企的专项整治行动，被制药界内部称为"监管风暴"。在生产环节，药监部门采取监督抽查、跟踪检查和飞行检查等方式，对药品生产企业执行GMP情况进行检查，收回GMP证书150多张，关停药品、医疗器械生产企业近300家。在血液制品这个高风险的领域，药监部门的检查更为严格，并向多家企业派驻了驻厂监督员。

为什么药害事件接二连三地发生？而且这些药害事件都发生在已经经过GMP认证过的正规药厂，这些药害事件应该给我们哪些启示？我们应该如何应对？

第一节　GMP的起源与发展

一、GMP的概念

《药品生产质量管理规范》(good manufacture practices, GMP)是药品生产和质量管理的基本准则，是指在药品生产过程中，用以保证生产的产品保持一致性，符合质量标准，适用于其使用目的而进行生产和控制，并符合销售要求的管理制度。亦为确保药品质量的万无一失，对药品制造整个过程中影响药品质量的各种因素所规定的一系列基本要求。

GMP自20世纪60年代初在美国问世后，现已被许多国家的政府、制药企业和专家一致公认为制药企业进行药品生产管理和质量管理行之有效的制度。在世界各国制药企业中得到广泛的推广。

药品是特殊商品，它是关系到人民用药安全和身体健康的大事。质量好的药品，可以治病救人；劣质的药品，轻则延误病情，重则置人于死地，所以对药品的质量要求，非同小可，必须达到以下几个方面的要求。

1. 纯度的要求

药品的纯度是药品质量好坏的重要标志，必须符合国家法定标准。

2. 均一性

药品的生产是大生产，有的是连续性的，有的是间歇性的，无论连续性生产也好，间歇性生产也好，我们要求其同一批号的药品的质量必须是均匀的、一致的。否则会造成抽取检验的样品缺乏代表性，从而影响药品检验结果的准确性。另一方面，制剂产品含量不均匀，影响到用药剂量准确性，会影响到疗效，严重的危及患者的安全。

3. 稳定性

药品在有效期内或使用期内,其质量必须保持稳定,不变质,达到规定要求。

4. 有效性

患者在正常情况下,服用药品后,对疾病能够产生有效的医疗作用。

5. 安全性

安全性指患者服用药品后产生不良反应程度的大小,程度越小则安全性越好,反之亦然。由于药品生产是一个十分复杂的过程,从原料进厂、成品制造及出厂,要涉及许多生产环节及其管理,如果任何一个环节疏忽,都有可能导致药品质量不符合国家规定的要求,也就是说,有可能生产出劣质的药品。因此,必须在药品生产过程中,进行全过程的管理控制,以此来保证药品质量。

三十多年来的实践证明,GMP确实是一套行之有效的先进的科学管理制度,特别对消灭药品生产过程中的污染、混淆和差错的隐患,保证药品质量起到重要的作用。

二、GMP 的起源

1959 年 12 月,德国儿科医生 Weidenbach 首先报告了一例女婴的罕见畸形。1961 年 10 月,在德国妇科学术会议上,有三名医生分别报告发现很多婴儿有类似的畸形。这些畸形婴儿没有臂和腿,手和脚直接连在身体上,很像海豹的肢体,故称为"海豹肢畸形儿"及"海豹胎"。医学研究表明,"海豹胎"的病因是妇女在怀孕初期服用"反应停"所致。反应停于 1953 年首先由德国一家制药公司合成,1956 年进入临床并在市场试销,1957 年获德国专利,这种药物治疗早孕期间的孕吐反应,有很好的止吐作用,对孕妇无明显毒副作用,相继在 51 个国家获准销售。从 1956 年反应停进入市场至 1962 年撤药,全世界 30 多个国家和地区(包括我国台湾省)共报告"海豹胎"1 万余例,各个国家畸形儿的发生率与同期反应停的销售量呈正相关,如在德国就引起至少 6 000 例畸胎,英国 5 500 例,日本约 1 000 余例,我国台湾省也至少有 69 例畸胎出生。只有美国,由于官方采取了谨慎态度,没有引进这种药,因此,除自己从国外带入服用者造成数例畸胎外,基本没有发生这样的病例。反应停所造成的胎儿畸形,是 20 世纪药物导致先天畸形最大的灾难性事件,至今仍有法律纠纷。

早在 1906 年,美国就对食品、药品和化妆品进行立法管理,并成立了 FDA 机构对食品和药品进行管理。因此,当时在审查"反应停"进口时,发现该药缺乏足够的临床资料而拒绝该药进口,所以避免了这场世界性灾难的遭遇。美国吸取了药物致畸的教训,在 1962 年重新对食品、药品和化妆品的管理进行了修正,对制药企业提出了三方面的要求:制药公司对出厂的产品不仅要证明有效,而且要证明其安全性,制药企业必须向 FDA 机构报告药品不良反应,制药企业必须实施 GMP。于是,美国 FDA 机构在 1963 年就颁布了世界上第一部 GMP,并把它载入药典。

 知识链接

美国避免了"反应停"悲剧在美国的发生,并不是由于当时美国已经制定了 GMP。FDA 官员 Frances Kelsey,她本人是医生兼药理学家,她认为该药在欧洲上市时间短,需要积累更多的安全性资料,顶住知名制药企业的压力,拒绝其进入美国市场。为此,肯尼迪总统于 1962 年 8 月 7 日授予她杰出联邦公民服务勋章。

1969年,WHO在第22届世界卫生大会上,向会员国推荐在制药企业中施行GMP,在其出版的《国际药典》附录中将"GMP"收载其中。目前,世界很多国家和地区,国际间组织和一些国家的行业组织都先后制订了自己的GMP及其实施指南。

药品是一类特殊的商品,药品生产是一门十分复杂的科学。在药品的生产过程中要涉及许多技术细节、管理规范及药政管理问题,其中任何一个环节的疏忽,都可能导致所生产的药品不符合质量要求。因而GMP就是根据全面质量管理(TQC)的思想加以规范而制定的。

三、我国GMP的发展

我国是在20世纪80年代初提出在制药企业中推行GMP,比最早提出GMP的美国,迟了20年。

1982年,中国医药工业公司参照一些先进国家的GMP制订了《药品生产管理规范》(试行稿),并开始在一些制药企业试行。

1984,中国医药工业公司又对1982年的《药品生产管理规范》(试行稿)进行修改,变成《药品生产管理规范》(修订稿),经原国家医药管理局审查后,正式颁布在全国推行。

1988年,根据《药品管理法》,国家卫生部颁布了我国第一部《药品生产质量管理规范》(1988年版),作为正式法规执行。

1991年,根据《药品管理法实施办法》的规定,原国家医药管理局成立了推行GMP、GSP委员会,协助国家医药管理局,负责组织医药行业实施GMP和GSP工作。

1992年,国家卫生部又对《药品生产质量管理规范》(1988年版)进行修订,变成《药品生产质量管理规范》(1992年修订)。

1992年,中国医药工业公司为了使药品生产企业更好地实施GMP,出版了GMP实施指南,对GMP中的一些内容,作了比较具体的技术指导,起到了比较好的效果。

1993年,原国家医药管理局制订了我国实施GMP的八年规划(1983年至2000年)。提出"总体规划,分步实施"的原则,按剂型的先后,在规划的年限内,达到GMP的要求。

1995年,经国家技术监督局批准,成立了中国药品认证委员会,并开始接受企业的GMP认证申请和开展认证工作。

1995年至1997年原国家医药管理局分别制订了《粉针剂实施〈药品生产质量管理规范〉指南》、《大容量注射液实施〈药品生产质量管理规范〉指南》、《原料药实施〈药品生产质量管理规范〉指南》和《片剂、硬胶囊剂、颗粒剂实施〈药品生产质量管理规范〉指南和检查细则》等指导文件,并开展了粉针剂和大容量注射液剂型的GMP达标验收工作。

1998年,国家药品监督管理局总结近几年来实施GMP的情况,对GMP(1992年修订)进行再次修订,于1999年6月18日颁布了《药品生产质量管理规范》(1998年修订),1999年8月1日起施行,使我国的GMP更加完善、更加切合国情、更加严谨,便于药品生产企业执行。

《药品生产质量管理规范》(2010年修订)于2011年3月1日起实施,新版GMP共14章、313条,较1998版GMP篇幅大量增加,更加完善、系统、科学。自2011年3月1日起,新建药品生产企业、药品生产企业新建(改、扩建)车间应符合新版药品GMP的要求。现有药品生产企业将给予不超过5年的过渡期,并依据产品风险程度,按类别分阶段达到新版药品GMP的要求。新版GMP在修订过程中参照了欧盟、FDA和WHO的GMP标准,大幅提高了对企业质量管理软件方面的要求,全面强化从业人员的素质要求,细化文件管理规定,进一步完善药品安全保障措施,引入或明确了质量受权人、质量风险管理等概念。

 知识链接

1999年,全国制药企业共6 357家,按照既符合中国国情又逐步与国际接轨的原则,有计划、分步骤地强制实施GMP认证。在第一轮GMP认证中,有3 959家企业通过。2010版GMP提高了医药行业准入门槛,有利于促进行业资源向优势企业集中。SFDA内部测算,本轮GMP认证,将有约1 000家制药企业因此被淘汰。

四、CGMP的理念

CGMP(current good manufacture practices)是动态药品生产管理规范,也翻译为现行药品生产管理规范。CGMP强调现场管理,它要求在产品生产和物流的全过程都必须验证,为国际领先的药品生产管理标准,CGMP是目前美、德、法、日等国执行的GMP规范,也被称作"国际GMP规范"。CGMP规范并不等同于我国目前正在实行的GMP规范,目前我国正在实行的GMP更注重的是硬件设施的改造,而CGMP认证更注重的是软件建设,对软件和人员的要求多。这是因为,药品的生产质量根本上来说取决于操作者的操作,因此,人员在CGMP管理中的角色比厂房设备更为重要。

我国目前执行的GMP,是以WHO制定的GMP为模板而制订的,适用于中国的GMP规范,偏重对生产硬件比如生产设备的要求,标准比较低。而美、德、法、日等国家执行的GMP(即CGMP),它的重心在生产软件方面,比如规范操作人员的动作和如何处理生产流程中的突发事件等。

从美国现行的GMP认证规范与我国的GMP认证规范的目录比较,就能看出两者的区别和要求侧重点的不同。从目录的比较可以看出,对药品生产过程中的三要素——硬件系统、软件系统和人员,美国GMP要比中国GMP简单,章节少,但对这三个要素的内在要求上差别却很大,我国GMP对硬件要求多,美国GMP对软件和人员的要求多。

从中美GMP比较中可以发现的另一个不同点是样品的收集和检验,特别是检验。中国GMP只规定必要的检验程序,而在美国的GMP(CGMP)里,对所有的检验步骤和方法都规定得非常详尽,最大限度地避免了药品在各个阶段,特别是在原料药阶段的混淆和污染,从源头上为提高药品质量提供保障。从根本上讲,CGMP就是侧重在生产软件上进行高标准的要求。因此,与其说实施CGMP是提高生产管理水平,倒不如说是改变生产管理观念更为准确。

 知识链接

尽管我国政府还没有强制要求制药企业实施CGMP,但这并不说明中国不存在实施CGMP的迫切性。相反,按CGMP规范管理整个生产过程是迈向国际化必不可少的前提。可喜的是,目前在国内,有前瞻性发展策略眼光的制药企业已经意识到这一规范的长远意义,并为之付诸了实践。

第二节　GMP 的分类和特点

一、GMP 的分类

(一) 从 GMP 的适用范围来看

从 GMP 的适用范围来看，现行的 GMP 分为以下三种类型：

(1) **国际组织制订的 GMP**　原则性强，内容较概况，无法制强制性。

例如：世界卫生组织(WHO)颁布的 GMP(1991 年)，欧洲共同体颁布的 GMP，东南亚国家联盟颁布的 GMP。

(2) **国家颁发的 GMP**　原则性强，内容较概况，具有法制强制性。

例如，中华人民共和国国家药品监督管理局颁布的《药品生产质量管理规范》(1998 年、2010 年分别修订)，美国 FDA 颁布的 CGMP(现行 GMP)，日本厚生省颁布的 GMP。

(3) **工业组织制订的 GMP**　指导性强，内容具体，无法制强制性。

例如：美国制药工业联合会制订的 GMP，标准不低于美国政府制订的 GMP；中国医药工业公司制订的《GMP 实施指南》；还有制药公司自己制订的 GMP。

(二) 从 GMP 制度的性质来看

从 GMP 制度的性质来看，GMP 分为以下两类。

(1) **将 GMP 作为法典规定**　例如：美国、日本、中国的 GMP。

(2) **将 GMP 作为建议性的规定**　有些 GMP 起到对药品生产和质量管理的指导作用。例如，WHO 制订的 GMP。

二、GMP 的特点

当今世界，各国按 GMP 的要求进行药品生产和质量管理已是大势所趋。尽管不同的国家和地区制定了本国或本地区的 GMP，但是，药品的生产过程及其质量保证方法是不分国界的，因此各国的 GMP 虽在具体规定和要求方面各具特色，但所涵盖的内容大同小异，基本上是一致的。我国 2010 版《药品生产质量管理规范》包括总则、机构与人员、厂房与设施、设备、物料、卫生、验证、文件、生产管理、质量管理、产品销售与收回、投诉与不良反应报告、自检、附则共计 14 章；并通过印发《药品生产质量管理规范》附录，对无菌药品、非无菌药品、原料药、生物制品、放射性药品、中药制剂等生产和质量管理的特殊要求作出了补充规定。

GMP 是药品生产过程质量管理实践中总结、抽象、升华出来的规范化的条款，其目的是保证所生产的药品安全、有效、均一，它所覆盖的是所有药品、所有药品生产企业。不论哪个国家，制定 GMP 必须遵循这样的原则。只要切实贯彻执行所制定的 GMP，就能始终生产出符合一定质量标准的药品，防止任何事故的发生，否则，就必须重新修订。随着医药科学的不断进步、基础研究的不断加深及医药技术的不断提高，药品的质量标准也在不断提高，这就必然要求保证药品质量的 GMP 也必须不断发展和完善。所以说，GMP 是不断发展并需不断完善的。GMP 一般具有以下特点：

①GMP 的条款仅指明所要求达到的目标，而并不罗列出实现目标的具体办法，因此，其

实施过程必需结合企业的生产实际而进行；②GMP条款具有时效性，即新版GMP颁布后，前版GMP即废止；③GMP强调药品生产和质量管理法律责任，即凡开办药品生产企业，必须向药品监督管理部门履行审批手续，其产品质量严格按GMP要求，接受药品监督管理部门的监督；④GMP强调药品生产过程的全面质量管理，即凡能引起药品质量的诸因素，均须严格管理，强调生产流程的检查与防范紧密结合，且以防范为主要手段；⑤重视为用户提供及时的、有效的服务，即建立销售档案，并对用户的反馈信息加以重视，及时处理。

知识链接

GMP与药品生产新观念：生产质量必须万无一失，生产过程必须全程控制，生产环境必须全面净化，生产设施必须因地制宜，生产管理必须有序有效。

第三节　GMP实施的三要素

一、硬件

良好的厂房设备、完善的硬件设施是基础条件。谈到良好的硬件设施，人们普遍认为只要肯投入资金，一切就不成问题。诚然，充足的资金投入是硬件建设的保障，但在当前综合国力相对较低，国有企业举步维艰的状况下，大量资金投入是不现实的，应抓住重点利用有限的资金完成GMP硬件改造和建设。如粉针剂生产线，由于粉针剂产品对微细颗粒和微生物控制这两方面有特殊要求，因而在与药粉直接接触的设备（分装机）、内包材料的清洁消毒设备（洗瓶机、洗胶塞机、隧道烘箱及运送轨道等）应不脱落微粒、毛点，并易清洁、消毒；在产品暴露的操作区域（无菌室）其空气洁净级别要符合工艺规定，不产生交叉污染，这些是资金投入的重点。在新厂房筹建或老厂房改造之前，应向有关权威专家进行咨询，广泛征求专业人士如生产车间、技术、质管、设备等部门的意见，对照GMP的要求，就设备的选型、建筑材料的挑选、工艺流程布局进行综合考虑，制定出合理的资金分配方案，使有限资金发挥最大的效能。

二、软件

一套经过验证的、具有实用性、现行性的软件是产品质量的保证。众所周知，质量是设计和制造出来的，而产品的质量要遵循各种标准的操作法来保证，同其他事物一样，企业的软件管理也经历了一个形成、发展和完善的过程。从纵向看，各种技术标准、管理标准、工作标准是在长期的生产过程及上级单位的各类验收检查、质量审计中逐步形成的，这一时期的各类标准是低水平的、粗线条的。此后随着GMP实践的不断深入，从中细化出各类具有实用和指导意义的软件——标准操作规程（即SOP）。GMP的实践是一个动态过程，与之相对应的软件也需要不断地补充、修订、完善。经过验证的、具有实用性、现行性的软件是产品质量的保证，是企业在激烈的市场竞争中立于不败之地的秘密武器。

三、人员

具有高素质的人员是关键。作为一个企业，从产品设计、研制、生产、质控到销售的全过程中,"人"是最重要的因素。因此,为了确保药品质量,企业就必须按要求对各类人员进行行之有效的教育和培训,要像抓硬件建设工作那样,去搞好"人"素质提高的建设工作,切不可将教育培训工作流于形式。产品质量的好坏是全体员工工作质量好坏的反映,这是因为优良的硬件设备要由人来操作,好的软件系统要由人来制订和执行,由此可知,人员的培训工作是一个企业 GMP 工作能否开展、深入和持续的关键。因此,有必要在企业内部设立一个培训部门,从事全员培训工作,逐步建立和完善各类人员应受到的培训、考核内容,规定其每年受训时间不少于一定学时。就像需要对各种进厂原辅材料进行检验,符合规定方能使用一样,对各类人员也应对其上岗前进行"初验证",工作一段时间要进行"再验证",培训到位才能胜任本职工作,减少主观随意性。例如,粉针车间无菌分装岗位,为严格控制无菌操作室内环境,确保生产合格的无菌产品,制订了严格的工艺卫生操作规程,但如果操作者不能正确理解为什么要这么做,或质量意识不强,在没人监督时不认真执行,则会导致消毒灭菌不彻底,给产品质量带来隐患。

因此,良好的硬件设备(施)、实用的软件系统、高素质的人员参与是组成 GMP 体系的重要因素,缺一不可。

考点链接

药品生产和质量管理的基本准则是:
A. 对产品质量负全部责任
B. 药品生产质量管理规范
C. 定期对生产和质量管理进行全面检查
D. 主动接受卫生行政部门对药品质量的监督检查
E. 对用户提出的药品质量问题和使用中出现的药品不良反应做详细记录和调查处理
解析:药品生产和质量管理基本准则是《药品生产质量管理规范》,即 GMP。故正确答案为 B。

第四节 实施 GMP 的意义和基本原则

一、实施 GMP 的意义

我国制药企业实施 GMP 是形势所迫、势在必行,它关系到人民用药安全有效的大问题,也是关系到企业的生死存亡的大问题。实施 GMP 的重要意义在于:

(1)有利于企业新药和仿制药品的开发 根据规定,自 1999 年 5 月 1 日起,由国家药品监督管理局受理申请的第三、四、五类新药,其生产企业必须取得相应剂型或车间的"药品 GMP 证书",方可按有关规定办理其生产批准文号。同时,申请仿制药品的生产企业也必须取得相应剂型或车间的"药品 GMP 证书",方可受理仿制申请。所以药品生产企业,只有获得"药品 GMP 证书",才能开发新品种,增强企业的后劲,为企业今后的发展创造条件。

(2)有利于换发《药品生产企业许可证》 新开办的药品生产企业必须通过 GMP 认证,取得《药品 GMP 证书》,方可发放《药品生产企业许可证》。在规定期内,未取得《药品 GMP 证书》的企业,将不予换发《药品生产企业许可证》。这就意味着企业的生存受到严重的威胁。

(3) 有利于提高企业和产品的声誉,提高竞争力　因为凡通过 GMP 认证的企业或车间,都发有《GMP 证书》,而且也在有关报纸上刊登公告,通过 GMP 认证的有关内容也可在企业和产品宣传推广上应用。这样必然会进一步提高企业(车间)的形象和声誉,提高市场的竞争力,占有更大的市场。

(4) 有利于药品的出口　GMP 已成为国际医药贸易对药品生产质量的重要要求,是国际通用的药品生产及质量管理所必须遵循的原则,也是通向国际市场的通行证,如果我们的企业(车间)获得《GMP 证书》,我们的药品就可以走出国门,面向世界,扩大出口,争取更多的外汇。

(5) 保证药品质量　有利于提高科学的管理水平,促进企业人员素质提高和增强质量意识,保证药品质量。我们过去的管理,是一种传统的管理方法,只重视结果,不注意过程,而现在 GMP 管理,是一种科学的先进管理方法,它最大的特点是它不但重视结果,而且还重视过程。GMP 所制订的内容,主要是力求消灭药品生产中的污染、混淆和差错等隐患,这种隐患,仅靠对成品结果的检验是无法完全把关的。

(6) 有利于指导医院医生和患者用药　因为通过 GMP 认证的企业(车间),国家都发给其《GMP 证书》,并向社会予以公告,证书的有关内容可以印在宣传广告上,这样,医院医生和病者可以一目了然,识别 GMP 企业(车间)和非 GMP 企业(车间),在采购和购买药品时就可以有所选择,达到指导用药的目的。

(7) 有利于企业提高经济效益　国家有关部门对通过 GMP 认证的企业(车间)已出台了一些经济上优惠政策。

(8) 强化生产管理和质量管理　有利于为制药企业提供一套药品生产和质量所遵循的基本原则和必需的标准组合,促进企业强化生产管理和质量管理,有助于企业管理现代化,采用新技术、新设备,提高产品质量和经济效益。

二、GMP 的基本原则

GMP 十项基本原则:

(1) 明确各岗位人员的工作职责　GMP 要求每一岗位的人员都能胜任自己的工作,应明确自己的工作职责,掌握在自己的岗位上"应知应会"的内容。制药技术和岗位的要求在不断发展,要求员工不断地学习和培训。

(2) 厂房、设施和设备的设计和建造过程中,充分考虑生产能力、产品质量和员工身心健康　厂房、设施与设备的设计、建造应满足生产能力、产品质量、员工安全和身心健康等条件,应考虑提供充足的操作空间,建立合理的生产工艺流程,控制内部环境等。

(3) 对设施和设备进行适当的维护,以保证始终处于良好的状态　厂房、设施、设备维护保养不当会引起产品返工、报废、不能出厂、投诉、退货、收回以及可能的法律纠纷、影响企业形象等,因此,建立厂房和设备的维护保养计划并认真实施是非常重要的。应制定书面规程,明确每一台设备的检查和维护保养项目、周期、部位、方法、标准等。做好维护保养记录,每台关键设备均应有使用记录、清洁记录、维护保养记录、润滑记录等。

(4) 将清洁工作作为日常的习惯,防止产品污染　清洁是防止产品污染的有效措施,药品生产对清洁工作的重视和清洁工作的挑战是永无止境的,我们的目标是将清洁工作作为 GMP 生活方式的一部分。应建立清洁的标准和清洁的书面程序,严格遵守书面的清洁规程,及时、准确记录清洁工作,发现任何可能造成产品污染的情况及时报告,采取必要的措施,防止鼠虫的进入,定期检查水处理系统和空气净化系统,对生产废弃物进行妥善处理,对生产设备进行彻底的清洁。

(5)**开展验证工作,证明系统的有效性、正确性和可靠性** 验证是证明药品生产的过程、设备、物料、活动或系统确实能达到预期结果的有文件证明的一系列活动,是一种有组织的活动。通过验证可以证明药品生产的过程、设备、物料、活动或系统确实能达到预期结果。可以保证我们的生产过程能够始终符合预定的标准要求。当药品生产的每一个系统或过程均通过验证,我们就有充分的自信,生产的产品的质量能够始终如一地符合质量标准的要求。

(6)**起草详细的规程,为取得始终如一的结果提供准确的行为指导** GMP的核心是为生产和质量管理的每一项操作(或工作)建立书面程序。书面程序是保证符合GMP要求、操作(或工作)过程可控、结果一致的第一步,可以控制药品的生产和质量管理过程,将污染、混淆和差错的可能降至最低。

(7)**认真遵守书面程序,以防止污染、混淆和差错** 确保生产操作符合GMP要求的最有效途径是认真遵守书面程序的每一步要求。书面程序的每一步操作都有其特定的目的和含义,或许对当前的操作并无意义,但可能是对其他操作的准备、检查或复核。没有部门主管和质量部门的批准,我们的操作不能与书面程序有任何偏离。书面程序是经慎重考虑或验证后产生的标准文件,可以帮助我们获得始终如一的工作质量。

(8)**对操作或工作及时、准确地记录归档,以保证可追溯性,符合GMP要求** 记录是将已经发生的事件或已知事实文档化并妥善保存,记录的范围包括物料管理的记录、厂房设施、设备管理与操作记录、生产操作与管理记录、质量管理与检验、检查记录、销售记录、人员培训、健康检查记录等等。应由操作人员亲自记录并签名,过程中的任何偏差应及时报告、处理和记录,不能写回忆录或提前记录。

(9)**通过控制与产品有关的各个阶段,将质量建立在产品生产过程中** 产品的缺陷通常是由污染、混淆和差错引起的。实施GMP的目的就是通过过程控制、防止污染、混淆和差错,保证产品质量。控制的主要环节:物料的控制、储存控制、检验控制、设施设备控制、生产过程控制、包装贴签控制、清洁清场、检验过程控制、成品储存和销售控制、储存控制、销售记录、售后服务。QA/QC只能检验或检查产品质量,而产品质量是在生产过程中形成的,企业的每一位员工都对产品质量有直接的影响。

(10)**定期进行有计划的自检** 建立自检的书面程序,规定自检的项目和标准,定期组织自检。自检完成后,作出自检报告。日常工作的自检包括:是否接受了必要的教育、培训和技能训练,能够胜任本岗位的工作?是否掌握了本岗位的"应知应会"?是否理解在产品质量中应承担的责任?能否第一次就把事情做好,每一次都能把事情做好?是否按记录的要求及时、准确地记录?执行的书面程序能否对工作给予明确的指导?是否能够理解书面程序?能否严格遵守?是否对执行的书面程序定期进行检查,保证其准确性和有效性?发现捷径或更好的操作方法时,是怎样处理的?个人卫生是否符合要求?是否按要求更衣?设备、容器、用具是否按书面程序清洁?保证处于随时可用的状态?发现可能污染产品的异常情况是否立即报告?是否通过控制内部环境减少污染、混淆和差错发生的机会?是否按书面规程对设备进行检查、维护和保养?是否按要求记录设备的使用、清洁、维护保养和润滑情况?发现异常情况是否报告主管?

第五节　TQM、GMP 与 ISO9000

一、TQM 理论

全面质量管理(total quality management, TQM)是指在全面社会的推动下,企业中所有的部门、所有组织、所有人员都以产品质量为核心,把专业技术、管理技术、数理统计技术集合在一起,建立起一套科学、严密、高效的质量保证体系,控制生产过程中影响质量的因素,以优质的工作、最经济的办法提供满足用户需要的产品的全部过程。

进行全面质量管理必须要做到"三全"。一是全过程的质量管理。要体现以预防为主、不断改进的思想和为顾客服务的思想;它把满足消费者或用户需要放在第一位,运用以数理统计的方法为主的现代综合管理手段和方法,对商品开发、设计、生产、流通、使用、售后服务以及用后处置的全过程进行全面的管理;防检结合,以防为主重在分析各种因素对商品质量的影响。二是全员的质量管理。要做好全员的教育、培训;要制订各部门、各类人员的质量责任制,落实责、权、利;要开展多种形式的群众性质量管理活动;它强调依靠与商品使用价值形成和实现有关的所有部门和人员来参与质量管理,实行严格标准化;不仅贯彻成套技术的标准,而且要求管理业务、管理技术、管理方法的标准化。三是全企业的质量管理。要保证和提高产品质量必须使企业的研制、维持和质量改进的所有活动构成一个有效的整体。企业全面的质量管理主要包括:生产上商品自身的特有属性,也包括商品形成过程中起关键作用的工序质量和保证产品质量的工作质量。不仅要保证产品质量,还要做到成本低廉、供货及时,服务周到等等。他要求追求价值和使用价值的统一,质量和效益的统一,用经济手段生产用户满意的商品。

全面质量管理这个名称,最先是 20 世纪 60 年代初由美国的著名专家菲根堡姆提出。它是在传统的质量管理基础上,随着科学技术的发展和经营管理上的需要发展起来的现代化质量管理,现已成为一门系统性很强的科学。

党的十五届四中全会《决定》提出,要"搞好全员全过程的质量管理"。"全员全过程的质量管理",就是全面质量管理(TQM)。自 1978 年以来,我国推行 TQM(当时称为 TQC)已有 20 多年。从 20 多年的深入、持久、健康地推行全面质量管理的效果来看,它有利于提高企业素质,增强国有企业的市场竞争力。

近年来,TQM 正日益受到各国领导人和广大企业家所重视的一门科学管理体系。从中央到地方,从政府到企业,各行各业都针对经济全球化迅速发展和"入世"所带来的机遇与挑战,对质量工作给予高度重视,为加强质量工作采取了企业、政府、社会齐抓共管,企业自律、市场竞争、政府监督"三管齐下",明确地方政府在产品质量工作中的责任、"以法治国"等一系列措施来实现提高产品质量的总体水平。

 知识链接

GMP 是药品生产过程中,对各个环节、各方面实施严格监控提出的具体和必要的质量监控措施,是药厂实施 ISO9000 的基础,GMP 是制药企业质量体系的重要组成部分。所以说,药厂的 ISO9000 是以 GMP 为基础的质量管理体系。在实施过程中,通过文件体系的设立,应使两项标准相互补充,成为一个体系,通过 ISO9000 质量体系的有效运作,确保了 GMP 的高效执行,提升公司整体质量水平。

二、GMP 与 ISO9000 系列标准

ISO9000 是指由国际标准化组织（ISO）所属的质量管理和质量保证技术委员会（ISO/TC176）工作委员会制定并颁布的关于质量管理体系的族标准的统称。ISO9000 族标准中有用于指导各国企业建立质量管理体系并获取外部认证的标准（ISO9001：2000），有用于指导企业自身强化质量管理的标准（ISO9004），有用于统一各国质量术语的标准（ISO8402），也有用于规范质量审核的标准（ISO10011）等等，所有这些标准构成了一个相对严密的标准系列，对质量管理界带来深远的意义。

GMP 和 ISO9000 是当今企业管理实现科学化、现代化的一种手段，其目的都在于保证产品质量，但两者既有区别又有联系。GMP 透过硬件、软件、人员的具体要求体现质量的预防管理理念。GMP 在原辅料的使用、生产投料、验证、差错处理的每个环节上都强调各个控制要点，主要目的通过各个方面的措施避免差错的发生，从而保证产品质量。GMP 是生产质量各环节的控制，而非一个全面系统的质量保证体系。所以说 GMP 不是质量管理的全部，更非质量体系。ISO9000 强调的是从产品的设计、生产、售后等整个的环节建立的质量体系。通过完善、科学、有效的质量体系运作达成质量管理，最终确保质量。两者之间的有着一定的联系和差异。

（一）GMP 与 ISO9000 的相同点

GMP 与 ISO9000 的相同点表现在以下几个方面。

(1)发展历程相似，在国际上普遍实施，注重标准的动态完善 药品的 GMP 源于血的教训，特别是 20 世纪 50 年代发生药物大灾难"反应停"事件后，各国政府意识到严格药品管理的重要性。药品的最初 GMP 于 1963 年由美国国会颁布，其次是 1967 年世界卫生组织的首版 GMP 问世，目前已经有 100 多个国家和地区颁布了自己的 GMP，它们都经历了多年的探索与实践，不断完善。

(2)都基于全员参与、注重预防和持续改进的质量管理理念 两者均强调以产品和客户为中心，确保客户的安全和利益；注重培训、预防控制和持续改进，达到企业的质量目标。

(3)质量合格不仅是产品质量符合规定，过程也应符合规定 在 GMP 中严格规定：产品的最终合格放行，必须是全过程和最终产品均符合规定，才允许产品放行。同样，产品质量来源于设计和生产，过程操作及其最终结果合格，这种质量评定思想也贯穿于 ISO9000 的始终。

(4)对文件的要求相同 一个组织的体系文件应该是为该组织给出一个符合作业实际的规范。无论是药品 GMP 还是 ISO9000，其文件体系都重视把产品/服务等有关活动所必需的必要规定，纳入文件的编制范围，以确保过程有效运作和控制的需要，且这些文件不论是 GMP 还是 ISO9000 均需经过审批并正式颁布，成为该组织的法规。同时要求记录及时、真实、完整，"写我所做，做我所写"，这是 ISO9000 与 GMP 共同认定的文件与行动的关系。

(5)说、写、做一致，均重视记录的证实作用 GMP 的检查和 ISO9000 的认证，均是以检查原始记录和考察现场来认定有关活动是否执行了规定要求，如果对已完成的作业没有提供必要的记录做证实，则认定不作为。

(6)二者均是一个体系的认证而非某个具体的产品的认证 GMP 与 ISO9000 都作为评价一个体系，虽然存在专业和通用的差异，但均适合对一个组织的质量管理体系作评价，证实其具备生产某种产品的基本能力。它们对管理体系提出要求，认为这是实现产品技术要求的

可靠支撑。

(二)GMP 与 ISO9000 的不同点

GMP 与 ISO9000 的不同点表现在以下几个方面：

(1)**标准的性质不同** 药品的 GMP 是一个管理规范,具备强制执行的特点,换句话说,是药品生产的门槛。而 ISO9000 为推荐标准,实施与否取决于企业的自身要求。

(2)**内容的侧重点不同** 药品 GMP 对厂房、设施等硬件做出了较为详细和具体的要求,同时强调生产过程的控制,对组织的质量方针目标、设计开发不做要求,偏重于产品的制造过程。ISO9000 无具体指标要求,只给出一个质量管理体系的框架,相比较而言,ISO9000 更侧重于软件的管理,管理体系更为细致。

(3)**体系文件结构和作用不同** 药品 GMP 文件和 ISO9000 文件的作用在多处是相同的,但也存在着差异。药品 GMP 文件作为药品生产企业的内部文件,蕴含相关药品的配套法规与知识产权,对文件的体系结构无层次要求,编制时不考虑对外。而 ISO9000 对体系文件有层次结构要求,要求企业制定"质量手册",作为质量工作的大纲。"质量手册"可作为质量保证书递交外部顾客。

(4)**认证管理程序不同** 药品 GMP 认证由国家和地方药监局认证中心统一承办。GMP 证书由国家食品药品监督管理局统一颁发,证书 5 年有效,每 2 年进行追踪检查。而 ISO9000 认证是第三方认证。由获中国质量认证机构国家认可委员会注册的认证机构都可以进行认证。各认证机构颁发认证证书,同时负责对认证单位的年度审计。

(5)**适用范围不同** 药品 GMP 是医药行业专业性标准,在医药行业广泛采用。ISO9000 提供的质量管理体系,普遍适用于各行各业的不同组织。

(6)**认证证书通行范围不同** 目前,许多国家按各自的国情制定了本国的 GMP,GMP 证书只在本国有效。当然,药品的进口商往往不同程度的尊重出口国的 GMP 认证证书。而 ISO9000 是国际标准,我国经 CNACR(中国质量认证机构国家认可委员会)认可的认证机构颁发的 ISO9000 证书得到了国际上 20 多个国家的认可。

 学习小结

GMP 即《药品生产质量管理规范》,GMP 的出现与震惊世界的"反应停"事件有关。GMP 是世界各国对药品生产全过程监督管理普遍采用的法定技术规范,是 20 世纪发达国家为保证药品质量对生产提出的管理要求,也是世界卫生组织向各国推荐采用的技术规范。世界各国往往借此以达到一个共同的目的,防止不同药物或其成分之间发生混淆、污染和差错。药品质量是生产过程中形成的,而不是检验出来的,因此,必须强调预防为主。在生产过程中建立质量保证体系,实行全面质量管理,确保药品质量。

 目标检测

一、选择题

1. GMP 中文全称是_____。
   A. 药品生产质量管理规范　　　　B. 药品经营质量管理规范
   C. 中药材种植质量管理规范　　　D. 药物非临床安全管理规范

2. 《GMP》(2010年修订)于2011年_____起实施。
   A. 1月1日　　　　B. 2月1日　　　　C. 3月1日　　　　D. 4月1日
3. 世界上第一部GMP产生于_____。
   A. 1961年　　　　B. 1962年　　　　C. 1963年　　　　D. 1964年
4. 世界上第一部GMP的产生源于_____。
   A. 反应停事件　　B. 非拉西丁事件　C. 三苯乙醇事件　D. 孕激素事件
5. 当今世界上GMP分_____类型。
   A. 2种　　　　　B. 3种　　　　　C. 4种　　　　　D. 5种
6. 我国GMP立法依据是_____。
   A.《药品行政保护条例》　　　　　　B.《药品生产监督管理办法》
   C.《中华人民共和国药典》　　　　　D.《中华人民共和国药品管理法》
7. GMP所倡导的质量管理的理念是_____。
   A. 隶属于生产的质量管理　　　　　B. 检验质量管理
   C. 全面质量管理　　　　　　　　　D. 工艺质量管理

二、简答题

1. GMP主要内容包括哪些方面？
2. 药品生产企业为什么要实施GMP？
3. 谈谈你对CGMP的理解。

第二章 机构与人员

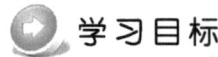 学习目标

【知识要求】
1. 掌握药品生产企业组织机构设计,人员培训的原则。
2. 熟悉人员的专业素质要求,人员培训的内容。
3. 了解 GMP 关于机构与人员的相关规定。

【能力要求】
能根据产品、剂型、规模等要求设计组织机构,制订培训计划并记录检查。

制药企业的软件、硬件要由人来操作完成。只有具备良好素质的领导层才能激发出企业的潜力,只有具备良好素质的管理者才能带领团队前进,只有具备相关技能的员工才是最完美的执行者。

制药企业基本人员安排如下:

企业领导 { 总经理、副总经理(厂长、副厂长)
总工程师

普通员工 { 生产员工
仓储员工
检验员工

质量把关人员 { 生产管理负责人
质量管理负责人
质量受权人

制药企业还应根据品种、管理规模、资源等因素建立质量管理体系,明确各级管理职责并形成文件,加以实施,并持续改进其有效性。企业管理层应根据药品的生产流程和管理要求,确保分配的职权和职责能够符合产品所需要的生产和管理活动。为了确保产品的质量,制药企业必须有训练有素的工作人员承担药品生产的全部工作。从事制药生产与质量管理的人员应具有相应明确的权限和职责,并有书面的程序文件加以说明。所有人员都应该具备相应的资质和能力,经过相应的培训,能对药品质量进行控制。

第一节 机构设置

组织机构的合理设置是制药企业开展药品生产管理的工作基础,也是药品 GMP 存在及运行的基础。组织机构的设置要与企业的规模、人员素质、经营和管理方式相适应。其中,质

量管理部门的设置及其职责的明确是开展药品质量管理工作的基础。

一、制药企业组织机构的设计

药品生产企业要遵循质量管理的八项原则,建立健全现代化企业的质量管理体系。组织机构设置应考虑到企业经营机制、药品生产特点、企业规模等因素,使其有利于药品生产和质量管理。设置组织机构的要求:

①组织机构的建立要与质量管理体系相适应,包括:各级质量管理机构的设置;明确各机构的隶属关系;明确各机构的职责范围;明确各机构的相互关系及工作衔接;形成各级质量管理工作网络等;②应以GMP规定的药品生产全过程的要求为主要依据,按职能分工,以一定格局设置各职能部门,其中包括在建制的职能部门和非在建制的质量管理活动组织和网络;③药品生产企业应制定相关的设岗定编规定,使各部门配合适当,运转自如,高效有序,充分体现出组织机构系统的严密性和协调性。

二、制药企业关键部门的职能

(一)各部门在质量管理上的职能分配

药品生产企业中设置的各部门应做到因事设岗,因岗配人,使全部质量活动都能落实到岗位和人员。各部门既有明确的分工,又有相互协作和相互制约的关系。

1. 领导层

药品生产企业领导层负责制定与实施质量管理的方针政策;建立健全企业的质量管理体系,并使其有效运行;组织并全面落实GMP的实施与认证。

2. 质量管理部门

负责企业质量管理体系运行过程中的协调、监督、审核和评价工作;负责药品生产全过程的质量检验和质量监督工作;开展质量审核工作,向企业内部提供质量保证。

3. 生产部门

按GMP要求组织生产,编制生产规程等文件;防止药品污染、混淆及差错,使生产过程始终处于受控状态,组织工艺验证,确保生产出合格产品。

4. 工程部门

负责按照GMP要求选择设备及其型号并安装等;负责企业设备、设施的维修、保养及管理(包括生产设备、公用工程设备、检测设备、辅助用设备等);组织好有关设备、设施的验证工作;保证计量器具的完好程度和量值传递的准确性;保证提供符合生产工艺要求的水、电、气、风、冷等。

5. 供应部门

需配合质量管理部门对主要物料供应商进行质量体系评估;严格按物料的质量标准购货;对供应商进行管理,保证供应渠道畅通;按GMP要求做好物料的收、储、发等工作。

6. 研究开发部门

负责设计、制定原辅材料的质量、规格及检验方法;设计剂型;通过临床试验确定药品的适应性;确定中间控制项目及其方法与标准;确定生产过程;选择合适的包装形式并制订包装材料的质量、规格;制定成品的质量、规格及检验方法;确定药品稳定性等。

7. 销售部门

在新产品开发之后,重点是市场开发。切实做好销售记录,确保每批产品售后的可追踪性；负责把产品质量问题和用户投诉信息及时反馈给质量管理部门和生产部门。销售人员的素质及其工作质量可使用户感受到企业质量。

（二）质量管理部门的职能分工

药品生产企业必须加强质量管理机构的建设，强化其职能，并按照分配的质量管理职能分工协作。

药品生产企业的综合性质量管理部门应该职能专一、职责明确，从事企业质量活动的组织、计划、协调、指导、检查和监督工作。

药品生产企业应按照法律规定赋予质量管理部门以质量否决权，独立行使质量审核、质量检验职权，承担质量保证（QA）和质量控制（QC）等质量管理职能。

药品生产企业的质量检验部门，应实施对药品生产全过程所有物料、中间产品和成品的检验工作。

药品生产企业必须设置一些与质量活动相关的组织和网络。例如，组织验证可由一个职能部门牵头，若干职能部门参与协作。各部门设专职或兼职岗位，这些岗位人员组成网络并开展活动，以利于全面落实企业的各项质量管理工作。

图 2-1 为药品生产企业组织机构及职能分工图。

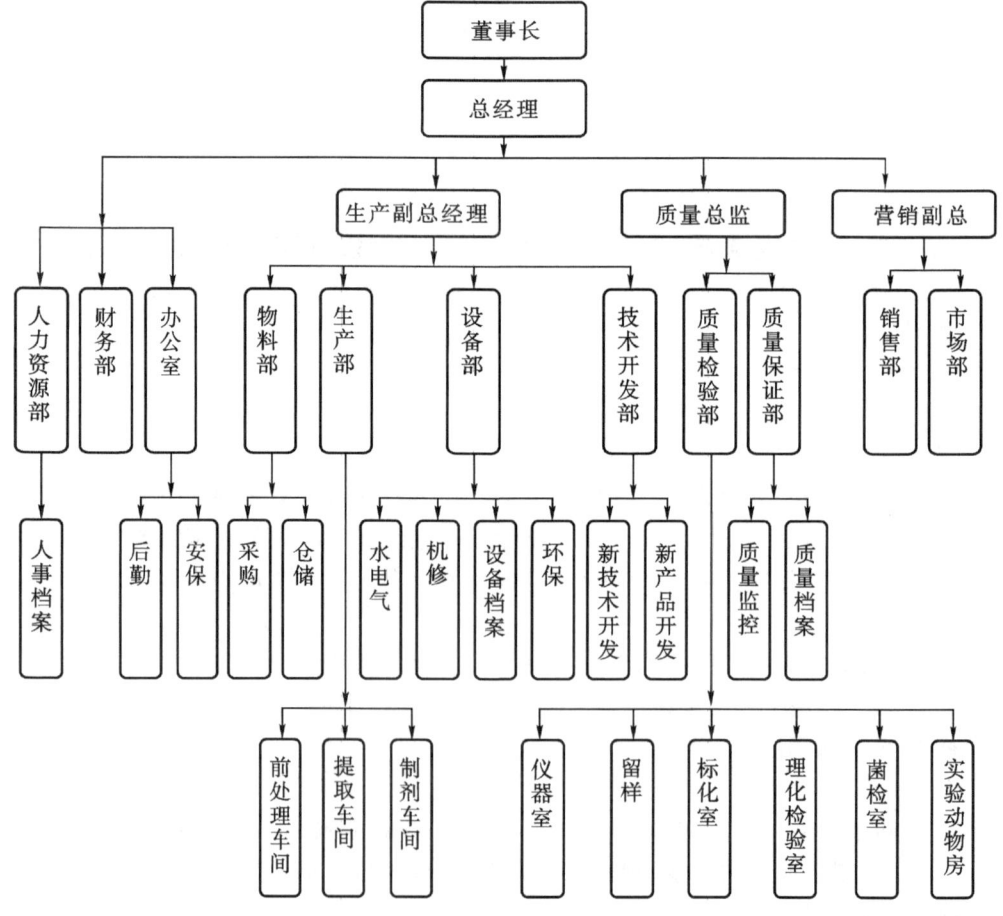

图 2-1　药品生产企业的组织机构图

第二节　各部门具体职能与人员职责

GMP 对药品生产企业的组织机构、生产和质量管理负责人素质、从事药品生产和质量检验人员都提出明确的要求（13 项与此相关）。药品生产企业的组织机构要与现代化生产相适应，要与实施全面质量管理（TQM）和药品生产质量管理规范（GMP）相适应。制药企业要以质量管理为核心，以人为本是管理的基础，全面提高企业人员的素质和强化质量意识，严格遵守规程和工艺，才能生产出合格的产品。

我国的 GMP 不仅重视质量管理部门，也重视生产管理部门，这符合"产品质量是设计和生产出来的，而不仅仅是检验出来的"、"质量贯穿于生产全过程之中"的 GMP 指导思想。

一、质量部职能

（一）质量保证部门（QA 部）的职能

(1) 质量保证部直属于质量总监领导，负责全公司药品质量的对内对外管理。

(2) 负责全公司药品生产质量管理文件的签发和管理，负责质量和验证等相关档案的管理。

(3) 负责产品原辅料、包装材料供应商资质的审查，负责有关设备、仪器供应商资质的审核。

(4) 负责决定原辅料和中间产品是否允许投料，成品是否允许出厂，包装材料及其标签、说明书是否允许使用。

(5) 负责库房和车间的原辅料、中间产品、包装材料及成品的储存条件监控，负责生产全过程和生产环境的质量监控，负责检验工作的质量监控和实验动物房的监控。

(6) 负责制定和修订原辅料、包装材料、中间产品和产品的质量标准及审核检验操作规程。

(7) 质量保证部对退回药品和不合格药品有决定权和否决权。

(8) 负责批记录的审核、整理和档案保存，并负责发放产品合格证。

(9) 负责药品的售后服务（药品的质量跟踪、用户的质量投诉和药品不良反应监控），对重大质量问题向药品监督管理局和有关部门报告。

(10) 负责员工有关药品质量方面知识的培训。

(11) 负责组织企业的验证和 GMP 自检工作。

（二）质量监控员（QA 人员）的职责

(1) 监控 GMP 文件的起草、审核、批准、修订、发放和收回的执行情况。

(2) 监控物料供应商的资质认证和试生产情况以及合格、待验、不合格物料的存放、保管和处理情况。

(3) 监控生产、检验用仪器设备按照 GMP 管理规范进行购置、验收、安装运行与验证，监控计量仪器校验执行。

(4) 监控厂房洁净区的压差、风速、空气中尘埃数和沉降菌数是否符合药品生产要求。

(5)监控生产上注射用水、纯化水是否符合药品生产要求。
(6)监控药品生产过程中清场、设备状态标志、洁净工作服等管理规程的执行情况。
(7)监控生产人员进出洁净区时对相关规程的执行情况及人员卫生情况。
(8)监控生产过程中生产管理规程和工艺规程的执行情况。
(9)监控生产过程中车间物料存放、处理情况。
(10)监控生产检验用设备的运行、维修、保养记录的填写情况。
(11)监控产品售后用户不良反应、质量投诉情况。
(12)监控产品的退货处理、不合格品的销毁情况。
(13)负责进厂物料、中间产品、产品的取样、留样以及取样证、合格证、不合证的发放。
(14)负责物料、中间产品、产品的批生产记录、检验报告的审核评价。
(15)负责对人员进行质量保证方面的培训工作。
(16)对生产现场中不符合质量要求的或违反操作规定的有权制止,并上报QA负责人。
(17)对生产过程中出现异常情况及偏差,应协助车间查找原因,提出方案措施,并监督其执行情况。
(18)在执行监督过程中,应坚持原则、实事求是,不得弄虚作假。
(19)参加质量分析事故的处理和质量分析会议,负责车间内部质量信息的收集。
(20)QA人员有全面行使质量保证的权力,对不合格品有权制止流入下道工序,对违规行为有权制止。
(21)日常工作受QA负责人检查。

 知识链接

2010版GMP与98版GMP相比,在人员方面的主要的变化如下:"机构与人员"一章明确将质量受权人与企业负责人、生产管理负责人、质量管理负责人一并列为药品生产企业的关键人员,并从学历、技术职称、工作经验、培训等方面提高了对关键人员的资质要求,如学历由大专变为本科,但增加并行标准,如中级职称或执业药师。

(三)质量检验部门(QC部)的职能

(1)质量检验部直属于质量总监领导,负责全公司产品质量的检验工作,并出具质量检验报告。
(2)负责原辅料、包装材料、中间产品和成品及工艺用水的理化检验、微生物检验(内毒素)和产品稳定性试验。
(3)负责洁净车间和无菌检验室环境的尘粒数和活微生物检测。
(4)负责制定检验操作规程和检验方法研究。
(5)负责QC人员的专业技术培训。
(6)负责实验室仪器设备器具管理和试剂、菌种、溶液管理。
(7)负责实验动物的喂养和管理。
(8)负责各检验室的管理和实验动物房的管理。

(四)质量检验员(QC人员)职责

(1)认真贯彻 GMP,严格执行药品管理法并对检验的准确性负责。
(2)严格执行各种检验操作规程,认真做好本岗位的检验工作。
(3)严格遵守实验室的各种规章制度和管理规程。
(4)做好原辅料、包装材料、中间产品、成品、工艺用水和环境监测的各种指标检查,操作准确、记录求实。
(5)对制订、修订并完善各种物料及产品检验规程、检测用设备 SOP、检测用设备及玻璃器具清洗消毒规程,提出意见。
(6)做好滴定液,检定用标准品、对照品、检定用菌种、剧毒品的统一管理及发放工作。
(7)负责对检验用仪器、仪表、量具、衡器与实施管理,督促计量部门定期检验。
(8)认真做好产品质量稳定性试验。
(9)认真做好各种检验原始记录。
(10)不断学习专业知识和检验技能,努力更新检测手段,提高检验水平。

二、生产部职能

(1)认真贯彻和执行国家《药品管理法》及 GMP 文件所制定的规范。
(2)执行公司的生产计划,下达批生产指令和批包装指令,按时完成生产计划任务并确保其质量。
(3)严格按照 GMP 生产管理规程和产品工艺规程实施生产全过程的管理和操作。
(4)检查生产经营计划的执行并负责公司各项生产统计报表工作,向生产副总经理提供生产计划完成表、生产物耗表等生产汇总表。
(5)建立健全安全管理制度和安全管理机制,组织安全生产检查和现场管理检查。
(6)组织召开调度会,做好会议纪要。
(7)执行公司其他事宜的统一安排,遵守公司各项规章制度。
(8)编制生产计划表,报请生产副总审批。
(9)监督各车间实施经公司批准的生产计划,协调与各部、室、车间之间的工作关系。
(10)负责对车间工艺指标完成情况、生产计划完成情况、产品质量、生产安全等的监督及考核工作。

三、设备部职能

(1)协助 QA 考察设备供应商提供的设备质量情况和设备的验收,根据检验结果编制定点供应商名册和淘汰供应商名册,管理各种设备档案。
(2)按照 GMP 要求负责设备和计量器具的管理及检修保养,负责动力、净化系统运转,保证水、电、暖、汽的正常供给及制冷工作的顺利进行。
(3)制定及编制本部门设备设施的标准操作法及各类用于记录的表格,交主管领导批准后实施。
(4)制定动力车间用水、用电、用煤计划,做到不超标、不浪费。

(5)负责做好机械设备的维护保养工作,保持设备外观清洁,呈现本色,保证油路管道、氨液管道、供汽管道、供暖管道畅通。

(6)督促动力车间职工增强安全生产责任,下班前进行安全检查,关闭一切电源、水源、汽源,及时发现和消除各种隐患。

(7)负责做好各岗位交接班手续,填写交接班记录。

(8)在生产副总经理领导下,做好各方面的协调工作,做到分工不分家,厂区内发生水、电、暖、汽问题,积极进行检查、抢修,保证全公司生产、施工各项工作顺利进行。

四、物料部职能

(1)负责生产上的一切物料供应,并对公司仓储进行有效管理。

(2)组织本部门人员实施各项计划或任务,确保生产如期进行。

(3)协助 QA 考察物料供应商提供的物料质量情况,负责首批来料的样品送检,根据检验结果编制定点供应商名册和淘汰供应商名册。

(4)根据公司计划,制定采购方案,与供应商签订采购合同。

(5)编制物料代码,按照 GMP 相关程序对原辅料、包装材料和成品进行仓储管理。

(6)保持与公司其他部门的协调与联系。

五、技术开发部职能

(1)协助主管生产的副总经理做好技术开发管理工作。

(2)负责公司科研开发、技术管理工作。

(3)组织专业人员编订和审查产品工艺规程、岗位操作规程和岗位 SOP,经公司领导批准后监督执行。

(4)根据生产副总经理的要求,结合生产实际,起草、审核和批准生产管理文件。

(5)负责公司设备管理工作。

(6)负责完成公司科研任务,对重大生产工艺革新提出建议,完成生产技术革新工作。

(7)完成公司新药研发、申报和试生产工作。

(8)建立和完善技术档案,严格遵守技术保密制度。

(9)协助生产副总经理完成对车间技术骨干的培训工作。

(10)负责协商、审查公司对外技术合同书,并报请生产副总经理审核批准。

(11)完成公司领导交办的其他工作。

六、人力资源部职能

(1)协助公司领导做好日常行政事务,积极向董事长、总经理等公司领导提出公司管理的合理化建议。

(2)负责公司内部各部门间的综合协调、对外联系等工作。

(3)负责起草公司的工作计划、总结;按照公文处理有关程序,拟发、审核文稿。

(4)督促公司的各项工作任务,负责收集、动态了解公司内外的有关信息,准确及时地为领导提供信息服务。

(5)负责行政及各种会议的组织接待。

(6)负责企业人员结构、编制的配备和调整,组织员工进行培训,建立职工持证上岗政策。配合生产技术部完成培训考核工作,督促职工积极学习。

(7)负责公司劳动力资源的管理。根据公司安排,和有关部门一起做好员工的招聘、辞退工作,并及时向总经理报告,请求批准。

(8)负责公司的人事管理,对全厂职工进行全面考核、考评工作。

(9)按照档案管理规定,做好各类档案(包括行政文件、人事档案、人员健康档案、人员培训考核档案等)的归档和保管工作。

(10)负责公司的综合计划、统计及对外签订合同的审查、监督工作。

(11)负责办公室自动化网络终端的使用和管理。

(12)负责公司后勤保障、卫生、安全保卫工作,确保公司运作的正常进行。

(13)负责公司车辆合理调派,保障公司工作用车。

(14)监督公司各部门对各项规章制度的执行情况。

(15)按时完成公司领导交办的其他工作。

七、营销部职能

(1)组织实施公司销售计划方案。

(2)组织全体人员学习相关的法律、法规和规章制度,保证销售工作合法并按有关规定有序进行。

(3)负责药品销售和售后服务,保证企业销售计划的完成,保证客户对售后服务的满意。

(4)组织人员经常性地进行市场调查,对销售状况进行分析,对公司的产品和同类竞争性产品在市场上的发展趋势做出正确的判断,并及时写出调查报告,提出应对措施,供领导参考、决策。

(5)加强内部管理工作,对销售计划的完成状况,回款状况、销售台账的完整准确进行监督,发现问题及时报告。

(6)负责用户投诉和不良反应的信息反馈,按照质管部门的指示,负责药品的回收。

(7)应与生产部门、质管部门加强沟通与联系,建立有关产品质量、经营等的综合性档案,广泛准确地收集有关资料,做好药品的市场预测,并把信息及时提供给技术开发部,以促使技术开发部迅速开发出有竞争实力的产品。

 课堂讨论

1. 根据所学的知识,你认为自己能胜任哪个部门的工作?

2. 你认为你还需要在哪些方面补充、丰富自己的知识,提高自己的能力,以胜任药品生产企业的工作?

3. 具有什么素质的人员才能建立优秀的企业?

第三节　关键人员

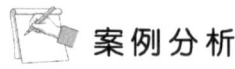 **案例分析**

同仁堂祖训

作为中药领域的老牌企业,同仁堂在新时代依然保持着领先的地位。软胶囊、颗粒、丸剂等剂型很早已经通过了 GMP 认证。在制作成药过程中,同仁堂严格地按照祖训"炮制虽繁,必不敢省人工;品味虽贵,必不敢减物力"行事,重视对员工的职业道德教育。2007 年下半年,某分厂在完成了对一线生产人员按工时进行考核的基础上,将考核覆盖面进一步扩大,制定了对管理和辅助人员的考核办法。这一考核办法将完成任务情况、工作效率与部门奖金挂钩,注重了下达工作任务的严肃性,强化了干部的岗位意识、责任意识,有效提高了干部执行力和工作效率。

分析　人员是药品生产企业质量管理的关键因素,也是药品质量与企业效益的保证。

制药企业的关键人员应当为企业的全职人员,包括:企业负责人、生产管理负责人、质量管理负责人和质量受权人。质量管理负责人和生产管理负责人不得互相兼任,质量管理负责人和质量受权人可以兼任。应当制定操作规程确保质量受权人独立履行职责,不受企业负责人和其他人员的干扰。

一、企业负责人

企业负责人是药品质量的主要责任人,全面负责企业日常管理。为确保企业实现质量目标并按照本规范要求生产药品,企业负责人应当负责提供必要的资源,并合理计划、组织和协调,保证质量管理部门独立履行其职责。

二、生产管理负责人

(一)资质

生产管理负责人应当至少具有药学或相关专业本科学历(或中级专业技术职称或执业药师资格),具有至少 3 年从事药品生产和质量管理的实践经验,其中至少有 1 年的药品生产管理经验,接受过与所生产产品相关的专业知识培训。

(二)主要职责

(1)确保药品按照批准的工艺规程生产、贮存,以保证药品质量。
(2)确保严格执行与生产操作相关的各种操作规程。
(3)确保批生产记录和批包装记录经过指定人员审核并送交质量管理部门。
(4)确保厂房和设备的维护保养,以保持其良好的运行状态。
(5)确保完成各种必要的验证工作。

(6)确保生产相关人员经过必要的上岗前培训和继续培训,并根据实际需要调整培训内容。

三、质量管理负责人

(一)资质

质量管理负责人应当至少具有药学或相关专业本科学历(或中级专业技术职称或执业药师资格),具有至少五年从事药品生产和质量管理的实践经验,其中至少一年的药品质量管理经验,接受过与所生产产品相关的专业知识培训。

(二)主要职责

质量管理负责人应确保原辅料、包装材料、中间产品、待包装产品和成品符合经注册批准的要求和质量标准,确保在产品放行前完成对批记录的审核,确保完成所有必要的检验。批准质量标准、取样方法、检验方法和其他质量管理的操作规程,审核和批准所有与质量有关的变更。确保所有重大偏差和检验结果超标已经过调查并得到及时处理,批准并监督委托检验。监督厂房和设备的维护,以保持其良好的运行状态。确保完成各种必要的确认或验证工作,审核和批准确认或验证的方案和报告。确保所有与产品质量有关的投诉已经过调查,并得到及时、正确的处理。确保完成产品的持续稳定性考察计划,提供稳定性考察的数据,确保完成产品质量回顾分析。确保质量控制和质量保证人员都已经过必要的上岗前培训和继续培训,并根据实际需要调整培训内容。

 知识链接

生产、质量管理负责人共同职责:审核和批准产品的工艺规程、操作规程等文件,监督厂区卫生状况,确保关键设备经过确认,确保完成生产工艺验证,确保企业所有相关人员都已经过必要的上岗前培训和继续培训,并根据实际需要调整培训内容。批准并监督委托生产,确定和监控物料和产品的贮存条件、保存记录、监督本规范执行状况,监控影响产品质量的因素。

四、质量受权人

(一)资质

质量受权人应当至少具有药学或相关专业本科学历(或中级专业技术职称或执业药师资格),具有至少五年从事药品生产和质量管理的实践经验,从事过药品生产过程控制和质量检验工作。

质量受权人应当具有必要的专业理论知识,并经过与产品放行有关的培训,方能独立履行其职责。

(二)主要职责

(1)参与企业质量体系建立、内部自检、外部质量审计、验证以及药品不良反应报告、产品召回等质量管理活动。

(2) 承担产品放行的职责,确保每批放行产品的生产、检验均符合相关法规、药品注册要求和质量标准。

(3) 在产品放行前,质量受权人必须按照上述要求出具产品放行审核记录,并纳入批记录。

第四节 人员的选择和培训

一、GMP 对人员素质的要求

1. 基本素质要求

GMP 规定药品生产企业的各级质量管理机构和其中的人员的职责都应明确,每一机构都必须配备一定数量的与药品生产相适应的具有专业知识、生产经验及组织能力的管理人员和技术人员。

2. 专业素质要求

对于不同岗位不同职责的人员,GMP 有着不同的针对性的专业素质要求。例如,企业主管药品生产管理和质量管理的负责人应具有医药或相关专业大专以上学历,有药品生产和质量管理经验,对 GMP 的实施和产品质量负责。药品生产管理部门和质量管理部门的负责人应具有医药或相关专业大专以上学历,有药品生产和质量管理的实践经验,有能力对药品生产和质量管理中的实际问题做出正确的判断和处理。

3. 技能素质要求

对于不同岗位不同职责的人员,GMP 有着不同的针对性的技能素质要求。例如,从事药品生产操作及质量检验的人员应经专业技术培训,具有基础理论知识和实际操作技能。对从事高生物活性、高毒性、强污染性、高致敏性及有特殊要求的药品生产操作和质量检验人员,应经相应的专业技术培训。

我国 GMP 实施细则中,GMP 对人员强调三个词:教育(education)、培训(training)和经验(experience),也就是要求人员应该接受一定的教育、受过培训并具有一定的经验,三者结合起来,要足以胜任自己的岗位工作。尤其是负责质量保证和药品生产的企业领导人、质量管理负责人、药品生产部门负责人、车间技术负责人除了要求具有大专以上相关专业学历,三至五年以上从事药品生产、技术、质量管理经验,更为重要的是要有解决实际问题的能力。

从各国 GMP 实施来看,对于人员的要求主要有以下三方面:

(1) **强调能力** 对于人员素质的要求,美国 GMP 认为"应当受过一定的教育,经过训练,并且富有经验,或者是三者的结合,从而有能力履行赋予其的职责";英国 GMP 规定为"有能力、有经验、受过培训,具有完成其职责所需的专业技术资格和管理技能。"由于实施 GMP 是一项实践性很强的工作,高学历并不代表能出色的胜任 GMP 的有关工作,因此英美两国 GMP 对人员素质都强调具有完成职责的能力,而没有强调学历,由此可见人员素质应重视能力的养成。

(2) **明确职责** 在实际的药品生产过程中的质量问题尤为重要。明确职责既能防止侵权,也能防止失职。为此,发达国家的 GMP 都设置了一些条款对关键职责的分配,尤其是质控部门和生产部门负责人职责做出了规定。例如英国GMP中指出质控部门负责人有权建立、实施并改变所有的质控规程,有权批准或拒绝不符规格的原料、中间体、包装材料和成品。我国GMP在此方面也做了规定:"药品生产企业应建立生产质量管理组织机构图,各级机构和人员的质量职责明确",但没有明确指出质控、生产等一些关键人员的职责。

(3) **加强培训** 培训是GMP实施中的重要因素,培训的效果对于GMP的实施起着决定性的作用,培训工作的内容及效果应阐明。因此,发达国家GMP除了提出实施培训外,还对负责人、内容、效果做出了规定。我国GMP对于培训工作规定为"对各类人员进行GMP培训,培训计划由指定部门制订、每年至少组织考核一次",没有进一步说明培训工作的内容及效果。优良的硬件设备要由人来操作,好的软件系统要由人来制订和执行,产品质量是全体员工工作质量的反映,这些都要靠培训来实现,因此,人员的培训工作是一个企业GMP工作能否开展、深入和持续的关键。

 知识链接

美国CGMP关于人员资格的规定:

• 每位从事药品生产、加工、包装或仓贮工作的人员,应接受培训、教育及有实践经验,完成委派的各项职务。

• 负责监督药品的生产、加工、包装或仓贮工作的每一个人员,应受教育、培训及有经验,完成委派的各项职务,以此作为提供药品具有安全性、均一性、效价或含量、质量及纯度的保证。

• 有足够数量执行和监督每种药品的生产、加工、包装或仓贮的合格人员。

美国CGMP关于人员职责的规定:

• 从事药品生产、加工、包装或仓贮的人员,应穿着适合于其履行职责的清洁衣服。按需要,头部、脸部、手部、臂部加外罩,防止药物受污染。

• 人员保持良好的个人卫生和健康。

• 未经监督人员允许,其他人不能进入限制进去的建筑物和设施。

• 任何人,在任何时间,明显地表现出带有影响药品安全性和质量的疾病或开放性损伤,应避免接触各种成分、药品容器、包装设备、密封件、中间体,直至病愈或经医学测定认为对药品安全性及质量无危害性时为止。

二、人员培训原则

人员培训是一项十分重要的工作,从事药品生产操作及质量检验的人员应经专业技术培训,具有基础理论知识和实际操作技能,对从事高生物活性、高毒性、强污染性、强致敏性及有特殊要求的药品生产操作和质量检验人员应经相应专业的技术培训。

人员培训是提高人员素质,保证药品生产质量的重要措施。实践证明,一个制药企业必须有高水平的专业技术和管理人才,而且教育培训体系完善,才能在市场竞争中长期立于不败之地。

为了有效地实施GMP培训,应贯彻下述基本原则:

1. 战略原则

企业要具有战略眼光从长远发展考虑 GMP 的实施,在培训方面投入足够的人力、物力和财力。企业管理层对培训的认同和支持是培训成功与否的关键。药品生产企业有计划地派送企业有关人员到大学甚至到国外接受 GMP 培训和职业培训,尽管这种做法需要较大的投入,然而只要运用得当,它回报的不仅是更大的经济收益,而且为企业的长远发展注入了活力。

2. 层次原则

药品生产企业进行有效的 GMP 实施,需要不同层次的人员组成团队。造就适应 GMP 要求的高效团队,是通过多层次分级培训来实现。

3. 实用原则

GMP 培训与普通的药事管理知识教育根本区别在于它特别强调针对性和时间性。在 GMP 实施过程中,企业需要什么、员工缺什么,就要针对性地培训什么。基层员工的培训要从实际操作开始,在实践中发现问题、解决问题。

4. 全员原则

GMP 的实施是全员全方位的,一方面要求企业有计划、有步骤地对所有的在职员工进行培训;另一方面,要分清主次、先后和轻重缓急进行规划,根据不同的对象选择不同的培训内容和方式,既考虑个体素质的提高,也考虑群体功能的优化。

5. 其他原则

①药品生产企业的各级管理人员,生产、检验以及与生产活动有关的维修、清洁、储运、服务等人员,均按《规范》的原则和各自的职责进行教育与培训;②培训方案应根据不同培训对象的要求分别制定教育内容,教育要由浅入深,注意普及与提高,且理论与实践相结合;③培训教育工作要制度化、规范化,人员的培训要求建立档案并保存。定期进行考核和考评工作,以示培训的效果;④企业应明确主管培训工作的职能部门,配备专职或兼职的任教人员,编制教育培训规划和计划,并要求任教人员知识更新,以不断提高培训的质量;⑤对低、中级技术工人进行培训的同时,还应为高级技术工人培训创造条件;⑥成为高级技术工人,必须进一步补充必要和相关的理论知识;⑦通过教育培训使多数职工能达到中等技术水平,少数人达到中等以上水平,在政策和制度上给予保证。

三、人员培训体系

完整的人员培训体系包括以下六个方面:

1. 培训机构

药品生产企业要有完整的教育培训机构,机构可以设在企业的人事管理部门,也可以成立独立的部门。

2. 培训师资

GMP 培训工作一定要有一个良好、稳定的师资队伍,无论从企业外还是从本单位聘请的师资,一旦为员工认同,不宜频繁更换。师资应有相应的业务基础,经过相关培训,有一定的教学经验,且善于在实践中发现问题、解决问题,不断充实教学素材。

3. 培训计划

企业应当把 GMP 培训工作看做是一项关系到企业命运、前途的战略性工作来对待,作为长期活动的内容,建立起有效的培训制度,制定科学完整的培训大纲和计划,包括培训内容和课程设置,经有关部门批准后严格执行。

4. 培训内容

培训内容要全面,除了 GMP 知识以外,还应包括药品管理法、计量法、产品质量法、消防法等,专业知识如药学、微生物学等,有关技能如岗位 SOP、设备 SOP、清洁规程、操作技能等,产品知识如产品类别、理化性质、用途等。

5. 培训形式

培训形式要针对不同人群,分层次进行,如高层次培训有出国留学、攻读研究生、第二学位等;中等层次培训,如脱产学习、进修等;低层次培训,可经常进行,不脱岗且相对集中,一般以不定期学习班为主。

6. 培训考核

药品生产企业要建立 GMP 培训卡和培训档案,并归档保存,每次培训结束,都要进行考核,考核不合格者,应下岗再培训,直至合格。同时,考核结果要和员工的其他利益紧密联系。

四、培训计划及基本内容

企业应当指定部门或专人负责培训管理工作,应当有经生产管理负责人或质量管理负责人审核或批准的培训方案或计划,培训记录应当予以保存。培训教育的基本内容包括有关法规、规定、制度的培训,如《中华人民共和国药品管理法》、《药品生产质量管理规范》、《药品生产管理规范实施指南》、企业规章制度、无菌操作有关制度规定、工艺规程及岗位操作法等。

各部门负责人根据公司的发展计划和本部门的工作需要于本年度的 12 月填制《年度培训计划表》上报人力资源部。人力资源部将各部门的年度培训计划汇总,协调培训时间,制定《年度培训计划表》,交各部门经理核实,提交总经理批准后于 2 月发布、实施。

1. 入厂培训

(1) **新入厂的员工**　在公司人力资源部进行入职教育培训,内容包括:公司概况与企业文化、员工手册;由质量部进行微生物知识、环境控制、着装、GMP 法规的培训,培训后,进行考核,合格者进行下一步岗位培训。

(2) **岗位培训**　对考核合格者在各部门和各车间进行岗位操作技能的培训,培训后进行考核。

2. 常规培训

全体员工(包括清洁工和维修工)每年至少进行一次常规培训,主要内容:国家有关药品生产管理的政策法规、GMP 法规内容、质量法规、分岗位进行的 SOP 培训、微生物、卫生规范、安全生产及环境控制的培训。

3. 特殊人员培训

(1) **洁净区工作人员**　培训时应包含以下内容:GMP 法规和规范的要求、公司的相关文件体系、质量标准、人员因素、标记、安全、进出洁净区的要求、使用正确的设施并减少多余的设施的使用,规范工具、玻璃仪器和容器的贮存,按照 SOP 清洁厂房和生产设备、工作台面、椅子。

(2) **技术人员**　对技术人员进行的培训包括:GMP 法规和规范的要求、公司的相关文件体系、质量标准、人员因素、标记、安全。

(3) **质量保证人员** 对质理保证人员的培训包括：讲授 GMP 对人员的要求，使他们意识到产品的缺陷和错误可能是在不确定的成分和产品中发现的。

4. **工艺验证后的培训**

在工艺经过验证后，由验证的技术人员制定培训内容及方法，以帮助生产人员掌握检测、控制和操作经过验证的工艺。

5. **临时培训**

对于临时替代人员应培训替代岗位的 SOP 及职责。如公司设备更新、新产品投产、工艺改变、SOP 修改、岗位改变、政府或公司颁布新的法规或管理制度；应由人力资源部与部门组织相关员工进行临时培训。生产操作人员调整新的工作岗位时，必须进行转岗培训，培训内容主要为新岗位的岗位操作技能。

五、培训考核制度及培训的管理

职工培训教育应建立考核制度，并对各级受训人员进行定期的考核，以示职工培训教育的成效和职工素质水平。根据《规范》及有关规定，凡是新职工上岗应经岗前的专业知识技能和法规的教育培训，未经培训或培训不合格的人员一律禁止上岗。凡经教育培训人员要经评价考核。例如，无菌操作岗位人员的培训要求见表 2-1。

表 2-1 无菌操作岗位人员的培训要求

序号	培训课题	主要培训内容
1	有关法规、规定、制度	药品法，药品生产质量管理规范，药品生产质量管理规范（GMP）实施指南，企业规章制度，无菌操作有关制度、规定、工艺规程及岗位操作法等
2	无菌基本概念	无菌产品定义、污染物及污染源（微粒、微生物、热原等）
3	无菌控制方法要点	环境控制及监测方法、空气净化技术、水的净化、物料进入无菌区的要求和程序、人员进入无菌区的要求和程序、消毒剂及消毒方法等
4	岗位标准操作程序（SOP）训练	各种岗位标准操作程序的训练，如洗瓶机的操作、洗胶塞机的操作、设备清洗的方法、场地清洗方法、无菌灌装岗位的操作（包括洗手方法，无菌工作服穿着要求，无菌操作程序及技巧，天平使用规则，称量复核程序，灌装量的计算、调整及复核等）
5	组长岗位职责	人员管理，无菌操作的准备程序，组织清场、换批、复核计算、生产记录检验等
6	机修人员无菌概念的培训	生产工艺和设备的无菌要求，生产流水线的准备及故障排除、试车、保养及维修等
7	无菌操作岗位文件的管理	物料清单，无菌记录，清洁记录，设备运行维修记录，生产指令单，各岗位（洗瓶、洗塞、称量、灌装等）操作记录，批生产记录等

新进厂的车间操作人员经进厂培训考核合格后,持《上岗证》方能上岗工作,每次培训完毕,根据培训内容进行考核,考核内容及评定标准由培训讲师负责确定,并负责考核试卷的批改、评分。考核不合格的员工,暂时停止其岗位工作,由其部门/车间负责人对其进行再培训考核,补考合格方可恢复工作,补考不合格者,调离原岗位。每次培训考核成绩记录《个人培训记录》,考核试题与记录及相关培训合格证归人员工个人档案。

根据 GMP 及有关部门规定,凡是新职工上岗应经岗前的专业知识技能和法规的教育培训,未经培训或培训不合格的人员一律禁止上岗。凡经教育培训人员要经评价考核。企业主管部门对企业全体职工实施 GMP 的普及教育制订年度计划,并组织实施和考核。受训人员需填写个人培训记录,建立个人档案。

第五节 人员卫生

人体是药品生产的最大污染源。良好的人员健康和卫生保证是防止产品受到人为污染的有效手段。为降低人员对生产造成污染的风险,企业所有人员都应接受卫生要求的培训,建立详细的人员卫生操作规程,进行定期的健康体检,养成良好的卫生习惯。

一、人员卫生培训

所有人员都应当接受卫生要求的培训,企业应当建立人员卫生操作规程,最大限度地降低人员对药品生产造成污染的风险。具体包括:①健康检查与身体不适报告;②工作着装与防护要求、洗手更衣;③卫生要求与洁净作业、工作区人员限制等。

考点链接

药品生产企业的生产人员,应当建立健康档案,以下正确的是:
A. 1年体检1次
B. 2年体检1次
C. 每年至少体检1次
D. 每年至少体检2次
E. 轮流抽检,至少2年轮1次

解析:《药品生产质量管理规范》第三章第31条规定:企业应当对人员健康进行管理,并建立健康档案。直接接触药品的生产人员上岗前应当接受健康检查,以后每年至少进行一次健康检查。故此题正确答案为 C。

二、健康管理

企业应当对人员健康进行管理,并建立健康档案。直接接触药品的生产人员上岗前应当接受健康检查,以后每年至少进行一次健康检查。健康体检项目包括:皮肤病、传染病、视力与辨色力(必要时)等。同时,应注意:①企业应当采取适当措施,避免体表有伤口、患有传染病或其他可能污染药品疾病的人员从事直接接触药品的生产;②参观人员和未经培训的人员不得进入生产区和质量控制区,特殊情况确需进入的,应当事先对个人卫生、更衣等事项进行指导;

③任何进入生产区的人员均应当按照规定更衣,工作服的选材、式样及穿戴方式应当与所从事的工作和空气洁净度级别要求相适应;④进入洁净生产区的人员不得化妆和佩带饰物;⑤生产区、仓储区应当禁止吸烟和饮食,禁止存放食品、饮料、香烟和个人用药品等非生产用物品;⑥操作人员应当避免裸手直接接触药品、与药品直接接触的包装材料和设备表面;⑦使全公司人员的健康状况符合GMP对药品生产人员的要求,保证生产出合格产品。由办公室专人负责组织全厂人员体检,QA对体检工作进行监控。在职员工每年例行体检一次,并建立健康档案。皮肤病患者、传染病患者、外伤者不得直接从事药品生产。

学习小结

影响药品质量的因素很多,其中最大的和最主要的影响因素是企业组织机构管理方式和人员素质。要实施GMP就必须进行适当的组织机构设计,并选配相应人员,因此,必须注意组织机构与人员的重要性。制药企业必须建立适合自身实际的组织机构,明确各部门的职责,并配备足够数量的专业、学历、经验符合岗位要求、经培训考核合格的人员。组织机构的设置与企业的规模、人员素质、经营与管理方式相适应,人员素质决定着GMP实施的结果与药品质量,各质量管理机构及岗位职责的人员必须符合规定的素质要求并进行相应的培训。

目标检测

一、选择题

1. 制药企业的管理人员和技术人员应具有与药品生产相适应的专业知识、生产_____和组织能力。
   A. 技术　　　　　　B. 记录　　　　　　C. 协调　　　　　　D. 经验

2. 企业主管药品生产管理和质量管理的负责人以及药品生产管理部门和质量管理部门的负责人均应具有医药或_____专业本科以上学历。
   A. 管理　　　　　　B. 相关　　　　　　C. 生物　　　　　　D. 化学

3. 药品生产管理部门和质量管理部门的负责人不得互相兼任。他们应有能力对药品生产和质量管理中的实际问题作出正确的判断和_____。
   A. 管理　　　　　　B. 解释　　　　　　C. 处理　　　　　　D. 说明

4. 从事药品生产操作和质量检验的人员应经专业技术培训,具有基础理论知识和_____技能。
   A. 管理工作　　　　B. 工作技巧　　　　C. 实际操作　　　　D. 说明介绍

5. 从事高生物活性、高毒性、高_____性和强污染性及有特殊要求的生产人员和质检人员应经相应的技术培训。
   A. 致敏　　　　　　B. 危险　　　　　　C. 技术　　　　　　D. 消耗

6. GMP要求从事药品生产的各级人员都应参加_____的培训和考核。
   A. GMP　　　　　　B. GSP　　　　　　C. 技术　　　　　　D. 管理

7. 药品生产人员应有健康档案。直接接触药品的生产人员每年至少体检_____次。
   A. 一　　　　　　　B. 二　　　　　　　C. 三　　　　　　　D. 四

二、简答题

1. GMP 对人员专业素质有哪些要求？
2. 质量监控员的职责是什么？
3. 完整的人员培训体系指什么？

第三章 厂房设施与设备管理

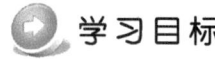 学习目标

【知识要求】
1. 掌握空气净化系统的原理及流程。
2. 熟悉与设备系统相关的 SMP、SOP 文件的制定。
3. 了解厂址的选择与厂区布局及典型设备的设计选型原则。

【能力要求】
能运用本章所学的知识，根据要求设计厂房的布局，学会与设备系统相关的 SMP、SOP 文件的制定，能绘出空气净化系统的流程图。

第一节 我国 GMP 对厂房设施与设备管理的基本要求

GMP 在药品生产企业的实施包括三方面的内容：软件、硬件和湿件（人员）。软件是指先进可靠的生产工艺，严格的管理制度、文件和质量控制系统。硬件是指合格的厂房，生产环境和设备。硬件设施是药品生产的根本条件，是 GMP 工程系统建设中资金投入最大的部分。按照 GMP 和其他有关法律和法规要求搞好厂房设施和设备等硬件建设，是药品生产企业实施 GMP 的基础。

药品生产企业的硬件建设是否符合 GMP 和其他有关规范的要求，直接影响药品的质量，而硬件建设质量的优劣又取决于设计、施工等质量及规范化的管理。因此，按 GMP 和其他有关规范的要求，对厂房设施和设备等其他硬件进行规范管理就显得非常重要。我国药品 2010 版 GMP 在第四章"厂房与设施"的规定有三十三条，也是我国药品 GMP 十四章中内容较多的一章，说明厂房与设施作为硬件在药品生产中的重要性；在第五章的"设备"一章里，为保证在生产过程中防止差错、污染和交叉污染，对设备自设计、安装、维护、使用和清洁的过程中应严格按以下规范要求进行管理（具体内容参见附录二）。

第二节 厂房与设施管理

厂房主要是指生产、储存、检验所需的空间场所。设施是指向该空间场所提供条件并使其状态符合要求的装置或措施。药品生产企业厂房设施主要包括：厂区建筑物、道路、绿化草坪、围护结构；生产厂房附属公用设施，如洁净空调和除尘装置、照明、消防喷淋、上下水管网；洁净

公用工程,如纯化水、注射用水、洁净气体的生产设施及其管网等。不论是新建厂房与设施的 GMP 建设,还是原有厂房与设施基础上改、扩建车间都应符合中国药品 2010 版 GMP 的要求,且应做到:遵照法规、认真研究、精心策划、满足要求、经济可行、管理规范。

一、厂址选择与厂区规划

厂房的选址、设计、布局、建造、改造和维护必须符合药品生产要求,应能最大限度避免污染、交叉污染、混淆和差错,便于清洁、操作和维护。

(一)厂址选择

药品生产企业新建或异地改造项目首先需要选择厂址,这是一项重要决策,它直接影响企业经济效益和未来的发展,也是药品生产企业能否顺利实施 GMP 的基础。厂房的选址原则从 GMP 实施的技术因素去考虑,应着重从以下几方面考虑。

1. 气候条件适宜

气候条件是选择厂址时要考虑的主要因素。药品生产企业应设在气候适宜的地区,过冷或过热的气候都将增加空调运行所需的动力成本。药品生产企业应避免设置在潮湿或干旱、少雨或沙尘暴频繁的地区。

2. 交通运输便捷

药品生产企业的运输较频繁,为了节省运输费用,在厂址选择时,应考虑交通便利,尽量不要远离原料来源和用户。

3. 关注环保安全法规的影响

近年来,我国特别重视环保,环保标准提高很快,加大了环保力度。选址时应考虑所在区域的总体排污限额,企业能取得排污限额情况以及余额空间。如企业设在工业园区,园区是否有统一的污水处理设施等,还应考察当地是否有特殊的环保安全法规,并评估其对企业长远发展的影响。

4. 环境保护良好地区

对药品生产企业来讲,厂址宜选择在大气含尘、含菌浓度低,无有害气体,空气条件良好、无水土污染和噪音干扰,自然环境好的区域。应远离铁路、码头、机场、交通要道以及散发大量粉尘和有害气体的工厂、仓贮、堆场等严重空气污染、水质污染、振动的区域。如不能远离严重空气污染区时,则应位于其最大频率风向上风侧,或全年最小频率风向下风侧。

5. 着眼长远发展规划

药品生产企业应全面考虑近期和远期规划,留有发展余地。随着经济的飞速发展,土地成为稀缺的资源。因此,在厂区总体布置时,必须要考虑企业的长远发展远景,又要考虑到生产扩大的拓展可能性、变换产品的机动灵活性以及扩大生产规模的空间。要做到"一次规划,分步实施"。

6. 保障公用设施配套和安全生产

水、电、汽等是药品生产的必需条件,药品生产企业应选择所选地区有充足良好的水源,能满足生产需要的稳定电力和汽的供给。并确保有良好的其他公用设施配套服务,如通讯网络设施等。

在遵循以上原则的基础上,经多方的调研考察、专家论证,再结合经济技术等方面的实际综合比较,确定最终选址方案。

(二)厂区规划

1. 厂区规划原则

厂址确定后的下一步工作就是厂区规划布局,厂区规划布局就是对企业生产格局总体进行规划设计。药品生产企业总体布局包括两方面含义,一是指洁净厂房工厂与周边环境的布置;另一个是厂区所有建筑物、构筑物、道路、运输、工程管线等设施的平面布置规划。不同的厂址条件,总体布局的方法和效益是不同的,因此,厂区设计具有相对的灵活性。设计时要按照 GMP 相关要求,因地制宜,结合本企业的产品特点和实际情况进行规划设计。厂区总体布局应符合国家 GB 50187-93《工业企业总平面设计规范》,按照"流程合理,运输便利,道路规整,厂容美观"的原则布置。

2. 厂区规划内容

厂区的规划和布局主要包括以下几个方面:

(1) 厂区划分 厂区严格划分区域布局,生产、行政、生活和辅助四大区域分开。其中每一大区域又由若干小区域所组成,厂区应按这四大区域的功能合理布局。四个区域彼此联系,又互不妨碍。洁净厂房和与之相关的一般生产厂房等建筑组成生产区;水、汽、变配电、锅炉房等动力维修公用厂房设施、仓储、三废处理站等组成辅助区;办公楼、研发中心等行政用房以及食堂、普通浴室等生活设施组成行政和生活区。各功能区的布置和设置,除了应符合生产要求外,还要做到划分明确、易于识别、间隔清晰、衔接合理、组合方便。在总体布局上,还应注意各区应有适当的比例,如占地面积、建筑面积、生产用房面积、辅助用房面积、仓储用房面积、绿化面积及道路面积等。

(2) 通道设计 这里所指的通道是指人流、物流于厂区内外的进出方向、出入口和道路。厂区主要道路应贯彻人流与物流分开的原则,尽量避免人流、物流之间的交叉和迂回。人流和物料出入门必须分别设置,以免造成不必要的混杂。厂区内的道路要径直短捷,同时考虑消防通道,如在厂房周围利用交通道路设置环形消防车道等。

此外,水、电、气、热、冷等动力公用设施,应力求考虑靠近负荷中心,以使各种公用系统介质和输送距离最短,相关管路应铺设合理,利于降低能耗。

(3) 厂区绿化 医药工业洁净厂房周围绿化应以草坪、树木为主,因为树木对污染的大气有净化作用,而草坪可以吸附空气中灰尘,含尘量可减少 2/3~5/6。因此,厂区内可铺植草坪或种植对大气含尘、含菌浓度不产生有害影响的常青乔木,但不宜种花及有花粉落叶的植物。厂区内尽量减少露土面积,使绿化面积最好在 50% 以上。厂区内不能绿化的区域应铺设成水泥硬化地面,对绿化和地面硬化的区域要有养护的措施。

(4) 厂房设计 厂房设计要满足产品工艺流程协调的原则。生产性质相似的车间应尽可能集中布置,工艺流程相联系的车间要靠近布置。厂房设计要符合洁净级别协调的原则,洁净厂房应处于厂区内环境最好区域。厂房应有和生产规模、流程、操作、洁净、质控等内容相适应的面积和空间,有利于生产过程中人员、物料、设备、操作的流动、识别、衔接和控制。

图 3-1、图 3-2 是药品生产企业总平面布置的示例图。

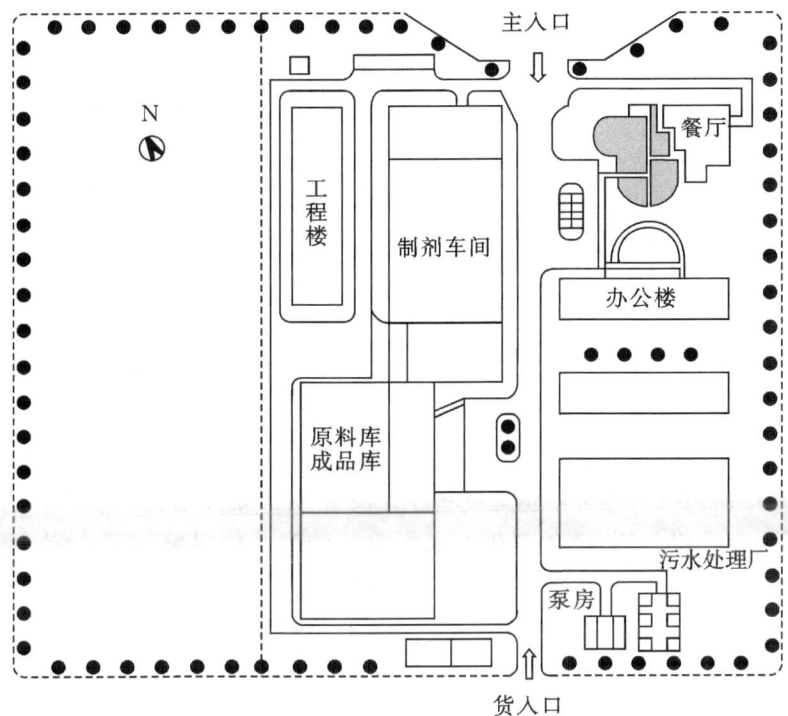

图 3-1 药品生产企业总平面布置图

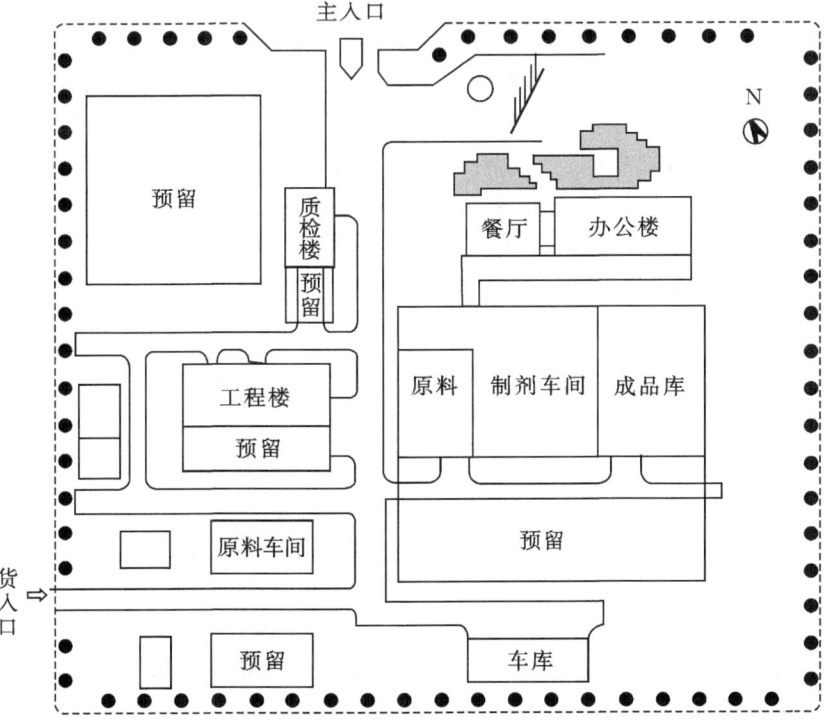

图 3-2 药品生产企业总平面布置图

二、厂房管理

生产厂房是 GMP 硬件的重要组成部分，它包括一般厂房和有空气洁净度级别要求的洁净厂房。一般厂房应符合一般工业生产条件和工艺要求，洁净厂房应符合《药品生产质量管理规范》的要求。

生产厂房应根据产品生产工艺流程、设备、空调净化、给排水等其他各种设施，按国家颁布的相关法规、规范的要求综合布局，其结果应体现设计的规范性、技术性、先进性、合理性和经济性。厂房应按以下几个区域合理设置。

(一) 生产区

应满足产品生产工艺和空气洁净等级相协调的要求。为防止差错、交叉污染，应根据洁净厂房内产品的品种、性能特点、生产工艺、设备情况及各生产房间的压差要求等合理地进行平面布置。生产车间应按生产工艺流程，合理布局、设计紧凑，以利物料迅速传递，便于生产操作和管理。同一厂房内以及相邻厂房之间的生产操作不得相互妨碍。生产厂房内人流、物流要严格分开，不可交叉或分流，以免产生交叉污染。洁净区内尽量做到人流、物流的路线短捷。厂房内应设置与生产规模相适应的原辅材料、半成品、成品存放区域，且尽可能靠近与其相联系的生产区域，减少运输过程中的混杂与污染。存放区域内应安排待验区、合格品区和不合格品区。

洁净室（区）内只布置产品生产所必要的工艺设备以及有空气洁净度级别要求的工序和工作室。对于没有空气洁净度级别要求的产品生产工序、工艺设备、工作室以及公用动力设施，均应设置在非洁净室（区）内。洁净区的内表面（墙壁、地面、天棚等）应平整光滑、无裂缝、接口严密、无颗粒物脱落，避免积灰，便于有效清洁和必要时进行消毒。

根据产品工艺流程的衔接合理布置设备，设备布置应紧凑，并应符合消防安全、卫生规定。对于同一生产厂房有数条生产线或设备时，尽量使每条生产线或设备置于独立的房间内，且需与工序要求的空气洁净级别相匹配。避免在同一操作间内放置多台设备，以免造成交叉污染、混淆或差错。如同一区域内有数条包装线，应有隔离措施。

制剂车间除应具有生产的各工序用室外，还应配套足够面积的生产辅助用室。应有原辅料、中间产品、内包材料、外包材料等各自的暂存室（区）以及称量室、配料室；工器具与周转容器的洗涤、干燥、存放室；清洁用具的洗涤、干燥、存放室；工作服的洗涤、整理、保管室等。

设置人员和物料各自进入洁净区的净化用室和设施的通道。对极易造成污染的物料（如部分原辅料、生产中废弃物等），应设置专用出入口，但生产中产生的废弃物不应与原辅料的进口共用一个传递窗或气锁。

为防止设备检修时对洁净区的污染，平面布置时要考虑便于维修管理。为减少污染，洁净室（区）内要求空气洁净度高的工序应布置在上风侧，易产生污染的工艺设备应布置在靠近回风口的位置或下风侧。

生产特殊性质的药品，如高致敏性药品（如青霉素类）或生物制品（如卡介苗或其他用活性微生物制备而成的药品）必须采用专用和独立的厂房、生产设施和设备。生产 β-内酰胺结构类、性激素类避孕药品必须与其他药品生产区严格分开。

考点链接

GMP规定，必须使用独立的厂房和设施，分装室应保持相对负压的药品是：
A. 普通药品
B. 青霉素类等高致敏药品
C. 毒性药品
D. 放射性药品
E. 一般生化类药物

解析：药品GMP认证检查评定标准（试行）2001条规定：生产青霉素类等高致敏性药品是否使用独立的厂房与设施、独立的空气净化系统，其分装室是否保持相对负压，分装室排至室外的废气是否经净化处理并符合要求，分装室排风口是否远离其他空气净化系统的进风口。故此题正确答案为B。

（二）仓储区

仓储区应有足够的空间，能满足原辅料、净药材、包装材料、中间产品、成品等各类物料和产品存放。每库（区）还应设待检品区、合格品区、不合格品区以及退货或召回的物料或产品专用存放区。仓库要设置接货区及发料区，接货区应有外包装清洁场所，货物不得露天存放。接收、发放和发运区域应能保护物料，产品免受外界天气如（雨、雪）的影响。仓库应设置取样室，其空气洁净度级别与生产要求一致。

仓储区的设计和建造应确保良好的仓储条件，特别注意清洁、干燥，并有通风和照明设施。仓储区应能满足物料或产品的贮存条件（如温湿度、光照）和安全贮存的要求，对温、湿度有特殊要求的物料及危险品，应有符合贮存条件的专库，并经常进行检查和监控。仓库设有温、湿度监测仪表及照明、通风、控制温度和湿度的设施，并应设有防虫、防鼠、防鸟类进入的设施，还应设有防火、防盗、防水淹的措施。

（三）质量控制区

质量控制区包括中药标本室、理化检验室、试剂室、仪器室、微生物检测室、留样观察室、实验动物房、办公室等，各实验室的设计应当确保其适用于预定的用途，并能够避免混淆和交叉污染。

理化检验室是各类药品检验时的样品处理、试剂配制、检验分析等的综合工作用室，占地面积相对较大，应设有毒气柜及检验用设施。仪器分析实验室包括普通仪器室、精密仪器室、天平室等，应具有干燥、防潮、防振、防静电、调温等有效措施。高温实验室可根据企业质量控制区的实际情况设置，是放置烘箱、马弗炉等高温设备的地方，一般应远离试剂室及冷藏室。试剂室只保存满足日常使用量的化学品，具备良好的通风设施，并有储存温度和湿度的要求。微生物检测室一般由准备间、操作间、灭活间、无菌室和设备间等构成，无菌室应设置相应的人员净化和物料净化设施。留样观察室包括原辅料、包装材料及成品的留样，可分区设置，室内应保持适宜的温湿度。实验动物房应按国家有关规定的要求进行设计、建造。办公室设立应靠近相关实验室，便于质检员在做实验的同时进行相关文件记录。

（四）辅助区

制剂生产车间除应具有生产的各工序用室、物料暂存室外，还应配有足够面积的生产辅助用室。应有工具、器具与周转容器的洗涤、干燥、存放室,清洁用具的洗涤、干燥、存放室,工作服的洗涤、整理、保管室,空调净化机房,车间检验室等。

生活用室包括厕所、淋浴室、休息室可根据需要设置,宜设在洁净区外,不应对生产区、仓储区和洁净区产生不良影响。更衣室和盥洗室应方便人员出入,并与使用人数相适应。洁净区入口处应设置气锁间,气锁间的出入门应采取防止同时被开启的措施。

(五)公用工程

锅炉房、变配电站、制水系统、污水处理站、空调机房、消防设施等辅助配套设施应符合国家有关专业管理部门的规定,并经验收合格。洁净厂房内的给、排水管道应敷设在技术夹层、技术夹道内或地下铺设,引入洁净室内的支管宜暗敷。给、排水支管穿过洁净室(区)墙、楼板、顶棚的各类管道应敷设套管,管道与套管之间必须有可靠的密封措施。一般生产厂房排水可使用地漏;无菌生产的A/B级洁净区域内禁止设置水池和地漏;D级的洁净室(区)应少设置地漏。

各种管道、照明设施、风口和其他公用设施的设计和安装为避免出现不易清洁的部位,应尽可能设计在洁净室(区)外部便于对其进行维护。洁净室(区)的电气设计和安装必须考虑对工艺、设备甚至产品的变动的灵活性,便于维修,且保持厂房的地面、墙面、吊灯等的整体性和易清洁性。室内照明应根据不同操作室的要求提供足够的照度值,主要操作室宜为300LX。辅助工作室、走廊、气锁间、人员净化和物料净化用室可低于300LX,但不宜低于150LX;洁净室内一般照明的均匀度不应小于70%。

【实例】 某医药制剂生产企业对厂房结构和装修实施指导一览表(表3-1)。

表3-1 厂房结构和装修实施指导一览表

洁净度等级	A	B	C(动态)	D(静态)
地面	整体式、无缝地面。无孔,易于清洁和消毒。典型的建筑饰面材料包括:乙烯卷材(热熔接缝处理)和环氧地面		整体式、无缝地面。无孔,易于清洁和消毒。典型的建筑饰面材料包括:乙烯卷材(热熔接缝处理)和环氧地面	
内墙	整体式、无缝内墙。光滑、无孔、易于清洁和消毒。典型的建筑饰面包括:乙烯卷材(热熔接缝处理)、不锈钢或乙烯板面装饰、石膏板加环氧涂层处理、水泥抹灰加金属板或者混凝土加表面打磨处理		整体式、无缝内墙。光滑、无孔、易于清洁和消毒。典型的建筑饰面材料包括:乙烯卷材(热熔接缝处理)、不锈钢或乙烯板面装饰、石膏板加环氧涂层处理、水泥抹灰加金属板或者混凝土加表面打磨处理	
天花板	整体式、无缝天花板。光滑、无孔、易于清洁和消毒。典型的建筑饰面材料包括:乙烯卷材(热熔接缝处理)、不锈钢或乙烯板面装饰、石膏板加环氧涂层处理、水泥抹灰加金属板或者混凝土加表面打磨处理。灯、散流器等固定装置应为嵌入式,带垫片,表面和天花板面平齐		整体式、无缝天花板。光滑、无孔、易于清洁和消毒。典型的建筑饰面材料包括:乙烯卷材(热熔接缝处理)、不锈钢或乙烯板面装饰、石膏板加环氧涂层处理、水泥抹灰加金属板或者混凝土加表面打磨处理。灯、散流器等固定装置应为嵌入式,带垫片,表面和天花板面平齐	

续表 3-1

洁净度等级	A	B	C(动态)	D(静态)
建筑结合部	墙-地结合处:圆角外开处理、与地面构成一体、拐弯处斜接处理。墙-墙结合处:圆角外开处理。墙-顶结合处:圆角外开处理、与天花板构成一体、拐弯处斜接处理		宜执行上一级要求,但不强制要求。可作最小化处理	
窗	窗框与内墙面应平齐。固定玻璃窗。所有连接处无缝,光滑。窗框不允许安装在外墙面		窗框与墙面宜平齐。固定玻璃窗。所有连接处无缝,光滑,易于清洁	
门	满足建筑标准。典型的门旋转方向应与气流方向相反。门视窗平整,门缝有密封材料。典型的材料包括:金属、乙烯、PVC,或者类似的易于清洁的材料。禁止使用木门,不锈钢门非强制要求		满足建筑标准。典型的门旋转方向应与气流方向相反。门视窗平整,门缝密封不强制要求。典型的材料包括:金属,乙烯,PVC 或者类似的易于清洁的材料。禁止使用木门。不锈钢门非强制要求	
五金结构件	尽量少用五金件或金属构件。隐蔽式闭门器和门把手最好能便于清洁。五金结构件一般选用:不锈钢或金属电镀材料		尽量少用五金件或金属构件。隐蔽式闭门器和门把手最好能便于清洁。五金结构件一般选用:不锈钢或金属电镀材料	
建筑缝隙密封	硅胶密封		硅胶密封	
地漏	不允许设置		必须使用带盖的地漏。盖子材料应耐腐蚀,并与地面平齐。地漏应设置水封,不能只有防倒流装置	

三、空气净化设施管理

所谓空气净化就是指为了达到必要的空气洁净度,去除污染物质的过程。为了控制药品生产环境的有害物质,需要在工艺生产洁净区域建立空气净化设施。进入洁净室(区)的空气承担的任务:满足洁净室各环境指标如洁净度、温度、湿度、压力等的要求;带走室内所产生的污染。这些主要依靠空气净化设施来完成,并且以其空气洁净度级别符合有关规定为主要特征。

 知识链接

洁净室(区)是指需要对尘埃粒子及微生物含量进行控制的厂房、房间(区域),其建筑结构、装备及其使用均具有减少对该区域内污染源的介入、产生和滞留的功能,厂房中由洁净室所组成的区域称为洁净区。

(一)洁净区的分类

空气洁净度是指洁净空气中的空气含尘粒的多少的程度。空气洁净度的高低可用空气洁净度级别来区别。我国 GMP 规定的洁净区(室)空气洁净度的级别为 A 级、B 级、C 级和 D 级四种级别,如无菌药品各生产操作环境对空气洁净度要求(表3-2,3)。

表3-2 最终灭菌药品各生产操作环境对空气洁净度要求

洁净度级别	最终灭菌产品生产操作
C级背景下的局部A级	高污染风险①的产品灌装(或灌封)
C级	产品灌装(或灌封);高污染风险②产品的配制和过滤;眼用制剂、无菌软膏剂、无菌混悬剂等的配制、灌装(或灌封);直接接触药品的包装材料和器具最终清洗后的处理
D级	轧盖;灌装前物料的准备;产品配制(指浓配或采用密闭系统的配制)和过滤直接接触药品的包装材料和器具的最终清洗

注:①高污染风险是指产品容易长菌、灌装速度慢、灌装用容器为广口瓶、容器须暴露数秒方可密封等状况;②高污染风险是指产品容易长菌、配制后需等待较长时间方可灭菌或不在密闭系统中配制等状况

表3-3 非最终灭菌产品的生产操作环境对空气洁净度要求

洁净度级别	非最终灭菌产品的无菌生产操作
B级背景下的A级	处于未完全密封①状态下产品的操作和转运,如产品灌装(或灌封)、分装、压塞、轧盖②等;灌装前无法除菌过滤的药液或产品的配制;直接接触药品的包装材料、器具灭菌后的装配以及处于未完全密封状态下的转运和存放;无菌原料药的粉碎、过筛、混合、分装
B级	处于未完全密封①状态下的产品置于完全密封容器内的转运;直接接触药品的包装材料、器具灭菌后处于密闭容器内的转运和存放
C级	灌装前可除菌过滤的药液或产品的配制;产品的过滤
D级	直接接触药品的包装材料、器具的最终清洗、装配或包装、灭菌

注:①轧盖前产品视为处于未完全密封状态;②根据已压塞产品的密封性、轧盖设备的设计、铝盖的特性等因素,轧盖操作可选择在C级或D级背景下的A级送风环境中进行。A级送风环境应至少符合A级区的静态要求

 知识链接

新修订的2010版GMP的净化级别采用了欧盟的标准,实行ABCD四级标准。A级相当于原来的百级;B级相当于原来的百级,有动态标准;C级相当于原来的万级,有动态标准;D级相当于原来的十万级。

(二)空气净化系统

1. 空气净化系统的组成

药品生产环境的空气净化系统由控制室内温湿度的空气调节系统和控制室内不溶性微粒和微生物污染的空气过滤系统组成。按不同的车间布局设计和具体的生产需要,各设备有许多不同的连接组合方式,但其排列顺序和工作原理基本相似。如图3-3是单风机集中式净化空调系统原理图,就是一种较常见的空气净化系统连接方式。

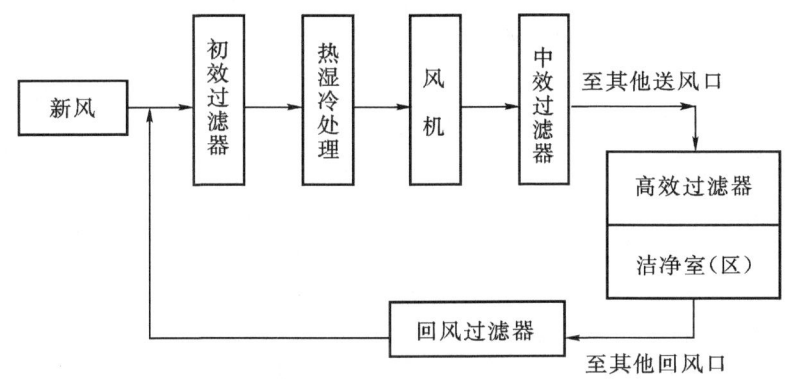

图 3-3 单风机集中式净化空调系统原理图

单风机集中式净化空调系统流程:进入洁净室(区)的空气由新风和回风组成,经冷、热、湿处理设备和初、中效过滤器过滤后,达到洁净室(区)规定的温度、湿度等要求后,通过高效过滤器进入洁净车间,再通过回风口和回风过滤器与新风结合,如此形成循环。

2. **空气过滤器**

洁净室内的洁净程度的控制是依靠空气过滤器实现的。空气过滤器是实现空气净化的主要手段,是洁净空调的主要设备之一。空气过滤器一般分为初效、中效、高效等类别(表3-4)。

表 3-4 各种空气过滤器性能、用途

类别	捕集的尘粒（粒径 μm）	过滤效率（%）	阻力（Pa）	使用的滤材	用途
初效过滤器	≥5 及异物	<20	≤30	粗、中孔泡沫塑料、涤纶无纺布卷材、化纤组合滤料	作高一级以上过滤前的预过滤,常安装在风机之前,用于新风过滤
中效过滤器	≥1	20~90	≤100	中、细孔泡沫塑料、无纺布、玻璃纤维滤材	用在初效过滤器、风机之后,提高净化效率;用在亚、高效过滤器前面,延长亚、高效过滤器寿命
高效过滤器	0.3~1	≥99.97	≤250	超细玻璃纤维滤纸,超细过氯乙烯纤维滤纸	用于一般洁净厂房和局部净化设备的最后一级过滤—终端过滤。安装在洁净室内通风口上

3. **洁净空气气流组织形式**

气流组织形式就是为使药品生产洁净室内达到特定的空气洁净级别,限制和减少生产中产生的尘粒污染,而采用的净化空气在室内形成合理的空气流动状态与分布。为实现合理的气流组织,需要确定气流组织的形式,同时也要考虑气流速度、换气次数等。目前采用的主要气流组织形式有乱流(非单向流)、层流(单向流)。层流又分垂直层流和水平层流,因而洁净室有乱流洁净室、垂直层流洁净室和水平层流洁净室。

乱流采用上送下回的形式(图 3-4),洁净空气从顶部送风口经散流器进入室内迅速向四周扩散,与室内空气混合,稀释室内污染的空气,并与之进行热交换,混合后的气流带着室内的尘粒,在正压作用下,从下侧回风口排走。室内气流因扩散、混合作用而非常杂乱,有涡流,故有乱流洁净室之称。乱流洁净室的换气次数一般在每小时 12~100 次,自净能力较低,因而乱流洁净室只能达到较低的洁净度级别,通常在 B 级至 D 级范围。乱流方式洁净室构造简单,设备安装方便,投资和运行费用较小,因而医药生产上一般多采用此种方式的洁净室。

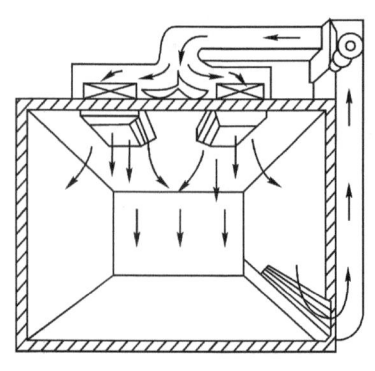

图 3-4 乱流

层流是指流线平行,以一定的、均匀的流速向单一方向流动的气流。送入房间的气流充满整个洁净室断面,由于层流的流线为单一方向并相互平行,各流线间的尘粒很少能从一个流线扩散到另一流线上去,即使气流遇到人、物等发尘部位,也很少扩散到全室,而随平行气流方向迅速流出。该气流方式的基本形式类似气缸内的活塞动作,把室内发生的尘粒以整层气流形式压至下风侧,再把灰尘排至室外,从而容易保持洁净度。按气流方向层流方式又可分为垂直层流(图 3-5)和水平层流(图 3-6)。它们各有多种不同的送风类型,采用的是通过高效过滤器送风,自净能力很强,层流洁净室能达到较高的洁净度级别,如 A 级的洁净度。实现单向流必须有足够气速,以克服空气对流,垂直单向流的断面风速需在 0.36~0.54m/s,换气次数每小时可达 300~500 次(垂直层流洁净室)。层流洁净室工程造价和运行费用较高,结构复杂,设备安装不便,故在工程设计中应根据要求严格控制其使用面积。

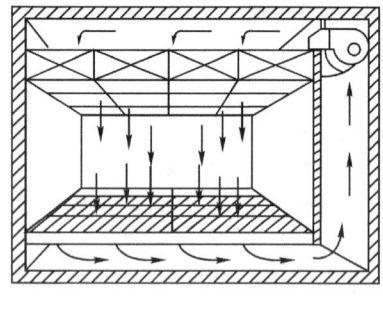

图 3-5 垂直层流

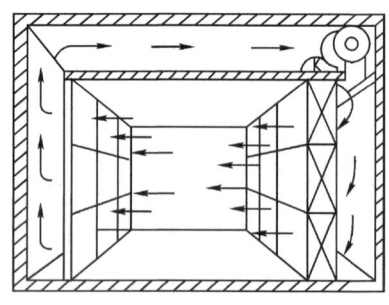

图 3-6 水平层流

(三)空气净化系统主要参数控制

1. 洁净区温湿度的控制

洁净区的温度和相对湿度应符合药品生产工艺要求。无特殊要求时,温度应控制在 18~26℃,相对湿度控制在 45%~65%。有特殊要求的药品,温度和湿度则要根据具体工艺要求确定。

2. 洁净室(区)正压的控制

空气洁净技术主要是通过空气过滤、气流组织、压差三个作用而实现的。为保证洁净室不受室外污染或邻室的污染,洁净室与室外或邻室必须维持一定的压差(正压或负压)。正的压差是洁净室抵挡外来污染的一个重要参数,负的压差是防止洁净室内污染外溢的一个重要参数。

我国药品 GMP 要求洁净区与非洁净区之间、不同级别洁净区之间的压差应不低 10Pa;相同洁净度级别的不同功能区域之间也应保持适当的压差梯度,这就要求有一定的正压风或一定的排风进行调节。洁净室保持正压是为防止外界空气渗入造成污染,正压的保持可通过调节空调净化系统的送风量大于回风量和排风量的总和来实现。但在系统的运行中随着时间的推移,由于过滤器积尘阻力增加,门与传递窗的开、关,工艺排风的变化等因素的影响,原先调整确定好的正压值会发生变化,室内正压就不能保持恒定值。要实现室内正压,必须使送风量大于室内回风量、排风量、漏风量的总和。其正压值可通过室内压差表显示来调节送风量、回风量和排风量进行控制。

 课堂讨论

1. 洁净室的正压怎样来获得?
2. 怎样才能知道洁净室压差达没达到要求?
3. 对青霉素类等高致敏性药品的分装室、产尘量大的操作室、强毒微生物操作区,相对于同一空气洁净度级别的邻室,还应保持正压吗?为什么?
4. 对产粉尘量大的操作室其回风方面有什么要求?

第三节　设备管理

药品是关乎人类身体健康和生命安全的特殊产品,要生产出合格的药品,必须具有过硬的生产设备和设备管理作为保障。随着制药工业现代化水平的不断提高,药品生产设备也朝着高效、多功能、自动化、智能化方向发展。产品的质量、数量、成本都依赖于设备的运行状态,因此,设备管理必须与 GMP 管理相适应,才能确保药品生产的顺利进行,生产出合格的药品。

设备管理是从设备选型、采购(或设计、加工)、安装调试、验证、运行使用、清洁、检修、维护、保养、改造到报废等符合药品 GMP 规范的全过程科学管理。建立有效、规范的设备管理体系,确保所有生产相关设备从计划、设计、使用直至报废的生命周期全过程均处于有效控制之中,最大程度降低设备对药品生产过程发生的污染、交差污染、混淆和差错,并需持续保持设备的此种状态,是当前制药企业管理设备始终追求的目标。

一、设备使用管理

设备管理必须建立健全相应的设备管理制度和付诸实施的措施,以确保设备完好,符合生产、工艺卫生要求,以最佳状态运行,顺利生产出安全、有效的药品。

(一)设备管理的内容与要求

(1)**建立设备管理组织,制定设备管理制度**　根据 GMP 要求,药品生产企业必须设置设备管理部门,配备专职设备管理人员,负责设备的基础管理工作。编制工厂设备管理程序和设备明细表,并对设备进行分类管理。对设备管理的职责划分、设备管理全过程的管理要点及相关记录等做出文件化规定,并组织实施。

(2) **制定设备使用、清洁、维护和维修的操作规程(SOP)和管理规程(SMP)** 设备操作人员应根据 GMP 和实际工作要求做好设备使用方面的定期和不定期培训,并保存相关培训记录。对所有的生产和检验设备,均应建立设备操作、清洁及维修、保养等其他相关的标准操作规程,明确使用过程的职责划分、工作程序和内容等。

(3) **建立设备档案** 所有设备、压力容器、仪器、仪表、衡器等必须造册登记。固定资产设备应建立台账、卡片等。内容有生产厂家、型号、规格、生产能力;原始技术资料;设备装配总图及施工图;易损件备品配件图纸或清单;检修、维护、保养的内容、周期及记录;改进记录、事故记录和验证记录等。

(二) 设备的使用管理

制药设备的使用与管理均要制定相应的文件,符合 GMP 和相应工艺要求,严格按照制定的规程实施。

(1) **严格按制定的生产和检验设备操作规程操作** 设备操作人员必须经培训、考核合格后才可允许上岗操作。做到每台设备有专人负责,使用时应严格实行定人、定机,按规程进行操作,同时按时进行维护和保养,保持设备经常处于完好状态。

设备标准操作规程主要包括以下内容:①对设备使用过程涉及范围、责任人、操作人、维修维护人,过程监督人等职责划分等做出明确规定;②对设备名称、涉及部件、用途、基本结构、工作原理做出简单描述;③对设备操作、控制的各类屏、盘、键、钮等功能做详细说明;④详细规定在换班、换批、换产品操作前的防止污染、交叉污染和混淆的措施;⑤对环境、清洁和安全、连接部位、公用系统、设备关键部件和关键参数的标准状况做出明确要求;⑥对操作步骤和内容做细化描述,应细化到每一个可能带来设备、系统、产品、环境等状态变化的动作的描述,并明确每一步作业应达到的状态和参数;⑦对操作注意事项,如人员资格、自动化设备的参数维护、相关劳动保护、安全事项、异常情况处理等做出明确说明。

(2) **设备有编号和状态标志,并有专人负责管理,责任到人** 各种设备应统一编号;设备要在明显位置牢固悬挂状态标识牌,标明设备编号和内容物(如名称、规格、批号、生产日期、操作人等)。没有内容物的应当标明清洁状态,当设备状态改变时,应及时更换状态标志,避免操作失误。如不合格的设备应当搬出生产和质量控制区,但在设备未搬出前,应当有醒目的红色"停用"状态标识。

(3) **定期检验** 生产及检测用衡器、仪器、仪表、量具等定期校验,并贴有合格证,注明校验日期和周期。

(4) **验证设备** 主要设备(例如灭菌釜等)必须经验证,以证明其性能安全可靠,能够满足工艺规定的要求方可使用。

(5) **合理使用生产设备** 生产设备不得超负荷运转,应当在确认的参数范围内使用。

(6) **建立使用日志** 药品生产或检验的设备和仪器,应有使用日志,使用记录内容包括:设备仪器使用运转记录;设备周检、点检记录;设备润滑记录;设备仪器维护保养记录;设备故障分析维修记录;设备事故报告表;设备清洁记录;设备使用记录内容包括所生产及检验的药品名称、规格和批号等。以上记录应有专人记录并标明日期、时间,有专人检查和保存,做好设备运行过程中的记录和接交班记录。

(7) **清洁生产设备** 按照详细规定的清洁操作规程清洁生产设备。生产设备清洁的操作规程应当有明确的清洁负责人和实施人,规定具体而完整的清洁方法、清洁用设备或工具、清洁剂的名称和配制方法、去除前一批次标识的方法、保护已清洁设备在使用前免受污染的方法、已清洁设备最长的保存时限、使用前检查设备清洁状况的方法,使操作者能以可重现的、有效的方式对各类设备进行清洁。生产完毕设备需拆装清洁的,还应当规定设备拆装的顺序和方法。如需对设备消毒或灭菌,还应当规定消毒或灭菌的具体方法、消毒剂的名称和配制方法。

(8)**维护设备** 按照制定的设备维护操作规程维护设备。设备的维护包括设备的基础维护和日常维护。基础维护主要由设备管理部门负责,按照各类设备的维修与保养规程、保养计划,组织定期对所有设备进行检查、保养、校正、更换、维修和评价,以支持对其运行安全性与可靠性的保障。设备的日常维护主要由设备使用人负责进行。生产和使用人员应严格遵循设备的维护操作、维护规程和安全守则,做好设备的维护记录,在设备保养与维修的过程中,应有可供识别的状态标志。对进入洁净区内维护设备的有关人员应穿着该洁净区规定的服装,使用已经消毒无菌的工具和设备。主要设备应当在验证后并证明其性能与精度安全可靠、符合要求时方能投入使用。

(9)**管道管理** 对所有管线,特别是隐蔽工程,应绘制动力系统图。所有管道应根据管道内物料涂统一色标,表明物料名称和物料流向标志。

 课堂讨论

某一制药有限公司大输液生产车间班组女工,突然发现自己有头发大量脱落、食欲缺乏、长期失眠等症状,到医院检查结果是患了白血病,可是她身体一向健康,且无家族遗传史,怎么会得此病呢?调查发现,原来该女工长期负责车间清场工作,每次由她开启紫外线灯灭菌,第二天又由她关闭,而紫外线灯的开关却安装在房间内,这样她每进行灯的开关都被紫外线照射,长此以往就造成了对她身体的严重伤害。

探讨 实际上是该公司在厂房设计时忽略了一个既简单而又严重的问题,有办法解决吗?

(三)计量器具的管理

为了保证药品生产质量,国家规定药品生产企业要通过各项工程等方面验收,其中必须包括仪器仪表校准为主的计量工作的验收。凡计量工作不合格的企业,其产品不得出厂,做好计量工作是保证药品质量的重要手段。没有计量工作的高质量,就没有药品的好质量。制药生产中对衡器、压力、温度、流量等操作条件要求很高,一个参数或一个仪表出现偏差,就可能导致一批产品不合格。因此,计量管理是药品质量管理的基础,而保障各参数计量显示仪表的准确无误、正常运转,是企业计量工作的重要内容。

1. GMP 对计量管理的基本要求

我国 GMP 中要求药品生产企业,应按照操作规程和校准计划定期对生产和检验用衡器、量具、仪表、记录和控制设备以及仪器进行校准和检查,并保存相关记录。校准的量程范围应涵盖实际生产和检验的使用范围,所制定的允许误差必须满足使用要求。应使用计量标准器具进行校准,且所用计量标准器具均应符合国家有关规定。校准记录应标明所用计量标准器具的名称、编号、校准有效期和计量合格证明编号,确保记录的可追溯性。在生产、包装、仓储过程中使用自动或电子设备的,应按操作规程定期进行校准和检查,确保其操作功能正常。校准和检查应有相应的记录。

除 GMP 外,《中华人民共和国计量法》、《中华人民共和国强制检定的工作计量器具明细目录》对相关校验也有一定的强制要求。对列入国家强制检定计量器具目录的工作计量器具,企业应登记造册向政府技术监督部门申报,并由指定的技术机构执行强制检定。这是药品生产企业搞好计量管理、开展计量工作、保障药品质量必须遵循的法律依据。

2. 计量器具管理的内容

药品生产企业计量管理工作的基本任务就是以《中华人民共和国计量法》为依据,以提高药品质量为中心目标保证计量器具配备齐全,计量统一,量值准确可靠,使量具处于完好状态。其主要内容:①制药企业应该建立适应自己的计量校准管理体系,并纳入质量保证体系,依据体系指导并开展企业内的计量校准工作的实施,应该设专门的校准部门和人员,并负责对各部门计量器具的使用、定期维护和保养进行监督;②提高与药品生产相适应的测量手段,配齐所需要的计量仪器设备,为药品质量的稳定性和药品生产的高精度服务;③校验管理人员负责按生产工艺的控制要求,制定校准管理规程(SMP)、校准操作程序(SOP)、校验台账、校准记录表、偏差处理流程和变更控制流程等,经相关部门审核批准后执行,严禁违章操作;④按规定对本企业的计量器具进行周期性校准和检查,并保存相关记录,在药品生产过程和质量检验中使用的计量器具,应按要求由计量部门进行检查、校验并合格认证,校准合格的仪器仪表应贴上校准合格标志;⑤做好计量管理的基础工作,如计量仪器设备的档案、使用与校验、检定记录、原始技术资料等方面内容的建立与保存;⑥开展计量知识、计量技术、计量管理方面的人员培训工作。

【实例】 仪表标签

在校验管理规程中必须明确定义仪表的标签状态,其目的是为了防止使用一些不符合规定的仪表。将校验标签张贴在设备附近的控制单元比较显眼的位置,以方便用户比较容易的观察。设备操作人员和使用者有责任在每次使用前检查仪表标签的状态。

(1)绿色准用标签:表明本次校准结果符合规定要求,可在至下次校准日期前使用。

(2)红色禁止使用标签:校准结果有一项以上参数不符合规定或因故暂时停用。

仪表标识: 校验日期:	仪表标识: 校验日期:
校验执行人: 下次校验日期:	校验执行人: **禁止使用**
绿底黑字	红底黑字

(3)红绿限用标签:表明仪表经确认虽有个别量程超出允差范围,但不影响使用要求,按规定仅可在限定的范围内使用。

(4)准予使用标签:该仪表只进行安装前一次性进行校准,准予使用。在故障或损坏时予以更换,更换前执行校准检查。

仪表标识: 校验日期:	仪表标识: 校验日期:
校验执行人: 限用范围:	校验执行人: **准予使用**
绿红底黑字	白底黑字

二、药品生产设备的设计与选型

药品生产企业生产设备的选型购置应结合自身产品特性和未来发展,根据产品生产工艺特点综合审慎决策。设计、选型是药品生产设备 GMP 建设的起始环节,这个环节决定了以后管理环节的形式和质量。

药品生产设备的设计一般由设备设计的专业单位或制造厂家来承担;由制药企业根据生产工艺来选型购买。当然,也可以联合设计研制新型设备。但无论何种设计,设备的设计和选型应结合本企业的产品、剂型、工艺要求与特点、生产方式与规模、可能的变化与发展、适应性与灵活性等多方面综合考虑。在药品生产设备的设计、选型方面应遵循以下原则:

(1)适用性和先进性 药品生产设备的制造者在设计时,应根据用户提供的需求文件,结合用户提供的技术要求文件,充分考虑用户在生产规模、设备操作、产品特性、生产工艺、质量控制、安全环境健康、设备维修、生产效率等诸多方面特点要求进行设计制造,做到具有适用性。在设备的许可范围内,能够最大限度地保证工艺的合理和优化,并且要求设备的运转可靠性、自控水平、转化率、收得率等尽可能达到先进水平。

(2)洁净性和抗污染性 药品生产设备的设计能够保证设备本身的抗污染性以及生产过程的自身清洁和环境清洁方便有效,减少和防止对药品的污染。设备与药品直接接触的表面应光洁平整、易清洗、易消毒灭菌、耐腐蚀,还应防止外在因素的污染。

(3)方便性和安全性 药品生产设备的设计要结构简单,便于操作,易于清洁,减轻工人劳动强度,安全可靠,维护方便,备品配件供应可靠,实施机械化和自动化方便,造型美观等。设备的设计还需要考虑能满足安全方面的要求,设备带有一定的安全防护措施,发生意外时能报警提示操作人员。

三、典型 SMP、SOP 的设计示例

GMP 明确要求制药企业生产管理必须全方位的标准化。标准化活动与管理相结合,可以建立有条理的生产秩序、安全秩序和管理秩序,标准化管理也是 GMP 所要求的重要内容之一。制药企业制定符合企业实际和 GMP 要求的厂房设施和设备的管理规程、标准操作规程等文件,可规范设备、设施的操作和维护,保证药品生产的正常进行。药品生产企业厂房设施和设备的部分 SOP 和 SMP 管理规程等文件见表 3-5,6。

表 3-5 药品生产企业厂房设施和设备 SOP 部分文件目录示例

序号	SOP 文件名称	序号	SOP 文件名称
1	GFSJ-16 高效粉碎机标准操作规程	9	ZB-1 智能崩解仪标准操作规程
2	GFSJ-16 高效粉碎机维护保养标准操作规程	10	ZB-1 智能崩解仪维护保养标准操作规程
3	GH-200 型高效三维运动混合机标准操作规程	11	JZ3003 电子称标准操作规程
4	V-1 型高效混合机维护保养标准操作规程	12	纯水系统清洁、灭菌标准操作规程
5	DPT-250 型铝塑泡罩包装机标准操作规程	13	纯水系统操作与维护保养标准操作规程
6	BGB-150C 高效包衣机维护保养标准操作规程	14	空调机组标准操作规程
7	BGB-150C 高效包衣机标准操作规程	15	DZL2-1.25-AⅢ型蒸汽锅炉标准操作规程
8	DXDK80D 全自动包装机标准操作规程	16	NJP1200 全自动胶囊充填机标准操作规程

表 3-6 药品生产企业厂房设施和设备 SMP 部分文件目录示例

序号	SMP 文件名称	序号	SMP 文件名称
1	厂房新、改、扩建标准管理规程	9	设备编码标准管理规程
2	厂房使用、维护、保养标准管理规程	10	设备状态标识标准管理规程
3	洁净厂房与空调净化系统标准管理规程	11	模具标准管理规程
4	设备使用、保养、维护标准管理规程	12	制药用水标准管理规程
5	设备清洁标准管理规程	13	计量用仪器仪表标准管理规程
6	设备计划检修标准管理规程	14	压力容器标准管理规程
7	设备更新、改造及报废标准管理规程	15	锅炉房标准管理规程
8	设备润滑标准管理规程	16	设备事故标准管理规程

【实例】 某制药厂设备 SMP 范例,以《设备管理制度》为例。

×××× 制 药 厂

文件名称	设备管理制度		编 码	SMP-SB-039-02	
			页 数	2-1	实施日期
制订人		审核人		批准人	
制订日期		审核日期		批准日期	
制订部门	工 程 部	分发部门	生产部、固体制剂车间、工程部		

1. 目的

为了使设备的维护保养者按规定程序维护保养好设备,使设备的操作者按程序正确使用设备,特制定管理制度。

2. 适用范围

工艺用设备、通用设备。

3. 职责

3.1 工程部经理:决定公司设备管理的工作方针,全面领导公司的设备管理工作。

3.2 工程部设备管理员:工程部经理的领导下开展设备管理工作。

3.3 车间设备管理员:具体实施公司设备管理工作,认真履行本规程所规定的内容。

4. 正文

4.1 设专职管理人员负责设备的日常维修保养,对所有设备、仪器、衡器登记造册,有设备维修记录。固定资产建立台账、卡片,主要设备逐台建立台账和档案。

4.2 严格按设备使用操作及维护保养操作规程定期更换润滑油,设备运行中要求按操作规程的要求定时加油,并有记录可查。

4.3 设备要有明显的状态标志,正在生产的设备在状态标志上要标明产品的名称、批号、批量等,等待维修的设备要有待修状态标志,停用的设备要有停用状态标志,长期停用的设备要移出生产区。

4.4 坚持经常检查设备运行状况,发现故障,及时排除,禁止设备带病工作。

4.5 设备的箱盖、保护栏网等保护设施禁止随意拆卸,因维修而拆卸的应在修理完工后恢复。保护装置不装好禁止开机。

4.6 设备的易损配件仓库应有一定的库存,如果使用完,仓库应根据工程部提供的标准提前15天报采购计划。

4.7 要求设备完好率达90%以上,静密封点漏率不超过2%。

4.8 遵守设备操作规程,违章操作造成的设备损坏和事故的,按设备事故管理制度执行。

4.9 安全仪表装置齐全、灵敏、可靠,按仪表规定检校时,按时送检,有记录可查。

4.10 入冬前,设备、管道应及时做好防寒、防冻的保温工作。

4.11 建立设备运行记录,由操作工填写。

4.12 每台设备均须按规定的清洁程序和清洗周期进行清洁,关键设备的清洁效果要进行验证。

4.13 连续加工同一产品的每批后或更换品种,要按清洁规程全面清洁一次,并经清场检查合格后方可进行生产。

 学习小结

厂房设施与设备是药品生产的重要资源之一,需要根据药品生产不同产品、剂型的要求和规模,按GMP要求设置相应的生产环境和厂房设施,选择和使用合理的生产设备,满足其生产工艺控制需要,最大限度地避免污染、混淆和人为差错的发生。建立完善的设备管理系统保证设备的选型及性能满足预期要求;并在使用中严格按相应的标准操作规程操作,并通过必要的校准、清洁和维护手段,保证设备的有效运行,为药品生产创造良好的生产条件。

 目标检测

一、选择题

1. 无特殊要求时,洁净区(室)的温湿度应控制在_____。
   A. 温度18～24℃,相对湿度50%～70%
   B. 温度20～24℃,相对湿度40%～60%
   C. 温度18～28℃,相对湿度50%～70%
   D. 温度18～26℃,相对湿度45%～65%
   E. 温度18～28℃,相对湿度45%～65%

2. 空气洁净度级别相同的区域,产尘量大的操作室应保持_____。
   A. 相对负压   B. 相对正压   C. 正压   D. 负压

3. 洁净室的尘粒数和微生物应由_____部门组织常规监测。
   A. 设备管理   B. 工艺管理   C. 质量管理   D. 安全管理

4. 以下要求中,_____不属于GMP对青霉素等高致敏药物生产的要求。
   A. 独立的厂房设施   B. 与其他厂房距离≥50m
   C. 分装室保持相对负压   D. 排至室外的空气应经净化处理

5. 洁净区的以下检测项目中,_____通常不能每天进行检测。
   A. 尘粒数   B. 温度   C. 相对湿度   D. 压差

6. 空气洁净度不同的相邻洁净房间的静压差应大于_____。
   A. 10Pa   B. 5Pa   C. 15Pa   D. 20Pa

二、简答题

1. 厂址选择的主要原则和步骤有哪些？
2. 洁净室的分类方法及气流形式有哪些？
3. 空气净化空调系统的流程是什么，并绘出流程图。
4. 设备的设计与选型应遵循的原则和方法是什么？

第四章 物料管理

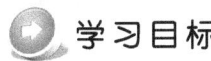 学习目标

【知识要求】
1. 掌握物料采购的程序及物料仓储管理要求。
2. 熟悉我国 GMP 对物料管理的基本要求。

【能力要求】
能综合运用本章知识分析物料管理过程中出现的问题及解决对策。

药品是一种特殊商品,对质量要求十分严格。原料、辅料及包装材料等生产物料是药品生产中形成产品质量的基本要素,没有质量合格的物料就不可能生产出符合质量标准的产品,而不规范的物料管理必然引起物料混淆、差错、交叉污染。药品生产是物料流转的过程,涉及企业生产和质量管理的所有部门。我国 GMP 对物料管理的要求是必须建立规范的物料管理系统,使物料流向清晰,具有可追溯性,并需制订物料管理制度,使物料的接收、检验、存放、发放使用有章可循,加强物料的仓储管理,保障物料质量。

物料包括原料、辅料、包装材料、中间产品和成品等。原料指药品生产过程中投入的最终起疾病治疗作用的化学成分;辅料是指生产药品或调配处方时所用的附加剂和赋形剂;包装材料是指与药品直接接触的包装物和容器、印刷包装材料(标签和说明书),不包括发运用的外包装材料等。

第一节 我国 GMP 对物料管理的基本要求

我国现行版 GMP(2010 年修订)第六章就药品生产所用原料、辅料及包装材料等物料的管理制度的制定、质量标准及其采购、入库、验收、储藏方法等方面均做出了相应的规定。

一、物料管理的基本原则

(1)未经检验批准合格的物料不得用于生产。药品生产所用的原辅料、与药品直接接触的包装材料应当符合相应的质量标准。药品上直接印字所用油墨应当符合食用标准要求。进口原辅料应当符合国家相关的进口管理规定。

(2)防止物料收、贮、发、用过程中的污染、混淆和差错。应当建立物料和产品的操作规程,确保物料和产品的正确接收、贮存、发放、使用和发运,防止污染、交叉污染、混淆和差错。不合格的物料、中间产品、待包装产品和成品的每个包装容器上均应当有清晰醒目的标志,并在隔离区内妥善保存,处理时应当经质量管理负责人批准,并有记录。

(3)物料和产品应当根据其性质有序分批贮存和周转,发放及发运应当符合先进先出和近效期先出等原则。

(4)物料和产品的运输应当能够满足其保证质量的要求,对运输有特殊要求的,其运输条件应当予以确认。

二、原辅料的管理

应当制定相应的操作规程,采取核对或检验等措施确认每一包装内的原辅料正确无误。一次接收数个批次的物料,应当按批取样、检验、放行。只有经质量管理部门批准放行并在有效期或复验期内的原辅料方可使用。原辅料应当按照有效期或复验期贮存。贮存期内,如发现对质量有不良影响的特殊情况,应及时进行复验。

三、中间产品和待包装产品的管理

中间产品和待包装产品应当有明确的标识,在适当的条件下贮存,并至少标明下述内容:产品名称和企业内部的产品代码、产品批号、数量或重量、生产工序、产品质量状态(如待验、合格、不合格、已取样等)。

四、包装材料的管理

与药品直接接触的包装材料和印刷包装材料的管理和控制要求与原辅料相同。包装材料应当由专人按照操作规程发放,并采取措施避免混淆和差错,确保用于药品生产的包装材料正确无误。每批或每次发放的与药品直接接触的包装材料或印刷包装材料,均应当有识别标志,标明所用产品的名称和批号。应当设置专门区域妥善存放,未经批准的人员不得进入。切割式标签或其他散装印刷包装材料应当分别置于密闭容器内储运,以防混淆。过期或废弃的印刷包装材料应当予以销毁并记录。

应当建立印刷包装材料设计、审核、批准的操作规程,确保印刷包装材料印制的内容与药品监督管理部门核准的一致,并建立专门的文档,保存经签名批准的印刷包装材料原版实样。印刷包装材料的版本变更时,应当采取措施,确保产品所用印刷包装材料的版本正确无误。收回作废的旧版印刷模板并予以销毁。

五、特殊药品的管理

麻醉药品、精神药品、医疗用毒性药品(包括药材)、放射性药品、药品类易制毒化学品及易燃、易爆和其他危险品的验收、贮存、管理应当执行国家有关的规定。

 知识链接

印刷包装材料指具有特定式样和印刷内容,并经药品监督管理部门批准的包装材料,如印字铝箔、标签、说明书、纸盒等。印刷包装材料印刷完毕后,由仓库保管员初检合格、接收入库,填写物料请验单,由质量部负责取样、检验。质量部QC对照公司提供的标准样张与样品对照检查,对文字内容、图案、色泽等进行核查,包装材料上印刷或模压的内容应清晰、不褪色、不易擦去。必要时做理化指标、微生物指标检验,检验合格后出具检验报告。印刷性包装材料入库后由专人保管,存放在足够安全的区域内,未经批准人员不得进入。散装印刷包装材料应分别置于密闭容器内,以防混淆。包装材料使用时应由专人发放。

第二节 物料采购管理

一、物料采购管理原则

药品质量与生产中采购的物料质量有着密切的关系,因此,物料采购时要遵循以下原则:①采购物料时的首要条件是必须符合本企业制定的物料标准;②成立由质量管理部门负责、物料管理部门参与的物料供应商评估委员会;③确立质量稳定、信誉可靠的物料供应商作为本企业的主要供货单位,以保证药品生产有一个质量稳定的供应系统,并将这个系统的管理纳入企业药品生产管理中;④建立合格供应商档案,由质量管理部门设专人管理,供应商改变时,需经过质量管理部门认可。

二、物料采购管理

近年来,市场上发生的某些药品质量事故和用药安全事故,问题就出在物料采集环节和购进环节,如齐二药事件的起因就是采购中用工业用"二甘醇"取代药用级别的辅料"丙二醇"所致,所以要加强对物料购进环节的管理。

(一)物料采购的基本程序

1. 采购申请

可由项目本身自动产生采购申请,也可由需求部门直接创建采购申请,或通过物料需求计划自动产生采购申请,内容要列出物料或服务的需求,明确需求时间和数量。

2. 确定采购订单

采购员接到已批准的"生产计划"或"物料请购单"后,立即向有关供应商询价,按采购原则,将询价结果报供应部负责人、总经理审核后,确定供应商,提交给供应商正式的采购订单,签订"购销合同"的,合同内必须写明:购买物料的名称、数量、规格、价格、质量标准和要求、到货日期及运输方式、付款条件等。采购员要及时跟进采购进度,严格按合同督促供应商及时供货。

3. 接收货物

物料到厂前,提早通知仓管员做好收货准备,并根据采购订单对供应商的货物进行接收,填写入库单,自动产生物料和会计凭证。

4. 发票付款

发票是确定采购物资和服务的最终价格的凭证,付款是对发票的付款,及时将货款付给供应商。

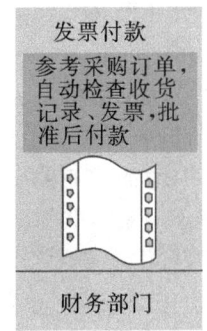

(二)供应商的选择

1. 供应商的选择程序

《药品生产质量管理规范(2010年修订)》第一百零四条明确规定:物料供应商的确定及变更应当进行质量评估,并经质量管理部门批准后方可采购。供应商的选择一般程序是:取样检验收集信息、初步筛选→质量评估→工艺验证→确认合格→供应商管理。

2. 供应商的质量评估

(1)**组织实施**　质量管理部门负责对所有生产用物料的供应商进行质量评估,会同有关部门对主要物料供应商(尤其是生产商)的质量体系进行现场质量审计,并对质量评估不符合要求的供应商行使否决权。质量管理部门应当指定专人负责物料供应商质量评估和现场质量审计,分发经批准的合格供应商名单。被指定的人员应当具有相关的法规和专业知识,具有足够的质量评估和现场质量审计的实践经验。主要物料的确定应当综合考虑企业所生产的药品质量风险、物料用量以及物料对药品质量的影响程度等因素。企业法定代表人、企业负责人及其他部门的人员不得干扰或妨碍质量管理部门对物料供应商独立作出质量评估。

(2)**建立物料供应商评估操作规程**　明确供应商的资质、选择原则、评估方式、评估标准、物料供应商批准的程序;如质量评估需采用现场质量审计方式的,还应当明确审计内容、周期、审计人员的组成及资质;需采用样品小批量试生产的,还应当明确生产批量、生产工艺、产品质量标准、稳定性考察方案。

(3)**现场质量审计**　现场质量审计涉及以下几方面:《营业执照》、《药品生产许可证》、《药品经营许可证》、《药品GMP证书》等资质证明性文件,检查核实其各类证照的有效期、生产范围、经营范围、经营方式等;所供应物料的生产批件、批准文号、检验报告单,如进行现场质量审计和样品小批量试生产的,还应当包括现场质量审计报告,以及小试产品的质量检验报告和稳定性考察报告;调查该供应商的厂房、设施、设备的条件,质量保证体系,产品质量等;调查该供应商的供货能力、企业信誉等;必要时,应当对主要物料供应商提供的样品进行小批量试生产,并对试生产的药品进行稳定性考察。

3. 合同管理

质量管理部门应当与主要物料供应商签订质量协议,在协议中应当明确双方所承担的质量责任,合同产品应符合有关产品质量的法律、法规的规定,符合标准或合同约定的技术要求,并有质量标准作合同副本,供应商应提供产品检验合格证和检验报告单等。在签订经济合同时,除按合同规定要求,如买卖双方、标的、数量、价格、规格、交货地点、违约责任等一般内容外,应特别要注明原辅材料质量标准要求和卫生要求。合同的期限一般应先实行短期合同,经过一段时间考察,确定供货质量好、重合同、守信誉时方能签订长期合同。

4. 动态管理

对供应商及物料在长期供货过程中要实行动态管理,主要有五个方面措施:

(1)**与供应商签订质量保障协议**　物料采购前,必须与供应商签订产品质量保障协议或在经济合同中增加详细的质量保障条款。质量保障协议不仅仅是通常意义上的质量承诺条款,而是在符合国家标准的基础上,结合企业使用要求及以往出现的问题,增加有针对性的质量条款。另外,对供应商加工环节使用的关键性原料及其来源、工艺辅助剂、工艺路线、技术参数等也可以作硬性约定,对产品应用中出现的安全性问题双方如何界定责任、如何配合解决等作硬性约定。有了这些协议条款,供应商就不能对生产工艺、处方和产品形式、直接接触药品的包装材料及技术标准随意变更,必须变更时,应按照药品注册管理规定进行研究、验证、申报并获得批准或备案,也应提前告知使用客户,使企业有时间采取必要的应对措施,如考察变更后对制剂质量的影响。

(2) **定期与供应商的技术、质量部门开展交流**　通过及时交流,使供应商能够深入了解企业对产品质量的要求,及时解决产品存在的问题,认真遵守技术质量约定。

(3) **重视物料对药品安全性、有效性、稳定性影响的定期分析与评估**　由于检验项目的有限性,合格的物料在质量上仍存在着一定差异,因此,物料对产品的安全性、有效性、稳定性影响程度应定期进行统计、分析、评估(如12个月一次),对物料的质量作更加全面的评价,并载入供应商档案,为进一步选择更加优质的物料提供依据。

(4) **对有问题的供应商采用警告、停用制度**　在任何环节发现有影响药品质量的物料,第一次对供应商采用警告方式告知,要求对方将原因及消除质量问题的措施、实施情况以书面形式说清楚;如连续两次出现质量问题则给予停用,对于影响用药安全的问题发现一次即应立即停用。停用后要求对方查明原因,做出处理,其供应商作为不合格对象管理。对于不合格的供应商,在有关问题没有彻底解决之前,不得使用其原料。

(5) **对合格供应商的再审计评估制度**　对合格供应商也应实行定期、不定期的再审计评估制度,以确定是否继续作为物料供应对象。

知识链接

对于供应商的选择应分类管理,与企业已有长期合作关系且产品质量始终稳定的供应商,应作为优选对象,在资质审查符合要求后,直接开展审计评估工作以简化工作程序。对于合作中质量出现过波动的供应商、新发展的供应商、提供新产品的老供应商,其筛选过程应分为初选、检验与稳定性考察、试用、现场考核与审计、总结评价等步骤。

第三节　物料仓储管理

科学的仓储管理是物料管理中一个很重要的环节,物料不仅要分库存放,而且要有明显的状态标志。要做到:安全储存、降低损耗、科学养护、保证质量、收发迅速、避免事故。

仓库应有以下设施和设备:保持药品与地面之间有一定距离的设备,避光、通风和排水的设备,检测和调节温、湿度的设备,防尘、防潮、防霉、防污染以及防虫、防鼠等设备,符合安全用电要求的照明设备。

对所用设施和设备应定期进行检查、维修、保养并建立档案,储存麻醉药品、一类精神药品、医疗用毒性药品、放射性药品的专用仓库应具有相应的安全保卫措施。

根据药品的储存要求,存储仓库要设置不同温、湿度条件。其中,冷库温度为2~10℃,阴凉库温度不高于20℃,常温库温度为0~30℃,各库房相对湿度应保持在45%~75%之间。

一、物料接收

《药品生产质量管理规范(2010年修订)》第一百零六条明确规定:原辅料、与药品直接接触的包装材料和印刷包装材料的接收应当有操作规程,所有到货物料均应当检查,以确保与订单一致,并确认供应商已经质量管理部门批准。物料的外包装应当有标签,并注明规定的信息。必要时,还应当进行清洁,发现外包装损坏或其他可能影响物料质量的问题,应当向质量管理部门报告并进行调查和记录。每次接收均应当有记录。

(一)来料检查

(1)**物料检查** 物料进厂后,由专人对随货到达的书面凭证,如发票、产品检验报告单和合格证等进行逐项审核,内容有名称、规格、批号、件数、每一包件的重量、供货单位等,应与合同一致,供货方需是企业批准的供货单位。如为进口产品,需提供口岸药检所的检验报告单,确定这些单据的真实性、规范性以及它们和所到货物的一致性。同时,检查外包装应无破损、受潮、水渍、霉变、虫蛀、鼠咬等,包装应完好,并填写初验记录。中药材、中药饮片每件包装上是否附有明显标记,表明品名、规格、数量、产地、来源、采收日期。

(2)**直接接触药品的包装材料及原辅料的检查** 对于直接接触药品的包装材料、容器及直接进入制剂的原料、辅料应检查是否采用洁净的双层包装。

(3)**标签和说明书的检查** 标签、使用说明书进厂,应由专人按标准样本检查外观、尺寸、式样、颜色、文字内容,是否污染破损,凡是不符合要求的,应计数封存,及时处理,以防外流。

(二)填写到货记录

根据上述审查和目检情况,记录到货原辅料的一般情况如品名、规格等;收料情况如收料日期、数量、收料人等;供应商情况如厂名等;外观情况如包装容器、封闭、破损等。填写记录应真实准确,要有验收人和复核人签名。

(三)特殊药品

麻醉药品、精神药品、毒性药品(包括药材)、放射性药品及易燃易爆和其他危险品的验收、贮存、保管要严格执行国家有关规定。

下表是一份到货验收记录表的样张(表4-1):

表4-1 到货验收记录表

到货验收单:				
采购订单号:			收货单号:	
收货日期:			供应商名称:	
物料名称	规格	单位	订单数量	接收数量
外观检查情况:				
收货人签字: 年 月 日			复核人签字: 年 月 日	

知识链接

原辅料进厂后,凡出现下列情况之一者,仓库保管员可以拒收:到货物料与订货单或订货合同不相符的;物料的外包装无明显标记,精神类原料药无国家规定的特殊药品标记,难以区分的;物料外包装出现水渍、受潮、鼠咬等现象;物料无检验报告书或合格证;物料外包装破损或封口不严密。物料异常情况处理必须由QA检查员审核确认后执行。

二、物料的入库

(一)清洁

进厂的所有物料在入库前必须对其外包装进行清洁,清洁按照《物料入库前清洁规程》执行。清洁后的物料应置于洁净的垫仓板上。

(二)物料的编号

进厂的物料,初验合格后,应标上醒目的黄色待验标志,并按规定的程序和方法进行统一编号,填写在相应的货位卡、《物料出入库分类账》等文件中,其目的是便于识别和尽量减少或避免混药的危险。

药品生产企业均应制定物料编码的管理规程,制定物料分类编号的原则和编码原则,每个物料编号应该是不重复的、唯一的号码。物料编号一般是按所收到物料的顺序指定的,以日期为主干号,日期中的年、月分别用两位数表示,通过在主干号前后加上原料名称代号、流水号和控制号等加以控制,这样便于管理,有利于先进先出:如 R1-110719-2-6,"R"表示原料,"1"表示何种原料,"110719"表示于 2011 年 7 月 19 日进库,"2"表示当天同样的货物第 2 次进库,"6"表示是某位验收员进行的验收。

当然企业也可根据实际情况规定符合自身条件的编号的方法。如有的企业物料标识采用名称、代号及批号 3 个部分。

1. 物料的名称

通常以 WHO《GMP 指南》中指定的药物非专利名称或《中华人民共和国药典》(2010 年版)后文简称为规定的通用名称作为物料的标准名称。企业注册的商品名称可与通用名称同时在标签、说明书上使用,如果企业有必要使用外文名称时,应尽可能使用《中华人民共和国药典》(2010 年版)收载的拉丁文或英文名称。进口原料、辅料、包装材料的中文名称,应查阅正式出版物,力求使名称规范化。

2. 代号系统

代号系统是所有原料、辅料、包装材料和成品给予的专一性代号,这就意味着标同一物料名称如其质量标准不同,就必须使用不同的代号。例如,某企业用的碳酸钙有两种标准,成品 A 生产必须使用含铁量低于百万分之十的碳酸钙,成品 B 则可使用含铁量高达百万分之二百的碳酸钙,因此,虽然物料名称"碳酸钙"相同,但必须使用两个不同的代号来表达不同的质量标准。物料的代号由企业自行给定,负责这一系统的主管部门通常是物料管理部。

(1)代号的设计　代号可由 5 位数字组成,在第 2 和第 3 位数字中间设有一短线 NN-NNN。即 00-001 到 99-999 的数字序列。前面两位数表示物料的类别,后面三位数则表示某一类物料的序列号,如成品和半成品 00-000~29-999,原料、辅料 30-000~49-999,一般包装材料 50-000~69-999，标签 70-000~79-999。以上仅是一个适用中型企业的例子。从 GMP 管理角度上来看，NN 的分类是可有可无的，同一物料名称、不同质量标准的代号差别越明显，就越有利于防止混淆。上述碳酸钙按上例中分类法设置编号时，差异只是在后几位数。但要是企业生产的品种不过分多，采用 NN-NNN 的方式也足以达到目的了。企业可根据产品和物料的多少及其复杂程度增加或删减代号的位数，决定代号的设置方法，以适应有效管理的实际需要。

(2)代号的管理　为了确保代号的专一性，只有物料管理部有权设置或删除物料的代号并制订企业的物料代号交叉索引表。所谓交叉索引表，即可从代号查物料名称，或从物料名称查代号的文件。物料代号交叉索引表可通过计算机内部互联网络实现共享，以方便有关人员查阅；也可用受控文件的方式，发放给所有有关部门或人员，但一有删除或增加，应立即更换。删除了的代号一般永远不再使用，以防日后产生混淆。

也有的企业采用以下代号格式：物料代号-进货年、月-当年进货次数的流水号。如：3-010613，表示代号为 3 的物料是 2001 年 6 月第 13 次进货。

3. 批号系统

同代号一样，对每一次接收的原料、辅料、包装材料和拟生产的每一批产品都必须给定专一性批号。

(1)批和批记录的概念　批：用于识别一个特定批的具有唯一性的数字和(或)字母的组合。批记录：用于记述每批药品生产、质量检验和放行审核的所有文件和记录，可追溯所有与成品质量有关的历史信息。

(2)批号系统的组成　成品及半成品的批号一般可由 7 位数字组成，由物料管理部下达生产计划时预先设定，打印在批生产技术文件上，如批生产记录、配料单和成品库卡等。格式为 XX-XX-XXX，其中头两位数表示生产年份，此后的两位数表示生产月份，其余三位数字为当月登记流水号。例如：0704152，表示该批于 2007 年 4 月份生产，流水号为 152。为便于质量管理，也可在批号后面加横线再加数字或字母的方式表示亚批号。例如，对于最终灭菌的大输液产品：一个批中可以分成 1A、1B、2A、2B 等亚批，这里的 1、2 为灭菌釜编号，A、B 则为不同的灭菌周期。

对于原料、辅料、包装材料，批号可由 6 位数组成，以与产品的批号相区分。前一位数表示到货年份，此后两个数字表示到货月份。例如：112116 表示材料于 2011 年 2 月到货，它是该月收到的第 116 批材料。次批号用"-"及大写字母表示，如某批原料由来货的数个小批组成时，可用后缀 A、B、C 等大写字母表示原来的批次。返工处理后的物料应给予新的批号，或注上标记 R，以免产生混淆和差错。原料和包装材料应使用统一的批号登记表，且按照到货批次的先后顺序进行登记。当某一物料给予一批号时，必须将该物料的代号和名称登记在该登记表内，表中应同时有记录亚批号、日期和签名的栏目。

我国有些企业的批号采用直接引入法，即直接使用供应商的批号，对本企业生产的成品则以生产年月日作为批号。这种做法存在着明显的缺点：一方面很难排除同一供应商分期发来批号相同的物料，或不同供应商发来的同类货物，其批号相同；另一方面，本企业同一天所生产的不同产品以及同一产品的不同包装规格，批号相同。这也不利于生产企业的药品管理。

(三)请验、取样

《药品生产质量管理规范(2010 年修订)》第一百零七条明确规定：物料接收和成品生产后

应当及时按照待验管理,直至放行。

库房管理人员应及时填写请验单,随同供应商提供的检验报告单一同送交质量管理部门,并配合质量管理人员按《取样管理规程》及各取样SOP进行取样、标记。质量管理部门接到仓储部门的请检单后,立即派专人到仓库查看所到货物,并在货物上贴上"待验"标签,表示这批原料在质量管理部门的控制之下,没有质量管理部门的许可,任何部门和人员一律不得擅自动用该批货物。然后由质量管理部门通知质量检验部门进行检验,质量检验部门接到质量管理部门的通知之后,立即派员按规定的抽样办法取样,取样后,贴取样标签(白色)并填写取样记录。

物料取样由经过培训的工作人员按照企业制定的取样规程进行。一般来说每批样品经过取样检验合格后才能被使用,经检验合格的生产物料由质量部门发检验合格报告书、合格标签和放行单。指定人员将物料状态由待检变为合格。对检验不合格的生产物料,按品种批号移入不合格区,物料状态变为不合格,按不合格品处理规程进行处理。

表4-2是黄色"待验"的状态标志的样张,表4-3为"收料请验单"的样张。

表4-2 物料待检状态标记

物料状态标记(待检)			
品名		规格	
批号		数量	
物料名称		批号/编号	
桶号		皮重	
毛重		净重	
操作人		日期	

卡片为黄底红字

表4-3 收料请验单

采购订单号		收料请验单流水编号			
物料名称		物料编号		到货状态	
实收数量		件数		包装规格	
供应商名称		收货日期		生产商批号	
是否有供应商检验报告		包装形式			
备注					
接收人签字: 日期:			复核人签字: 日期:		

(四)入库存放

样品经检验后,质检部门将检验结果报质量管理部门审核,质量管理部门根据审核结果通知仓储部门。仓储部门根据质量管理部门的通知对所到原辅材料进行处理,除去原来的标志和标签。

(1)**合格物料的入库** 将合格的物料移送至合格品库区储存,挂"绿色"物料标志,填写库存货位卡和分类台账,记录出入及结存情况,特殊情况下也可采取其他能标示物料合格与否的可靠措施。原料、辅料、包装材料要按照品种类别分别码放。标签、说明书要按照品种、规格、分类专柜存放。

(2)**不合格物料的入库** 将不合格品移送至不合格品库区,挂"红色"标志,并按规定程序及时通知有关部门处理,并填写不合格品台账。供应部门应及时联系退货,同时填写退货记录。

(3)**色标管理** 入库的物料要实行色标管理,并在货堆前放置醒目的状态标记(货位卡),色标与货位卡应挂放在规定位置。根据现行色标管理规定,一般合格产品挂绿色标记,不合格产品挂红色标记,待检品和退回产品挂黄色标记。

(4)**堆垛码放要求** 物料入库的堆垛码放要按照《物料储存管理规程》执行,具体内容:入库的物料分垛整齐码放,不能直接码放在地面上。堆垛的距离规定要求:垛与墙的间距不得小于30cm,垛与柱、梁、顶的间距不得小于30cm,垛与散热器、供暖管道的间距不得小于30cm,垛与地面的间距不得小于10cm,主要通道宽度不得小于200cm,照明灯具垂直下方不得堆码药品,并与药品跺的水平间距不得小于50cm。

三、储存与养护

养护是企业确保库存物料质量的一项重要工作,物料经质量验收检验,进入仓库,到进入生产后流出,其质量都要靠养护工作提供充分的保障。仓储保管和养护人员应对原辅材料的理化性质以及影响原辅材料质量的各种因素有一个充分了解的基础上,对其进行保管和养护。

《药品生产质量管理规范(2010年修订)》第一百零四条规定:使用计算机化仓储管理的,应当有相应的操作规程,防止因系统故障、停机等特殊情况而造成物料和产品的混淆和差错。使用完全计算机化仓储管理系统进行识别的,物料、产品等相关信息可不必以书面可读的方式标出。

(一)储存与养护的原则

安全储存,科学养护,保证质量,降低损耗。

(二)养护组织和人员

大中型药品生产企业应成立专业养护组织,小型药品生产企业应有专职的养护人员。养护组织或人员应在质量管理部门的指导下,具体负责原辅材料储存中的养护和质量检查工作,对保管人员进行技术指导。为保证养护组织和人员能认真负责地开展工作,应强化责任追究机制,加强业务指导和培训。定期接受企业或药品监管部门组织的继续教育。

(三)养护工作的内容

1. 制定养护方案

根据"以防为主,把出现质量问题的可能控制在最低限度"的原则以及药品的性质与储存养护要求,制定符合企业实际的科学的养护方案。

这个养护方案的要素包括:确定养护和保管人员,明确每个人员的工作职责,确定各种物料的储存条件和方式,确定重点养护品种,确定定期和不定期盘存的周期和方式,确定储存环境的环境因子的控制程序和仪器、设备的检测、维护,确定养护记录和档案的格式、填写程序和检查,确定发现、报告和处理养护中出现问题的程序和制度等。

2. 选择储存条件

根据本企业仓储条件对待检、合格、不合格原辅材料的不同要求,严格按批次分开存放,不同状态的物料应使用不同色标。在此基础上,按物料的固、液、气或挥发性等性质按批次,在规定的温度和湿度条件的环境下分库或分区存放,以避免相互污染。然后,再根据物料不同的品种、规格和批次存放。特殊药品和危险品还要专库按规定存放。仓储区域分区应规范合理,通道要畅通,垛码要井然有序,整齐美观。

控制仓储环境的设施和养护设施、检测仪器应齐备。养护人员应做好对这些设施和仪器的日常维护、保养以及检查工作。对于仓储条件需要改进的,养护人员要及时向有关部门以书面形式报告。

3. 确定重点养护品种

重点养护品种是指在规定的储存条件下仍易变质的品种、有效期在二年内、包装容易损坏的品种、贵重品种、特殊药品和危险品等。这些品种应在质管部门指导下重点关注。

4. 盘存和检查

根据物料的特点,规定每月、每季、每半年或年终对有关物料进行全面盘存,在此过程中,既要核对物料的数量,保证账、卡、货及货位相符,又要逐一对物料质量进行检查,对不合格的应及时处理。

检查就是根据临时发生的情况,进行突击全面检查或局部抽检,一般是风期、雨季、霉季、高温、严寒或者发现物料质量变异苗头的时候,以便做到及时发现问题及时处理问题,并作好质量检查登记处理记录。

效期商品、易变品种酌情增加检查次数,并认真填写库存商品养护检查记录。检查的内容包括:库房内的温湿度,物料贮存条件及药品是否按库、区、排、号分类存放,货垛堆码、垛底衬垫、通道、墙距、货距等是否符合规定要求,物料有无倒置现象,外观性状是否正常,包装有无损坏等。在检查中,要加强对药品有效期的查看和检验。原辅材料贮存应制定贮存期限,一般不超过三年。期满后应复验,特殊情况应及时复验。不合格、超过有效期的原料应及时按规定处理,并做好记录。

在检查中,对下列情况应有计划的抽样送验:易变质的品种,已经发现不合格品种的相邻批号,储存二年以上的品种,近失效期(有效期)和厂方负责期的品种等。

养护组织发现商品质量问题时,应挂黄牌暂停发货,同时填写商品质量复检通知单,向质管部门通报。质管部门一般在二个工作日内复检完毕,如不合格应填写商品停止发出通知单,向仓储、业务等部门通报。

在库检查,药名、规格、厂牌、批号、单位、数量、质量情况和处理意见,做到边检查,边整改,发现问题,及时处理。检查完后,还要对检查情况进行综合整理,写出质量小结,作为分析质量变化的依据和资料。同时,还要结合检查工作,不断总结经验,提高在库物料的保管养护工作水平。

5. 记录和归档

建立健全商品养护档案,内容包括商品养护档案表和养护记录、台账、检验报告书、查询函件、质量报表等。对养护设备,除在使用过程中随时检查外,每年应进行一次全面检查。对空调机、去湿机、制冷机等应有养护设备使用记录。

配合保管人员做好各类温控仓库和冷藏设施的温、湿度监测记录。仓库和验收场所的温、湿度监测记录一般由保管员负责,也可由养护员负责。养护员如果不承担温、湿度记录工作,也必须指导和监督相应责任人每日定时记录,并根据监测到的情况,指导采取相应的措施。做好日常质量检查、养护的记录,建立养护档案。

日常检查记录不必向质量验收记录那样详尽,但也要能反映出检查的时间、地点、方法、检查物料的类别、品种数。养护员把主要精力放在检查物料质量本身,对检查中发现的问题或疑点以及各种违规行为则应重点详细记录,并及时向有关部门报告,对有问题物料做出相应处理。

 考点链接

下列说法错误的是:
A. 药品生产和质量管理的基本准则是药品生产质量管理规范
B. 企业主管药品生产管理和质量管理的负责人应具有医药或相关专业大专以上学历
C. 企业主管生产管理和质量管理的负责人对《药品生产质量管理规范》的实施和产品质量负责任
D. 物料应按规定的使用期限储存,无规定使用期限的,其储存一般不超过二年
E. 药品生产企业 GMP 的文件管理系统包括制度和记录

解析:1998 版《GMP》第 45 条规定:物料应按规定的使用期限储存,无规定使用期限的,其储存一般不超过三年。2010 版《GMP》第 114 条规定:原辅料应该按照有效期或复验期贮存,没有强调具体的贮存时间。故此题正确答案为 D。

(四)养护的具体措施

1. 保温和降温措施

温度过高,能使许多物料变质,特别是生物制品、抗生素、疫苗血清制品等对温度要求更严。即使是普通物料过高温度下贮存,仍能影响其质量。因此,必须保持物料贮存期间的适宜温度。

(1)通风降温　对于普通物料,当库内温度高于库外时,打开门窗通风降温。在夏季对于不易吸潮的物料可进行夜间通风。应注意通风要结合湿度一起考虑,因为物料往往怕热也怕潮,只要库外温度和相对湿度都低于库内,就可以通风降温。装配有排风扇等通风设备的仓库,可启用通风设备进行通风降温(危险药品库除外)。

(2)加冰降温　对库内温度较高,需尽快降温的或不适宜开窗通风降温者,如室内没有空调实施的,可采用加冰降温。一般是将冰块或冰盐混合物盛于容器中,置于库内 1.5 米左右高度,让冷气自然散发、下沉;也可采用电风扇对准冰块吹风,以加速对流,提高降温效果。但要注意及时排除冰融化后的水,因冰融化后的水可使库内湿度增高,故易潮解的物料不适宜此方法。

(3)**冰箱、冷藏库内贮存降温** 对一些怕潮解对湿度特别敏感的物料,如生物制品、疫苗等一般可置地下室或冰箱、冷藏库内贮存。

(4)**加热取暖保温** 在我国长江以北地区,冬季气温有时是很低的,有些地区可出现零下30~40℃,甚至更低,这对一些怕冻物料的贮存不利,必须采取保温措施。如果没有统一的供暖设施,一般可采用暖气片取暖、火炉取暖、火墙取暖等方法,提高库内温度。暖气片取暖应注意暖气管、暖气片离物料隔一定距离,并防止漏水情况。火炉取暖应在火炉周围左、右、后三方用砖砌成防护墙,防护墙与货垛的距离不得少于0.5米,库内不能存放易燃易爆药品。生火炉期间应有专人看管,注意防火,加强消防措施,同时要防止库内因长时间燃烧而造成缺氧空间,导致人员煤气中毒事故。火墙取暖应注意火墙暖库必须远离其他库房,添火口设在库外,库内药品要离暖墙1米以上,并经常检查墙壁有无漏火现象。

2. **降湿和升湿措施**

一般来说,库内相对湿度应控制在75%以下为宜,控制方法有:

(1)**通风降湿** 要注意室外空气的相对湿度,正确掌握通风时机,一般应是库外天气晴朗,空气干燥时,才能打开门窗进行通风,使地面水分、库内潮气散发出去。

(2)**密封防潮** 一般可采取措施将门窗封严,必要时,对数量不多的药品可密封垛堆货架或货箱。

(3)**人工吸潮** 当库内空气湿度过高,室外气候条件不适宜通风降湿时,采取的一种降湿措施。一般可采用生石灰(吸水率为自重的20%~30%)、氯化钙(吸水率为自重的100%~150%)、钙镁吸湿剂、硅胶等,有条件的可采用降湿机吸湿。

此外,减少潮湿来源也是必不可少的,如减少围护结构传入的湿量,地面施工时采用防水材料,隔断地下湿气泛潮,怕湿药品尽量放置在楼上等。

在我国西北地区,有时空气十分干燥,必须采取升湿措施。具体方法:地面洒水、喷雾设备喷水、库内设置盛水容器、贮水自然蒸发等。

3. **避光措施**

有些物料对光敏感,如:双氧化氢遇光分解为水和氧气等。因此,在保管过程中必须采取相应的避光措施。除包装必须采用避光容器或其他遮光材料包装外,物料在库贮存期间应尽量置于阴暗处,对门、窗、灯具等可采取相应的措施进行遮光,特别是一些大包装物料,在分发之后剩余部分应及时遮光密闭,防止漏光,造成物料氧化分解、变质失效。

4. **防鼠措施**

库内物品堆集,鼠害常易侵入,造成损失。特别是一些袋装原料如葡萄糖、淀粉等一旦发生鼠害则造成严重污染。因此,必须防鼠灭害,一般可采用下列措施:

(1)**堵塞鼠害通道** 特别是夜间,库内无人时,应随时关好库门、库窗。

(2)**加强灭鼠** 可采用电猫、鼠夹、鼠笼等工具加强库内灭鼠。

(3)**杜绝害源** 仓库四周应保持整洁,不要随便乱堆乱放杂物,同时要定期在仓库四周附近投放灭鼠药,以消灭害源。

5. **防火措施**

物料本身和其包装尤其是外包装,大多数是可燃性材料,尤其是一些化学试剂。所以防火是一项常规性工作。主要措施有:

(1)**建立防火岗位责任制** 制定仓库防火管理制度,明确岗位责任。

(2) 消防用具和灭火器存放到位 在库内四周墙上适当的地方要挂有消防用具和灭火器,并留有一定的消防通道。

(3) 加强防火安全教育 对有关人员进行防火安全教育和防火器材使用的培训,使这些人员能非常熟练地使用防火器材。

(4) 设置防火标记或警示牌 库内外应有防火标记或警示牌。

(5) 排除消防隐患 消防用具和灭火器应定期检查,排除隐患。

(6) 危险与特殊药品管理 危险药品库应严格按危险药品有关管理方法进行管理。特殊药品要严格按照相应的规定管理。

(五) 储存与养护的注意事项

药品的储存与养护应注意:①对有温度、湿度及特殊要求的物料、中间产品或成品,应按规定条件贮存;②固体、液体的原辅料应分库贮存;挥发性物料应注意避免污染其他物料;③标签和使用说明书均应按品种、规格有专柜或专库加锁贮存;④企业应制定物料的贮存期,一般最长不超过3年。期满后应由质量管理人员按书面规程取样、复验,合格后方可使用,特殊情况应及时复验;⑤仓库应保持清洁和干燥,应按库房清洁规程定期清洁。

四、物料的发放

《药品生产质量管理规范(2010年修订)》第二百二十九条规定:物料的放行应当至少符合以下要求:物料的质量评价内容应当至少包括生产商的检验报告、物料包装完整性和密封性的检查情况和检验结果;物料的质量评价应当有明确的结论,如批准放行、不合格或其他决定;物料应当由指定人员签名批准放行。

(一) 物料发放的原则

物料发放出库是一项细致而繁杂的工作,必须严格执行以下原则。

1. "三查六对"

(1) **三查** 核查生产或领用部门、领料凭证或批生产指令、领用器具是否符合要求。

(2) **六对** 将凭证与实物进行对货号、品名、规格、单位、数量、包装是否相符。

2. "四先出"原则

即先产先出、易变先出、先进先出、近期先出。具体要求如下:

(1) **先产先出** 库存同一物料,对先生产的批号尽先出库。一般来说,由于环境条件和物料本身的变化,物料贮存的时间愈长,变化愈大,超过一定期限就会引起变质,以致造成损失。出库采取"先产先出",有利于库存物料不断更新,确保其质量。

(2) **易变先出** 有的物料虽然后入库,但由于受到阳光、气温、湿气、空气等外界因素的影响,比先入库的物料易于变质。在这种情况下,当物料出库时就不能机械地采用"先产先出",而应该根据物料的质量情况,将易霉、易坏、不宜久贮的尽量先出库。

(3) **先进先出** 同一物料的进货,按进库的先后顺序出库。物料种类和用量相对比较大,生产企业进货频繁,渠道较多,同一品种不同厂牌的进货较为普遍,加之库存量大,堆垛分散,如不掌握"先进先出",就有可能将后进库的物料发出,而先进库的未发,时间一长,存库较久的物料就易变质。因此,只有坚持"先进先出",才能保证库存物料的轮换。

(4)近期先出　库存的同一物料,对接近失效期的先行出库。对仓库来讲,所谓"近失效期",还应包括给这些物料留有调运、供应和使用的时间,使其在失效之前投入使用。

3. 按批号发货的原则

按批号发货便于日后的质量追踪。

(二)物料发放的管理

1. 开写出库凭证

车间按生产需要填领料单送至仓库,仓库管理员审核其品名、规格、包装与库存实物是否相符,库存数量是否够发等情况,如有问题应及时请求修改,然后开据出库凭证,注意复核,防止出现差错。出库时物料包装要完好,附有合格证、检验报告单,用于盛放物料的容器应易于清洗或一次性使用,并加盖密封。运输过程中,外面加保护罩,容器须贴有配料标志。

2. 凭单记账

凭领料单及时进行记账,核销存货。也有要求在出库凭证上批注出库物料的货位编号和发货后的结存数量,以便保管人员配货、核对。

3. 凭单配货

保管人员接到出库凭证后,按其所列项目审查无误,先核实实物卡片上的存量,然后按单从货位上提取物料,按次序排列于待运货区,按规定要求称量计量,并填写称量记录。放行出库发出的物料,经清点核对集中后,及时办理交接手续。由保管人员根据凭证所列数量,向领物人逐一点交。发料、送料、领料人均应在发料单上签字,以示负责。须拆零的物料可根据其性质在指定区域拆包、称重,称量后被拆包件应封严后,放回原货位,并悬挂标志。

4. 复核

保管人员将货配发齐后,要反复清点核对,保证数量和质量。既要复核单货是否相符,又要复核货位结存量来验证出库量是否正确。发料后,库存货位卡和台账上应填货料去向、结存情况。仓库管理人员应定期对库存情况进行盘点,如有差错,应查明原因,并及时纠正。

对打开包装多次使用的物料,为避免造成污染,要求药品生产企业设立备料室,配料时应在备料室中进行,备料室的洁净级别应与取样室、生产车间要求一致。

5. 标签、使用说明书的发放管理

标签、使用说明书的发放应严格管理,应制定专门的书面标签发放管理规程,规定发放数量及发放方法。

 学习小结

本章主要包括以下内容:我国 GMP 对物料管理的基本要求,包括物料管理的基本原则、原辅料的管理、中间产品和待包装产品的管理、包装材料以及特殊药品的管理;物料采购管理的原则和供应商审计程序等。在物料的仓储管理中着重强调物料的接收要点,入库的程序以及养护时注意事项。学习方法以理解记忆为主,同时要紧密结合 GMP 的有关认证材料将理论与实践有机结合起来。学习本章时要与药品管理法、GSP 等法规结合起来学习。

目标检测

一、选择题

1. 原辅料只有经哪个部门批准并放行后方可使用_____。
   A. 质量管理部门　　B. 仓库管理部门　　C. 生产管理部门　　D. 采购部门
2. 采购物料时的首要条件是_____。
   A. 符合本企业制定的物料标准
   B. 符合物料供应商制定的物料标准
   C. 同时符合本企业和物料供应商制定的物料标准
   D. 符合国家的物料标准
3. _____负责对所有生产用物料的供应商进行质量评估。
   A. 生产管理部门　　B. 采购部门　　C. 质量管理部门　　D. 仓库管理部门
4. 储存_____不需要专用仓库并具有相应的安全保卫措施。
   A. 麻醉、放射性药品　　B. 一类精神药品　　C. 医疗用毒性药品　　D. 中药材
5. 药品销售按每一品种、每一批号建立完整的销售记录,其目的是_____。
   A. 便于收款　　B. 便于用户访问　　C. 便于收集用户意见
   D. 能追查每批药品的售出情况,必要时应能及时全部追回
6. 合格的物料在入库存放时应挂_____物料状态标志。
   A. 红色　　B. 黄色　　C. 白色　　D. 绿色

二、简答题

1. 物料采购管理的原则有哪些?
2. 来料检查内容有哪些?
3. 物料的发放原则有哪些?

第五章 卫生管理

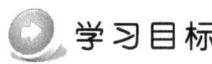

【知识要求】

1. 掌握现行 GMP 对个人的卫生管理规定。
2. 熟悉药品生产企业的卫生监督范围及方法;设备的卫生管理、工艺卫生管理、环境卫生管理。
3. 了解卫生系统岗位群与人员配备。

【能力要求】

学会人员洗手、手消毒操作,学会人员与物料由一般生产区进入洁净区的规范行为,能够独立进行消毒剂的配制与使用和制药设备的清洗与消毒。

 案例分析

案例 1

在国内医学专家眼里,甲氨蝶呤是一种"经典"的抗肿瘤药物,疗效确切,但毒副作用较大,曾因此一度停产。后来由于市场强烈要求,又恢复了生产。在白血病的 I 期临床治疗中,几乎每个患者都会被注射甲氨蝶呤。上海医药(集团)有限公司华联制药厂是国内该药品的主要生产厂商,产品销往全国各地。

上海医药(集团)有限公司华联制药厂在生产鞘内注射用甲氨蝶呤和阿糖胞苷药物的过程中,现场操作人员将硫酸长春新碱尾液混于注射用甲氨蝶呤及盐酸阿糖胞苷等批号药品中,导致了多个批次的药品被硫酸长春新碱污染,造成重大的药品生产质量责任事故。受污染的抗癌药摧残了上百位血癌患者的身体,造成患者下肢神经系统和行走功能严重损害。

受害者之一:致使汽车司机双腿瘫痪变形,再也无法驾驶汽车。

受害者之二:2007 年 6 月 2 日,医生从患者的脊椎处插入针管,将一针甲氨蝶呤注射进去。在住院观察几天后,患者回家休养,行走并无异常。一个星期之后,患者却需父亲抱着上楼梯。不久后问题变得更严重:大小便失禁,下肢肌肉萎缩,脚掌变形内弯。"这药才 1.9 元钱。"患者母亲对价格印象深刻。

国家食品药品监督管理局 2007 年 12 月 13 日宣布,上海医药(集团)有限公司华联制药厂因造成重大药品生产质量责任事故被依法吊销《药品生产许可证》,没收违法所得,并给予《药品管理法》规定的最高处罚。企业相关责任人已被公安部门刑事拘留,并将依法追究其刑事责任。

案例 2

1987年某药厂生产安坦片剂后,剩下原料15.83kg,既没有按规定交回仓库,也没有贴标签,而与同为白色结晶性粉末、外包装一致的丙谷胺原料混放在车间。在一年多以后生产丙谷胺片时,保管人员将安坦原料当做丙谷胺原料发出配料,使生产的丙谷胺片中混入了安坦,致使30多名患者服用后出现精神异常、视物模糊等中毒症状,造成直接经济损失近7万元。

根据以上案例,请思考:
(1)事故形成的主要原因是什么?
(2)你对这些事故有何感想?
(3)能不能避免这些事故?怎样避免?

第一节 我国 GMP 对卫生管理的基本要求

卫生工作对于减少药品污染,确保药品质量,实施药品 GMP 有特殊重要的意义。建立科学合理的卫生管理系统在药品生产质量管理中是十分重要的。

一、卫生的含义

(一)卫生的概念

世界卫生组织就将"卫生"定义为"身体、精神与社会适应上处于完全良好的状态",这实际上是指身体、生理、心理上的健康观念。GMP 中的"卫生"有洁净、纯净之意,是指在药品生产、取样、包装或重新包装、储存或运输过程中,没有具化学或微生物性质的杂质或外来物质进入或沾染原料、半成品(中间体)或成品。"卫生"在 GMP 中是指:环境卫生、工艺卫生和人员卫生。

1. 环境卫生

药品生产企业的环境卫生主要指与药品生产相关的空气、水源、地面等方面的卫生。药品生产环境有内环境和外环境两个重要区域。

2. 工艺卫生

工艺卫生包括原辅材料、设备容器、工艺技术和工艺流程、生产介质等。

3. 人员卫生

人员卫生主要表现为两个方面:一方面是人员身体状况的卫生;另一方面是个人的卫生习惯。

(二)与卫生相关的概念

灭菌与消毒在药品生产过程中是极为重要的,它是药品生产过程中一项保证卫生和去除微生物污染的重要的操作,也是保证药品质量的重要措施之一。

1. 消毒

消毒是利用某种方法杀死所有病原微生物的一种措施,它可以起到防止污染或传播的作用。具有消毒作用的化学物质称为消毒剂,一般消毒剂在常用浓度下只能杀死微生物的营养体(繁殖体),对芽孢则无杀灭作用。但提高消毒剂浓度和延长作用的时间,也可能对芽孢有效。因此说"化学溶液的消毒效果仅取决于其浓度"是不确切的,只有在适当条件下采用有效浓度和特定的时间才产生效果。

2. 灭菌

灭菌是指利用某种方法杀死包括芽孢在内的所有微生物的一种措施。灭菌后的物体不再有可存活的微生物。灭菌比消毒要求高，不仅杀灭细菌芽孢在内的病原微生物，也杀灭非病原微生物。灭菌是杀灭物体上所有微生物的方法，以达到无菌状态。常见的灭菌方法有湿热灭菌法、干热灭菌法、环氧乙烷等气体灭菌法、辐射灭菌法（包括引起电离的 X 射线、$^{60}Co\gamma$ 射线以及非电离辐射的紫外线、红外线、微波等电磁波辐射）和过滤灭菌法等。

3. 抑菌

抑菌是指抑制微生物生长繁殖的作用，抑制待处理体系中微生物活性，使之繁殖能力降低或停滞繁殖的作用。

4. 无菌

不含存活微生物的状态。实际上关于绝对不存在微生物的说法是无法证明的。

 课堂讨论

我们知道降低温度可以使大多数细菌生长繁殖变慢，有一定的抑菌效果。生活中为了避免食物腐败，常常会放入冰箱中保鲜，请结合抑菌、灭菌等概念讨论食物可以在冰箱中无限期的冷冻储存吗？

二、污染

污染是指当药品中存在有不需要的物质或当这些物质的含量超过规定限度时，我们说这个药品受到了污染。污染常见形式有五种，即尘粒污染、微生物污染、遗留物污染、异物污染和交叉污染。这些污染如果不及时进行清除和防范，就会给药品质量带来巨大隐患。

1. 尘粒污染

所谓尘粒污染是指产品因混入不属于它的那些尘粒变得不纯净，包括尘埃、污物、棉绒、纤维以及头发等。

2. 微生物污染

微生物污染是由微生物及其代谢物所引起的。

3. 遗留物污染

遗留物污染是指在药品生产过程中，前次生产遗留的、具化学或微生物性质的杂质或外来物质进入或沾染原料、半成品（中间体）或成品。遗留物污染实际上是残留物污染。在药品生产中，会产生尘粒和蒸气，漂浮在空气中，能通过空气净化系统去除。而黏附或残留于设备内部、管道中的物料或产品就很容易被忽视造成污染。以往遗留物污染被纳入尘粒污染管理，近年来发生多次清场不彻底造成遗留物污染。因此有必要将其单独分类。

4. 异物污染

异物污染主要是指在药品生产过程中，生产设备使用的介质泄漏或倒灌进入或沾染原料、半成品（中间体）或成品，或者设备及密封材料、容器与药物直接接触的部位发生化学反应、吸着渗透、氧化剥离等，形成新的异物进入造成的污染。如润滑剂、加热介质、冷却剂等发生泄漏，水力喷射器真空泵因突然停机造成的循环水倒灌造成的污染。从前述可看出，异物污染主要是非原辅料或产品导致的污染。

5. 交叉污染

交叉污染主要是指在洁净厂房内,在两种以上药品同时生产过程中,生产、取样、包装、储存或运输时,彼此的组成成分进入或沾染对方原料、半成品(中间体)或成品造成的污染。

 课堂讨论

厨房中为了排除炒菜时产生的油烟,通常会安装抽油烟机;建筑工地上为了避免生产时产生的尘土飞扬,通常会在施工现场拉上围帘,请结合厨房抽油烟机和建筑工地的围帘设施,谈谈如何减少压片机投料生产时产生的粉尘飞扬?

三、我国 GMP 对卫生管理的基本要求

由于卫生工作在 GMP 实施过程中的重要地位,世界许多国家的 GMP 中对卫生工作做了具体严格的规定。在我国新版药品 GMP 中,取消了原旧版中对卫生的具体要求,而是将整体的卫生要求融入到各个管理中。

1. 第三章 机构与人员中对人员卫生进行的要求

第二十九条 所有人员都应当接受卫生要求的培训,企业应当建立人员卫生操作规程,最大限度地降低人员对药品生产造成污染的风险。

第三十条 人员卫生操作规程应当包括与健康、卫生习惯及人员着装相关的内容。生产区和质量控制区的人员应当正确理解相关的人员卫生操作规程。企业应当采取措施确保人员卫生操作规程的执行。

第三十一条 企业应当对人员健康进行管理,并建立健康档案。直接接触药品的生产人员上岗前应当接受健康检查,以后每年至少进行一次健康检查。

第三十二条 企业应当采取适当措施,避免体表有伤口、患有传染病或其他可能污染药品疾病的人员从事直接接触药品的生产。

第三十三条 参观人员和未经培训的人员不得进入生产区和质量控制区,特殊情况确需进入的,应当事先对个人卫生、更衣等事项进行指导。

第三十四条 任何进入生产区的人员均应当按照规定更衣。工作服的选材、式样及穿戴方式应当与所从事的工作和空气洁净度级别要求相适应。

第三十五条 进入洁净生产区的人员不得化妆和佩带饰物。

第三十六条 生产区、仓储区应当禁止吸烟和饮食,禁止存放食品、饮料、香烟和个人用药品等非生产用物品。

第三十七条 操作人员应当避免裸手直接接触药品、与药品直接接触的包装材料和设备表面。

2. 第四章 厂房与设施中的卫生要求

第三十八条 厂房的选址、设计、布局、建造、改造和维护必须符合药品生产要求,应当能够最大限度地避免污染、交叉污染、混淆和差错,便于清洁、操作和维护。

第三十九条 应当根据厂房及生产防护措施综合考虑选址,厂房所处的环境应当能够最大限度地降低物料或产品遭受污染的风险。

第四十条　企业应当有整洁的生产环境；厂区的地面、路面及运输等不应当对药品的生产造成污染；生产、行政、生活和辅助区的总体布局应当合理，不得互相妨碍；厂区和厂房内的人、物流走向应当合理。

第四十一条　应当对厂房进行适当维护，并确保维修活动不影响药品的质量。应当按照详细的书面操作规程对厂房进行清洁或必要的消毒。

第四十二条　厂房应当有适当的照明、温度、湿度和通风，确保生产和贮存的产品质量以及相关设备性能不会直接或间接地受到影响。

第四十三条　厂房、设施的设计和安装应当能够有效防止昆虫或其它动物进入。应当采取必要的措施，避免所使用的灭鼠药、杀虫剂、烟熏剂等对设备、物料、产品造成污染。

3. 第五章　设备中卫生要求

第七十一条　设备的设计、选型、安装、改造和维护必须符合预定用途，应当尽可能降低产生污染、交叉污染、混淆和差错的风险，便于操作、清洁、维护，以及必要时进行的消毒或灭菌。

第七十二条　应当建立设备使用、清洁、维护和维修的操作规程，并保存相应的操作记录。

4. 其他

同时，在第一百零三条、第一百零六条对物料的卫生做了要求。在第一百九十七条、第一百九十八条、第二百零一条、第二百零二条、第二百零三条、第二百零六条、第二百零七条中对生产中的卫生进行了要求。

第二节　环境卫生管理

一、厂房清洁规程与生产环境卫生监督

就药品生产环境而言，药品 GMP 要求药品生产必须要有清洁卫生的环境。药品生产环境有两个重要的区域，即外环境和内环境。

(一)厂区外环境卫生管理

厂区布局应与具体的产品和工艺相适应。厂区内应按照生产、仓储、质量控制、行政、生活和辅助功能进行划分和总体布局，厂区内的人、物流走向应合理，避免这些功能区域的相互影响。原料药生产厂房的总体布局、道路设置，包括建筑高度和建筑间距等，应首先考虑满足消防安全的要求。

厂区进出口及主要道路应贯彻人流与物流分开的原则，一般至少将人流门和物流门分开设置；对污染性的物料或废弃物，除要求厂区内禁止使用敞篷车辆进行运输外，有条件的宜设立专门的污染物/废弃物门和相应的运输路线规定；废弃物的收集地点应单独设立，尽量远离生产厂房，并有适当保护措施避免污染。

在整体布局时，应充分考虑物料转运的需要。一种可行的方式是在厂区内设计专用的防雨型物料转运通道，保证无论处于何种天气情况，厂区内物料转运不受降雨的影响。厂区内道路应选用整体性好、发尘少的材料，道路的建造和修补应避免对产品生产环境造成污染。洁净厂房应布置在厂区内环境清洁，人物流交叉又少的地方。并位于最大频率风向的上风侧，应与市政主干道保持适当的距离。原料药生产区应置于制剂生产区的下风侧，青霉素类生产厂房

的设置应考虑防止与其他产品的交叉污染。运输量大的车间、仓库等布置在货运出入口及主干道附近,避免人、货流交叉污染。动力设施应接近负荷量大的车间,三废处理、锅炉房等严重污染的区域应置于厂区的最大频率风向的下风侧。变电所的位置考虑电力线引入厂区的便利。危险品库应设于厂区安全位置,并有防冻、降温、消防措施。麻醉药品、精神药品、剧毒药品、易制毒品应设专用仓库,并有防盗措施,符合国家相关法规的管理规定。动物房应设于僻静处,并有专用的排污与空调设施。

绿化有很好的洗尘、阻尘作用。洁净厂房周围绿化应以种植草坪为主,小灌木为辅,不宜种植观赏花卉及高大乔木。因为观赏花卉多为季节性一年生植物,需经常翻土、播种、移植,从而破坏植被,使尘土飞扬;而高大乔木树冠覆盖面积大,其下部难以植被,亦易产生扬尘。洁净厂房外围宜种植枝叶茂盛的常绿树种。洁净厂房周围绿化树种应选用不产生花絮、绒毛、粉尘等对大气有不良影响的树种。

厂区应设消防通道和紧急集合点;污水管网、雨水管网、消防管网、动力管网、电力管线、通信管线等的设置应配合厂区布局和未来规划的要求。

厂房应有有效措施防止昆虫或其他动物进入,应结合原料药具体品种的工艺和物料特点确定所需的防虫防鼠措施。常见的措施包括风幕、灭虫灯、粘虫胶、灭鼠板、超声波驱鼠器、捕鼠笼、外门密封条、挡鼠板等。

(二)厂房内环境卫生管理

厂房应保持清洁,清洁要求随不同洁净级别而定,应针对各洁净级区的具体要求制定清洁规程。在生产过程中,必要时可以进行清洁工作。所用清洁剂及消毒剂应经过质量保证部门确认,清洁及消毒频率应能保证相应洁净等级区的卫生环境要求。

1. 人员和物料

应有专人负责更衣室、办公室、参观走廊及其他公用场所的清洁。对于生产作业区而言,清洁工作一般由操作人员承担,清洁工作也是他们职责中的重要内容。应对所有的清洁人员进行培训,使其掌握清洁方法、清洁步骤、清洁频率,并严格按照清洁规程进行工作。此外,进入洁净室的人员必须保持清洁卫生,不得化妆和佩带首饰;应着本区域的工作服装,经规定净化程序后,方可进入洁净室。凡洁净区使用的物料、器具等必须按规定程序净化,如在室外做清洁处理或灭菌经传递窗或气闸室送入无菌室。

2. 清洁用具

每个洁净等级区必须配有各自的清洁设备。清洁设备必须储藏在专用的有规定洁净级别的房间内,房间应位于相应的级区内并有明显标记。进入无菌操作区的清洁用具均需灭菌,清洁用具(桶、拖把等)应按规定进行刷洗、消毒。B级和C级区:每次使用后均应用清洁剂洗涤、干燥、消毒后放在洁净塑料袋中备用。A级无菌操作区:按B级及C级区的要求进行,但要经过高压灭菌。

3. 清洁剂及消毒剂

消毒剂浓度与实际消毒效果密切相关,故应按规定准确配制。有些消毒剂浓度过高时,不仅消毒实际效果下降,而且对某些表面有损坏作用。消毒剂应经常更换使用,以防产生耐药菌株。对消毒剂和清洁剂的微生物污染状况定期加以监测,稀释的消毒剂和清洁剂应存放在洁净容器内,储存时间不应超过储存期;应按洁净区的面积的大小,按量使用消毒剂和清洁剂,不要量不足也不要使用过多,以确保效果。

4. 清洁频率

清洁频率取决于该区卫生级别及生产活动情况,根据环境监控结果由工段长和微生物专家负责确定清洁次数并及时根据实际情况作出调整。一般说来,应做到:

(1)C级、D级区 至少每天一次或更换产品前对地板、洗涤盆和水池进行清洁;至少每月一次或更换产品前对墙面、设备和内窗进行清洁;至少每半年进行一次全面清洁。

(2)B级区 至少每天一次或更换产品前对地板、洗涤盆和水池进行清洁;至少每周一次或更换产品前对墙面、设备和内窗进行清洁;至少每月进行一次全面清洁。

(3)A级区 至少每天一次或更换产品前对地板、墙面、设备和内窗进行清洁;至少每月一次墙面清洁;至少每年进行4次全面清洁。全面清洁工作开展时,除日常清洁对象外,还注意空调系统的进风口及出风口,特别是配料间,因为配料过程中粉尘物质易飞扬,集聚于风口。

5. 空调运行

运行A级和B级区域的空调系统一般情况下应连续运行。非连续运行的洁净室,可根据生产工艺的要求,在非生产班次时,空调系统做值班运行,使室内保持正压并防止室内结露。此外,应对洁净室进行定期和不定期检测,及时发现问题,并详细记录。

(三)生产环境卫生要求

药品生产区为降低污染和交叉污染的风险,厂房、生产设施和设备应当根据所生产药品的特性、工艺流程及相应洁净度级别要求合理设计、布局和使用。在生产特殊性质的药品,如高致敏性药品(如青霉素类)或生物制品(如卡介苗或其他用活性微生物制备而成的药品),必须采用专用和独立的厂房、生产设施和设备。青霉素类药品产尘量大的操作区域应当保持相对负压,排至室外的废气应当经过净化处理并符合要求,排风口应当远离其他空气净化系统的进风口;药品生产厂房不得用于生产对药品质量有不利影响的非药用产品。具体要求如下:

①门窗、各种管道、灯具、风口及其他公用设施,墙壁与地面的交界处等应保持洁净,无浮尘;②地漏干净,经常消毒,经常保持液封状态,盖严上盖;③洗手池、工具清洗池等设施,里外应保持洁净,无浮尘、垢斑和水迹;④缓冲室、传递柜、传递窗等缓冲设施,两门不能同时打开,不工作时,注意关闭传递柜(窗)的门;⑤严格控制进入洁净室的人数,仅限于该区域生产操作人员及经批准的人员进入;工作时应关闭操作间的门,并尽量减少出入次数,对临时外来人员应进行指导和监督,对进入洁净室人员实行登记制;⑥洁净区内操作时,动作要稳、轻、少,不做与操作无关的动作及不必要交谈;⑦洁净区内所有的物品应定数、定量、定置,无不必要的物品;⑧洁净区所用的各种器具、容器、设备、工具、台、椅、清洁工具等均应选用无脱落物,易清洗、易消毒、不生锈、不长霉的材质,不宜使用竹、木、陶瓷、铁等材质,不宜使用不易清洗,凹陷或凸出的架、柜和设备;⑨清洁工具用后要及时清洗干净,消毒并及时干燥,置于通风良好的洁具清洗间内规定的位置,用前、用后要检查拖布、抹布是否会脱落纤维,不同空气洁净度级别的生产区使用不同的清洁工具,两者不能互用,进入无菌室的清洁工具需先进行灭菌,清洁剂、消毒剂要定期交替使用;⑩文件、笔等须经洁净处理,进入无菌室的物品还须经灭菌处理;⑪生产过程中的废弃物应该及时装入洁净的不产尘的容器或口袋中,密闭放在指定地点,并按规定,在生产结束时及时清除出洁净区,所有的容器或口袋宜是一次性的;⑫在含有霍乱弧菌、鼠疫杆菌、HIV(人免疫缺陷病毒)、乙肝病毒等高危病原体的生产操作结束后,对可疑的污染物品应在原位消毒,并单独灭菌后,方可移出工作区;⑬洁净室不得安排三班生产,每天应留足够的时间用于清洁与消毒,更换品种时要保证有足够的间歇、清场与消毒;⑭必须定期监控洁净室

的环境,监测频率及项目应依据验证结果制定洁净室(区)环境监测表;⑮定期清洗初、中效空气过滤器及更换高效空气过滤器。

二、主要剂型生产对空气净化系统的要求

空气洁净技术是创造药品生产良好环境的主要技术,但它需要综合的措施来管理与维护。重要的是人员的培训,应使生产人员及管理人员了解空气洁净技术在主要剂型药品生产中的具体应用,认识主要剂型药品生产对空气净化系统的要求。

考点链接

GMP对空气洁净度等级标准要求的内容:
A. 换气次数、沉降菌数
B. 尘埃粒子数、浮游菌数
C. 换气次数、尘埃粒子数、浮游菌数
D. 浮游菌数、换气次数
E. 尘埃粒子数、浮游菌数、沉降菌数

解析:《药品生产质量管理规范》无菌药品部分第三章第十条规定:应当按以下要求对洁净区的悬浮粒子进行动态监测。第十一条规定:应当对微生物进行动态监测,监测方法有沉降菌法、定量空气浮游菌采样法和表面取样法等。故此题正确答案为 E。

1. 固体制剂对空气净化系统的要求

以片剂生产为例。片剂生产的空调净化系统除要满足厂房的净化要求和温湿度的要求外,重要的是对生产区的粉尘进行有效的控制,以防止粉尘通过空气系统发生混药或交叉污染。

交叉污染发生的最大原因在于称量、混合、整粒、压片、包衣等工序。对于有强毒性、刺激性、过敏性的粉尘,粉尘扩散更是一个严重的问题。控制粉尘的目的在于防止对原辅料、中间体和成品的交叉污染,对生产人员的防护,以及防止粉尘从生产逸出污染环境。

为了减少粉尘扩散,除了在工艺上要减少手工操作和暴露操作,尽量使用真空输送物料和就地清洗外,对空气净化系统要求做到:在产尘点和产尘区设隔离罩和除尘设备,除尘措施重点设在发尘源附近,并应制订除尘方案及规程。控制室内压力,产生粉尘的房间应保持相对负压。合理的气流组织,对多品种换批生产的片剂车间、产生粉尘量大的房间,若没有净化措施则不宜采用循环风。

2. 最终不可灭菌的无菌产品生产对空气净化系统的要求

以粉针剂生产为例。由于粉针剂的最终产品不进行灭菌处理,《中国药典》要求其无菌保证值(即微生物存活概率)为 10^{-3},因此对最终不可灭菌的无菌药品的生产的主要工序都必须处于高级别的空气洁净度的保护之下,即瓶子灭菌、冷却、分装、加盖等产品敞口工序均需处在A级洁净区中进行;主要生产工序的温度为 20~22℃,相对湿度<40%。仅仅厂房空间保持高级别的空气洁净度是不够的,粉针剂的生产设备也必须有净化空气的保护。

粉针剂生产对空气净化系统要求做到:必须分清相同空气洁净度级别下的无菌室与无尘

室,必须考虑工艺排风(如隧道烘箱)与空调净化系统的风量平衡。特别是当工艺排风停止运行时引起的无菌室风量失调或空气倒灌。无菌室生产时空调净化系统最好能 24 小时连续运行,至少应设值班风机或变频风机,以维持无菌室的正压。不同房间的回风口不能共用一根回风主管,以免空调停止时引起空气倒灌。必须考虑无菌室消毒后的换气,并防止消毒剂气体对其他系统或房间的影响。

3. 最终灭菌药品生产对空气净化系统的要求

以大容量(≥50ml)注射剂生产为例。大容量注射剂通称为大输液,其生产工艺主要包括:送瓶、洗瓶、灌装、配液、薄膜、胶塞、铝盖处理、轧盖、灭菌、灯检、包装等。其灌装工序要求 A 级,稀配、滤过为 B 级,浓配为 C 级。

制药行业在近几年对大输液生产过程中如何提高产品质量,在经过调查、研究的基础上,提出了以下的认识:空气环境中的微粒对瓶装大输液的污染的影响是有限的,但不是对澄明度影响的主要因素。瓶装大输液中所存在的颗粒物是在产品灭菌后由胶塞(特别是天然橡胶胶塞)、涤纶薄膜和瓶子(玻璃瓶或塑料瓶)上剥落下来的。对最终要灭菌的大输液产品,关键在灭菌,灭菌要完全彻底,要通过验证。注射用水的生产及管理不容忽视。

综上所述,大输液生产车间的洁净重点应放在直接与药品接触的开口部位、放在产品暴露于室内空气的生产线,如洗瓶、瓶子输送等部位,而不是单纯追求整个车间的高标准。

课堂讨论

某药厂一批注射剂产品在成品检查时,发现氨含量严重超标,致使整批产品全部报废,损失数万元。事后查明,原来是周围有化工厂氨气泄漏,污染空气,导致制药用水污染。当天,厂区淡淡的氨气味未引起管理人员的重视,制水岗位也未严格执行相应标准规程。请结合前面章节分析本案给我们的启示。

第三节　设备卫生管理

一、制药设备的 GMP 卫生要求

(一)岗位职责要求

(1)应建立详尽的生产设备清洗文件或程序,规定设备清洗的目的、适用范围,职责权限划分。

(2)针对不同类型设备清洁,包括在线清洗(WIP)、清洗站清洗、容器、附属设备设施等。不同情况的设备清洁,包括例行、换班、换批、还产品、特殊情况等做出不同的定义,按照设备清洁的步骤详细描述清洁过程各环节的工作方法和工作内容,包括动作要领、使用工具、使用的清洗剂、消毒剂、清洁需达到的标准等,确定每种方式的清洁标准和验收标准。

(3)对于在清洗过程中需拆装的设备设施,还要明确拆卸和重新安装设备及其附属设施每一部件的指令、顺序、方式等,以便能够正确清洁。

(4)需对设备清洗中使用的清洗剂、消毒剂的名称、浓度规定、配置要求、适用范围及原因

等做出明确规定。

(5)应当对清洁前后的状态标识、清洁后保存的有效期限等做出明确规定,如移走或抹掉先前批号等标识的要求。用恰当的方式标识设备内容物和其清洁状态、规定工艺结束和清洁设备之间允许的最长时间、设备清洁后的可放置时间等。

(6)需对设备清洁现场管理和EHS的要求等做出规定。

(7)对清洁后的设备的储存、放置方式、环境、标识、效期等做出规定,必要时需对清洁区域的人员、物品特别是不同清洁状态的物品等的流向、定置要求的等做出规定以确保清洁效果,防止污染、交叉污染和混淆。

(8)清洁过程应参考如下步骤进行规定:确定需清洁的污染物性质和类型→清除所有前一批次残留的标识、印记→预冲洗→清洗剂清洗→冲洗→消毒→干燥→记录→正确存储。

(二)清洗剂、消毒剂使用要求

需对设备清洗中使用的清洗剂、消毒剂的名称,浓度规定,配置要求,适用范围及原因等做出明确规定。主要包括每种清洁剂适用的物质、清洗剂和消毒剂适用的清洗环节、清洁作业所需的清洗剂和消毒剂的浓度、最佳使用温度、清洗剂、消毒剂发挥作用所需的作业参数,如搅拌力度、次数等、清洗剂和消毒剂发挥作用需要的时间等。

(三)清洗用水或溶剂要求

(1)用于设备清洗的水应与用于生产过程的工艺用水要求类似,水和清洗用溶剂必须不含致病菌、有毒金属离子、无异味。

(2)需根据设备、清洁工具、所用清洁剂等的要求,对用于设备清洗的水和溶剂中悬浮物质(矿物质等)最低含量、可溶性铁盐和锰盐的浓度、水的硬度等做出定量的规定和要求。

(3)对清洗用水的取水点应定期进行消毒和微生物取样,并保存相关记录,确保清洁用水的安全可靠。

(4)需对清洁后的水和溶剂做无害处理,并检测合格后方可进行排放,确保污水经处理后不会对环境造成污染。

(四)设备清洁清洗要求

1. 新设备的清洁

对新设备、新容器应规定详细的清洗步骤,进行彻底清洁前建议采取以下清洁措施:表面自来水冲洗→设备外观检查→一定浓度去蜡水均匀擦洗→自来水冲洗→纸巾擦拭,并检查设备表面,在达到去污、除油、去蜡的效果后按上述要求进行正常清洁。

2. 正常生产过程的清洁

需对正常生产状态下的设备清洗类型和方式进行定义,规定不同清洗类型和不同清洗类型的清洗方式、清洁方法等。

3. 超清洗有效期、长时间放置重新启用设备设施的清洁

对超清洗有效期一定期限(根据清洁验证结果确定)的设备、容器若目检合格,用高温水冲洗一定时间后烘干即可,不可烘干的用一定浓度消毒剂擦拭一遍即可;若目检不合格应按程序进行重新清洗。对长时间放置重新启用的设备、容器需按照正常的在线或离线清洗步骤做彻底清洁。

4. **维修及故障后的清洁**

对于维修及故障后的设备,需按照正常的在线或离线清洗步骤做彻底清洁。

5. **特殊产品及设备的清洁**

需对特殊产品,设备的清洁方法、频次等做出规定。清洁方法不同于正常清洁的需详细描述清洁过程各环节的工作方法和内容,包括动作要领、使用工具、使用的清洗剂、消毒剂、清洁需达到的标准等,确定每种清洗方式的清洁标准和验收标准。例如:黏度较大、活性成分较高、特殊药品等产品容器或生产设备的清洁清洗。

6. **对清洗站设施设备的要求**

清洗站内用于清洁的设备、设施,其造型与设计应与用于生产过程的设备要求一致,主要包括材质应不与物料、清洗剂等发生化学反应、设备内部无死角、表面光洁平整、易清洗、耐腐蚀、无毒无味、结构简化,易于拆装、清洗、消毒和检修、具备控制噪音、震动、粉尘等的设施和设计、机构、管线等符合相关 EHS 要求等。

需建立清洗站设施设备,包括清洗设备,工具、容器等的台账和使用台账,并指定专人负责维护。清洗站用于清洁的设备设施需实行定置管理,应有明显标志,对不同区域所使用设备设施严禁混用。建立清洗站用于清洁的设备设施的清洁、消毒等的记录和台账,并指定专人负责维护。

7. **已清洗设备存储环境、清洁状态、清洁记录及标识管理要求**

已清洗设备存储环境要求与生产过程的环境保持一致,针对不同使用要求进行分区定置管理,必要时可采取密封、单间、专区存放等存储形式,并制订严格的防止污染、交叉污染和混淆的措施。

已清洗设备状态标识应按照状态管理程序规定的要求进行,对清洁状态做出定义,并规定标识管理的内容,确定标识形式、标识内容,如设备名称、编号、清洁时间,最长存放有效期,清洁负责人等信息,标识的管理、维护人员等。

规定对已清洁设备在使用前清洁状态的检查方法,确保对各类设备清洁的有效性。

二、设备的清洁规程

设备的清洁是一项经常性的工作,在更换生产品种时,在更换同一产品不同生产批号时,在安装维修等工作后都要进行。它不仅是预防、减少与消除污染的重要举措,也有利于提高设备使用的效率,延长使用寿命。这也是员工必须要具备的技能之一。

1. **设备的清洁方式**

设备的清洁内容一般为清洁、消毒、灭菌、干燥等。清洁方式通常可分为就地清洁、移动清洁和混合清洁。移动清洁又可分为整机移动清洁和拆卸式移动清洁。因此,要根据企业的生产实际和设备情况,选择合适的清洁方式,选择原则是不能对生产环境产生不良影响。一般来说,要尽可能多地采用移动清洁的方式,进入专用的清洁区进行清洁、消毒、灭菌。

2. **设备的清洗规程**

根据设备的类型与结构、用途、所加工产品的理化性能、生产工艺要求、使用地点的洁净级别与要求清洁的内容与方式,制定明确的清洁方法、清洁周期、清洁后的检查与验证方法、清洁记录与保存的要求、无菌设备的灭菌要求与灭菌后使用的间隔天数、设备清洁的负责人与实施人等。

设备的清洗要按如下要求制定规程:应明确洗涤方法和洗涤周期,关键设备的清洗应明确验证方法,清洗过程及清洗后检查的有关数据应记录,无菌设备的清洗,尤其是直接接触药品的部位和部件必须保证无菌,并标明灭菌日期和有效期。灭菌有效期根据设备清洗、无菌验证的结果来确定。制剂生产设备必须每批进行清洁;原料药如为连续生产时,可以生产几批或隔一段时间清洁一次。可移动的设备宜移至清洗区清洗。

第四节　工艺卫生管理

生产工艺卫生包括了物料卫生、设备卫生、生产介质卫生和工艺技术卫生等。设备卫生管理前文已经讲述,下面主要介绍物料卫生、生产介质卫生管理和几种常见剂型的生产工艺技术卫生管理。

一、物料卫生管理

药品生产使用的原料和辅料应按卫生标准和程序进行检验,只有合格的才能使用,不合格的原辅料应及时按规定的程序处理。一般原辅料外包装受污染的情况比较严重,因此送入仓库或车间配料前应清除外包装或换包装,以防将污染物带入。原辅材料在配料时应按规定在配料间分发,防止称量和配料过程中产生的粉尘等对周围空气和设备的污染。包装材料的卫生情况直接影响药品质量,因此选择药品的一些直接包装材料应以易清洁或可以耐受必要的清洁过程为基本条件,对于无菌产品所使用的直接包装容器,还应可以接受灭菌和除热源处理。在包装剂量上应注意,大剂量和多剂量包装在分装过程中容易被污染,小剂量和单剂量的包装则相反。

二、生产介质的卫生管理

参与药品的生产但最终不构成药品成品组成部分的物质称其为生产介质。药品生产过程中使用的介质比较多,常见的有各种气体和水。这些介质卫生与否直接关系到药品生产工艺的卫生。

1. 空气的卫生管理

有效地控制空气中的污染物是保证药品生产工艺卫生很重要的一环。在这里我们提出一些控制空气中污染物的标准方法。首先是使用洁净区,洁净区就是一个控制空气尘粒物质的某一圈定的地区;这是保护产品不受空气传播污染的一个最有效的战略措施;其次是使用各种滤器,常用的方法有过滤法、静电沉淀法、空气充气法或空气净化法(将空气通过水淋浴)等。

2. 水的卫生管理

工艺用水是指药品生产工艺中使用的水,包括饮用水、纯化水、注射用水。在自来水、软化水、离子交换水、蒸馏水的生产环节中,稍有疏忽,都有可能造成微生物的污染。鉴于雨水季节或管道破裂,检修安装后,往往造成局部地段水质污染,更应注意水质的卫生学检查。而在枯水季节也可能因为自来水中有机物太多,影响蒸馏水的质量。

为了防止产品受到污染,药厂不仅必须仔细地控制用于生产过程的水,而且要控制好用于清洗设备的水,以防污染通过水传播。所有进料水在用于药品生产过程以前都必须经过必要的方法处理以达到所需纯度才能使用。生产过程中用水和设备清洗用水应有科学合理的卫生规程。

此外,应注意工艺用水必须严格执行保证其质量的具体规定;自来水虽经处理但仍不同于饮用水,水源、水处理设备及处理后的水均应对化学污染、生物污染进行定期监测。必要时还应对内毒素污染进行监测,并记录保存。生物制品生产用的注射用水在制备后 6 小时内使用或 4 小时内灭菌;作为生产用水或作为最后淋洗容器、封盖及设备用水,其质量应符合注射用水规定,并做微生物学检查,每 100ml 中应不超过 10 个菌;作为在灭菌容器内冷却制品用水的质量,应经过除菌处理,微生物学检查,需气总数每 100ml 样品中应不超过 1 个菌。

三、几种常见剂型的生产工艺卫生管理

药品各种制剂的生产工艺各不相同,其生产上的卫生要求也因剂型而异。下面简单介绍几种常见剂型的生产工艺卫生管理。

1. 注射剂生产工艺卫生管理

注射剂为无菌制剂,它有最终灭菌制剂和非最终灭菌制剂两种类型。最终灭菌制剂允许在药物灌封后用适当方法进行灭菌和处理,而非最终灭菌的无菌制剂,其最终产品不能以热力灭菌法处理。无菌制剂比一般制剂的卫生工艺要严格得多,尤其是对不能最终灭菌的无菌制剂更为严格。

无菌制剂工艺卫生要求:制备最终灭菌的无菌制剂,应在洁净度 B 级到 C 级的洁净区中进行。非最终灭菌的无菌制剂,应在不低于 B 级,局部在 A 级的洁净区中制备。配制溶液时,所用的设备、容器、管道等均必须彻底清洗、消毒或灭菌处理,合格后才可使用(具体操作按本岗位制定的卫生 SOP 执行);配制用水,应是新鲜合格的蒸馏水,一般不应超过 12 小时;安瓿和容器洗涤后,一般应在 120~140℃进行干燥、灭菌。而非最终灭菌的无菌制剂,其容器必须在 150~170℃干燥灭菌;耐热的注射剂,在灌封后以 115℃或 120℃蒸汽灭菌;非耐热的注射剂,可用过滤除菌,其操作应严格遵守无菌操作的 SOP 的各项要求;粉针剂的原料应无菌,并必须在无菌室内按无菌操作规程进行分装。注射剂的生产操作人员均必须进行岗前培训,掌握无菌操作技术后方可上岗操作。

2. 片剂生产工艺卫生管理

片剂是药品生产中品种最多、产量最大的一种剂型,是目前世界各国药典收藏品种最多的一种剂型。片剂常见的制备方法有湿法制粒压片和粉末直接压片。

片剂一般工艺卫生要求:原辅料进入车间配料间前,必须在指定的地点剥去外包装或换包装方可进入配料间;制粒间必须洁净,制粒设备应定期清洗,有严格的清洁卫生制度;湿粒干燥时,时间、温度应控制得当;压片机应单机分隔安装,以利除尘和防止交叉污染,压片机应定期清洗、消毒;成品应放在洁净的容器中,包衣片剂干燥贮存时,应防止污染(用石灰干燥剂时);生产片剂的生产操作间(包括制粒间)应洁净,必要时可用紫外线消毒房间。

3. 口服液体制剂生产工艺卫生管理

口服液体制剂有多种剂型,例如糖浆剂、水剂、合剂、浸膏剂、酒剂、酊剂、乳剂等,其生产过程中染菌状况不一。由于多数液体制剂可能成为染菌的培养基(特别是含糖、蜂蜜的液体制剂),所以在生产过程中特别要注意防止污染。

口服液体制剂一般生产工艺卫生要求如下:原料、浸提的液体应严格控制污染;生产和包装车间应洁净,操作间应定时定期用紫外线消毒;配制容器、贮液容器及管道,使用前必须清洁、消毒,必要时应灭菌处理;溶解药物和配液用水,应是新鲜的冷开水或蒸馏水。配制完毕后

应及时分装;分装的用具、包装材料,必须事前清洁、消毒或灭菌。分装时药液不应外流或溢出,特别是一些中药口服液,如瓶口不干净有药液,很短时间就会使瓶口发霉长菌;制剂分装后,应密封贮藏。

 案例分析

2011年8月5日,贾某在一家药店买了一盒××药业生产的溶菌酶含片。用药时发现药片竟有一根钢丝横插其中,还好铜丝刺痛了舌头,否则吞下肚后果不堪设想!

分析 本案提示我们在制定和实施制粒设备的选用及清洁卫生制度时应充分考虑可能出现的情况,尽可能减少产品的质量问题。

第五节 人员卫生管理

人是药品生产中最大的污染源和最主要的传播媒介。在药品生产过程中,生产人员总是直接或间接地与药物接触,对药品质量产生影响。人员的身体状况和个人的卫生习惯都可能对药品的质量造成影响,因此加强人员的卫生管理和监督是保证药品质量的重要方面。

一、人员污染

在污染源中,人是最大的污染源。在新陈代谢过程中,每人每天脱落大量的皮屑,打喷嚏也能使周围空气微粒增加很多,人体表面、衣服能沾染、黏附、携带污染物,人的衣着可散发出棉绒和淀粉粒,人的化妆品和珠宝首饰如发胶、气雾除臭剂、眼睑膏、香粉等是滋生微生物的温床,耳环、戒指、项链、手链能传播微生物污染,一小片珠宝碎片落入一批产品中,则可能引起严重的尘粒污染。

由人员引起的污染也可能来自生产过程中出现的混杂和误差。例如,据发现,当员工没有按照书面规程进行工作时,药厂内的污染程度增加;让有关产品容器不加盖地存入,或者忘记正确地改变空气和水滤器是常常发生的操作不当的事例。

 知识链接

在新陈代谢过程中,每人每天脱落的皮屑量可达1 000万颗,打一次喷嚏能使周围空气微粒增加5~20倍,释放细菌5~6万个。人体表面携带的细菌数,手为每平方厘米10^2~10^3个,额头为每平方厘米10^3~10^5个,头皮约为每平方厘米100万个。人在洁净室内的各种动作也会产生微粒和微生物,坐着时发尘数为10万~250万个/(人·分),走时发尘数为500万~1 000万个/(人·分),发菌数为700~5 000个/(人·分)。

二、人员卫生管理

(一)人员卫生健康档案的建立

药品生产企业在招收员工时,一定要对他们进行全面的健康检查,确保新员工不患有急慢性传染病。另外,还要根据员工安排的具体岗位性质再确定其他具体检查项目。

药品生产企业要有所有员工体检规程,明确职工体检的时间、项目,对药品的质量和安全有直接影响的人员要有专门的要求,直接从事药品生产的人员应每年至少接受一次体检,体检不合格者,应调离工作岗位。

任何患传染病和传染病的健康带菌者,均不得从事直接接触药品的生产。任何有外部伤口的人员不得从事处理暴露的原料、中间体和散装成品的工作。如发现职工患皮肤病、传染病或有外伤,应马上调离与药品直接接触的生产岗位,以防污染药品导致药品质量事故的发生。

药品生产企业应对员工建立个人健康档案,以便于检查、了解、追踪个人健康状况。人体的健康状况是动态变化的,为防止有传染病或健康带菌者、皮肤病、外伤的员工直接参与药品生产,造成污染,影响药品质量,药品生产企业应制定严格的规程。

另外,还要教育员工,在任何时间和地点,如发现自己或其他员工有明显病症或伤口,可能影响药品的安全性和质量,应立即向有关人员报告,有关人员应立即采取规定的措施,避免这类人员与药品的内包装容器、生产过程中间物料和药品直接接触,以确保药品生产的质量。从事药品生产和质量管理人员不提倡带病工作。带病工作不仅可能会影响到药品本身的安全,而且还影响工作效率。

(二)工作服装的卫生

工作服和防护服应随不同的药品生产企业、生产区域而异。它的作用,一是防止生产员工对药品的污染;二是保护操作人员不受到生产环境不良因素的危害。

(1)**式样及颜色** 各区域的工作服式样,颜色分明,易于识别,有个人编号;不同空气洁净级别的工作服不能混用。式样及颜色企业自定,以线条简洁、色彩淡雅、洁净为宜。洁净服要求线条简洁,不设口袋,接缝处无外露纤维,领口、袖口、裤口、要加松紧口,不应用纽扣。无菌工作服必须包盖全部头发,胡须及脚部,并能阻留人体脱落物。防护服还应考虑保护操作人员不受药物的影响。生产人员与非生产人员、维修人员,质管人员参观人员的服装式样和颜色应有所区别。

(2)**穿戴** 应根据各生产区域的规定穿戴工作服装,并遵守净化程序。穿戴工作服装后要对着镜子检查穿戴工作服装的情况,要求:帽子要包住全部头发,口罩要罩住口鼻,衣服要扣(拉)好,鞋子要穿好等。离开生产场地时,必须脱掉所有工作服装。工作服装应编号,专人专用。

(3)**清洗周期** 一般生产区的工作服及工作鞋需要定期清洗,以保证工作服及工作鞋的洁净。在D级空气洁净度级别的洁净区工作,至少每天洗一次洁净衣裤帽和口罩;更换品种时,必须换洗工作服装;工作鞋每周至少洗二次。洁净工作服装清洗后的存放周期,应经验证。

(4)**清洗方法和要求** 明确洗涤剂种类、用量、洗衣程序等,可使用饮用水洗涤。干燥后的工作服要逐套装入衣物袋内存放。工作服洗涤时不应带入附加的颗粒物质。应采用固定的洗衣液作为洗涤剂,对某一品牌的洗涤剂的洗涤效果进行确认。

(5)**特别关注** 工作服应有专人负责洗涤,专人保管,专人发放并登记。更换下来的工作服应分区域集中,装入专用容器中,标记明显。干净的工作服应于与使用工作服净度级别一致的保管室中保管。已清洗与待清洗的工作服应由不同通道出入。洁净工作服与无工作服应逐套分别装于衣袋中,袋上明显标上工作服编号。工作服洗涤前及整理时要检查工作服有无破损、拉练损坏、掉钮子、缝线脱落等。使用前检查工作服是否符合要求,发现污染及应及时报告并更换。凡有粉尘、高致敏物质、激素类、抗肿瘤类、避孕药、有毒、有害物质等操作岗位的工作服应分别存放、洗涤、干燥、灭菌。

(三)个人卫生

(1)**手的卫生** 手是我们在工作时所使用的最重要的工具之一。只要你触摸被污染的东西,微生物就会留在你手上或指甲里,因此手是最大的传播工具。有的人便后不习惯洗手,有的人不喜欢勤剪指甲,有的人喜欢用手背擦鼻涕,有的人喜欢抠鼻子、挖耳朵、剔牙等,因此手是极易弄脏的。我们在从事药品生产过程中必须勤洗手、勤剪指甲,保持手的清洁,改掉以上不良习惯。

在工作时,下列情况之一时必须要对手进行清洁:工作前、饭前饭后、便后、吸烟后、喝茶后等。手的洗涤也要注意采取正确的方法,首先要用流动水进行洗涤,而不是用一盆水反复洗涤。另外,必须用洗涤剂或液体皂洗涤,在生产场所共同使用固体肥皂就不符合卫生要求,因为固体肥皂很容易传播污染。生产人员在进入不同级别的洁净区前,应使用液体皂洗手,皂应放在洗手池上方的专用装置里。人员洗涤手的时间一般控制在10~15分钟之内为宜。手的卫生情况可以通过手指菌试验进行监督。

(2)**身体其他部位的卫生** 人的体表经常排出很多物质,如汗液、鼻屎、耳内分泌物、眼泪等。人体皮肤每平方厘米有一千多条汗腺,全身表面分布几百万个汗孔,它开口于表皮细胞间隙中,人体通过汗孔不断排出的汗中有尿素、尿酸、乳酸、盐等废物,约占汗水的20%。紧挨在毛囊附近的皮脂腺,分泌着油腻状物质,每天大约分泌出20~40g皮脂。如果不经常洗澡,这些废物将先扩散到空气中,再间接地污染其他物品,影响到药品的质量。因此,药品生产人员必须定期洗澡、勤理发、不留胡须。此外,药品生产时还必须对身体尤其是口、鼻、头发进行覆盖,防止它们对药品产生污染。

三、人员卫生工作的培训

GMP的实践表明,大量的污染问题都是由于对员工卫生培训不够和员工不遵守有关卫生规程引起的。药品生产企业的卫生培训规划应当强调有效的和全面的培训工作,重点是围绕着污染控制展开,使员工对企业的各项卫生规程都非常熟悉并能遵守执行。

 知识链接

所有无菌药品生产应该由经培训的人员操作。无菌药品生产管理者应有相关的知识,在无菌药品的制备中有实际的和理论的经验,在微生物学方面经过适当的培训。所有在无菌药品生产工序工作的人员都应该完全意识到偏离了验证规程可能对产品和患者带来的风险。

培训课程内容应包括但不限于:药品生产质量管理规范(GMP)、无菌操作技术、洁净室行为、卫生学和微生物学、穿衣技术、接触法取样方法、污染控制、受微生物污染的药物对患者安全的危害、关键工艺特性、无菌生产区域操作的特定书面规程。

 学习小结

本章通过卫生与污染的有关概念、药品生产企业的卫生监督范围及方法、卫生系统岗位群与人员配备、卫生设施和药品生产企业的环境卫生管理、设备卫生管理、工艺卫生管理、人员卫生管理等内容的学习,将更好地培养学生良好的个人卫生意识,锻炼学生防止药品污染、降低人为差错、保证药品质量的职业能力,为将来从事药品生产打下良好的制药卫生基础。药品生产企业的卫生管理工作是否能够认真完成是保证药品质量的一个关键点,因此,对于本章内容同学们应该深入理解、体会,才能更好地为成为一名优秀的药学工作者打下夯实的基础。

 目标检测

一、选择题

1. 进入洁净室(区)的人员不得_____。
   A. 化妆和佩带饰物　　　　　　　　B. 带入书籍和其他用品
   C. 裸手直接接触药品　　　　　　　D. 化妆和佩带饰物,不得裸手直接接触药品
2. 利用某种方法杀死所有病原微生物的措施为_____。
   A. 消毒　　　　B. 灭菌　　　　C. 无菌　　　　D. 清洗
3. 下列消毒灭菌方法中不是物理灭菌法的是_____。
   A. 湿热灭菌法　　　　　　　　　　B. 干热灭菌法
   C. 紫外线照射灭菌法　　　　　　　D. 甲醛熏蒸法
4. 非最终灭菌的无菌制剂,应在不低于_____,局部在A级的洁净区中制备。
   A. A级　　　　B. B级　　　　C. C级　　　　D. D级
5. 制备最终灭菌的无菌制剂,在洁净度_____的洁净区中进行。
   A. A级　　　　B. B级　　　　C. C级　　　　D. B级到C级
6. 配制用水,应是新鲜合格的蒸馏水,一般不应超过_____小时。
   A. 8　　　　　B. 10　　　　　C. 12　　　　　D. 24
7. 安瓿和容器洗涤后,一般应在_____进行干燥、灭菌。
   A. 120～140℃　B. 50～60℃　　C. 60～80℃　　D. 200～240℃
8. 非最终灭菌的无菌制剂,其容器必须在_____干燥灭菌
   A. 120～140℃　B. 150～170℃　C. 60～80℃　　D. 200～240℃
9. 非耐热的注射剂,可采用的除菌方法是_____。
   A. 紫外线照射灭菌法　B. 过滤除菌法　C. 环氧乙烷法　D. 甲醛熏蒸法
10. 生产和包装车间应洁净,操作间应定时定期用_____方法消毒。
    A. 紫外线照射灭菌法　B. 过滤除菌法　C. 环氧乙烷法　D. 甲醛熏蒸法

二、简答题

1. 厂区环境的卫生要求是什么?
2. 生产人员卫生要求是什么?
3. 微生物污染药品的途径有哪些?
4. 选择消毒剂时需要注意什么?

第六章　文件管理

 学习目标

【知识要求】
1. 掌握 GMP 文件管理的基本要求。
2. 熟悉系统编号。
3. 了解文件管理的目的。

【能力要求】
能综合运用 GMP 文件管理知识，查阅文件，并进行一般文件的起草编写。

 案例分析

2007年5月，江南某制药有限公司生产的"×××"片剂，在化验室出具的检验报告中，金属铁含量严重超标。铁超标可促使药物有效成分的氧化，直接影响药物的有效期，甚至产生有毒氧化物，给临床应用带来严重后果。厂领导非常重视，要求追溯药品生产的整个过程，在检查过程中，企业的完整的文件管理系统发挥了重要的作用，在检查物料发放记录时，发现药用辅料有两种标准，成品"×××"片的生产应使用含铁量低于两百万分之十的碳酸钙，成品 B 生产可使用含铁量百万分之二百的碳酸钙，由于该厂的工作人员没有认真的检查标准，导致误用了含铁量高达百万分之二百的碳酸钙，原因已经查明，避免了更大的损失，但是也给该企业造成20万元的损失。

分析　近年来，我国制药企业的硬件水平提高较快，但是与此相适应的软件建设相对较为落后，类似于上述情况的问题时有发生，制药企业在生产环节，暴露出各种各样的问题，就文件管理而言，制药企业都有自己的文件管理系统，在生产过程中，生产人员对文件的重视程度不够，致使发生严重后果。

制药企业实施 GMP 需要标准化工作的支持，它包括确立各种技术标准、管理标准及操作标准。质量管理体系文件是企业有效管理的重要手段，在采用国际标准、执行国家有关的法规及实施 GMP 时，必须按科学及标准化的管理模式，制定本企业的实施细则，以规范本企业一切有关活动，达到有效管理的目的。企业的各种管理软件以文件的形式为依托，文件体现管理思想，管理又通过文件的实施获得预期的效果，因此文件的编写、分类及管理必须遵循一定的规则，符合一定的要求，以使各类文件组成一个完整的体系，这是实施科学管理的必要条件。

本章主要阐述文件管理的基本要求，文件的系统分类、编写、制定、管理的通用原则。

第一节　我国 GMP 对文件管理的基本要求

文件是 GMP 的重要组成部分,文件系统是制药企业 GMP 软件的基础。一个运行良好的制药企业不仅靠先进的设备等硬件支撑,也要靠管理软件来运转。管理软件的基础就是附着在 GMP 管理网络上的文件系统。文件管理则是制药企业质量保证体系的重要部分,质量保证来自制药企业各个系统的健全和运转,而文件管理则是制药企业绝对不可缺少的。有业界人士通过 GMP 精辟地归纳为四句话:"写你所做的事,做你所写的事,记你所做的事,分析所记的事。"这四句话基本上都是针对 GMP 相关文件的具体要求而言,可见文件对于上游企业的重要性。

一、GMP 文件的概念

《中华人民共和国药品管理法》规定:药品生产企业必须按照国家药品监督管理部门制定的《药品生产质量管理规范》的要求,配备相应的设施和设备,制定和执行保证药品质量的规章制度、卫生要求。在这里"制定和执行保证药品质量的规章制度、卫生要求"可以视为 GMP 的软件,而这个软件的核心是文件系统的完备和执行。

制药企业的文件(GMP 文件)是指一切涉及药品生产管理、质量管理的书面标准和实施中的记录结果。WHO 药品生产质量管理规范(1992 年)对文件的原则提法是:文件是质量保证体系的基本部分,它涉及 GMP 的所有方面。其目的在于确定所有物料的规格标准、生产和检验方法;保证与生产有关的所有人员知道做什么,何时做;保证受权人具有足够的资料决定一批药品是否发放;提供可对怀疑有缺陷产品的历史进行调查的线索;GMP 文件没有固定的格式,它的设计和使用取决于生产企业。

二、文件管理的基本要求

我国《药品生产质量管理规范》(1998 年版)第八章文件共有 5 个条目,而在 2010 版的文件管理中规范的要求增加至 34 条,分成六个小节,分别对文件管理的原则、质量标准、工艺规程、批生产记录、批包装记录、操作规程和记录等六个方面做了细致的规定。

(一)新版 GMP 与旧版 GMP 关于文件管理的比较

在文件管理上,新版 GMP 大幅提高了对文件管理的内容要求,使得整个药品生产质量的记录管理形成完整的体系,便于产品质量的追溯与改进。

1. **扩展了文件的管理范畴**

将记录管理纳入到文件管理的有关文件管理范畴中;增加了文件管理的范围,把所有与产品质量有关的包括质量标准、生产处方和工艺规程、记录、报告等都纳入 GMP 文件管理范围。不仅在横向上大大扩展了文件的管理范畴,在纵向上对文件的管理范围也进行了扩展,要求有关文件的内容应与药品生产许可、药品注册批准的相关要求保持一致。批档案应由质量管理部门负责存放、归档。

2. 定期审核

防止旧版误用,定期审核的规定。增加了旧版文件及时收回,过期文件及时销毁等的要求。

3. 记录管理

从原批生产记录管理扩展到所有相关生产质量管理所涉及的记录管理,增加记录的保存、电子记录管理等相关要求;明确提出根据各项标准或规程进行操作,所形成的各类记录、报告等都是文件,都必须进行系统化管理,并提出了批档案的概念,每批药品应有批档案,包括批生产记录、批包装记录、批检验记录和药品放行审核记录、批销售记录等与批产品有关的记录和文件。

4. 细化规定

对质量标准,工艺规程,批记录等的编制要求及内容进行了细化规定。例如,第一百七十条关于制剂的工艺规程的内容至少应当包括生产处方、生产操作要求、包装操作要求等要求,而且每项要求下面都细分了具体的要求。

5. 增加了电子记录管理

随着计算机程控化系统的广泛使用,新版的 GMP 增加了电子记录管理的内容。规定如使用电子数据处理系统或其他可靠方式记录数据资料,应有所用系统的详细规程;记录的准确性应经过核对。如果使用电子数据处理系统,只有受权人员方可通过计算机输入或更改数据,更改和删除情况应有记录;应使用密码或其他方式来限制数据系统的登录;关键数据输入后,应由他人独立进行复核。用电子方法保存的批记录,应采用磁带、缩微胶卷、纸质副本或其他方法进行备份,以确保记录的安全,且数据资料在保存期内应便于查阅。对信息化手段的应用使得 GMP 跟上了时代发展的步伐,但也使企业增加了成本。

(二)我国 GMP 对文件管理的基本要求

尽管从新旧 GMP 本身在要求的内容上变化较大,但是 GMP 的指导精神没变,同样文件管理的基本要求没变,只是更完整、更具体、更加与时俱进,总结我国 GMP 对文件管理的基本要求有以下几个方面。

1. 文件的"标准化"管理

"标准化"是组织现代化生产的重要手段,同样也是《药品生产质量管理规范》的最重要要求之一,它既包括技术标准范畴,也包括管理标准范畴。

技术标准的标准化活动就是"统一"。通过"统一"确保所生产的每一批成品质量尽可能与原设计一致,保证销售的每批产品达到预订的规格标准,安全、有效。

管理实践的标准化,可以建立起合理、有效的生产秩序、安全秩序、质量秩序等。因而,标准化是管理工作的基础,管理是执行标准的保证。《药品生产质量管理规范》要求制药企业的管理必须标准化。

 知识链接

ISO 关于标准化的定义:标准化是为了所有有关方面的利益,特别是为了促进最佳的全面经济,并适当考虑到产品的使用条件与安全,在所有有关方面的协助下,进行有秩序的特定活动所制定并实施各项规则的过程。

2. 文件的"系统化"管理

文件要从质量体系的整体出发,涵盖所有要素以及所有质量活动,做出科学、合理又协调的规定,文件的管理涉及文件的起草、修订、审查、批准、培训、执行、分发、印制、保管及销毁管理活动,也涉及不同类型文件的构成完整的文件框架,文件的内容之间不能有相冲突的内容等的相关要求,反映质量体系本身所具有的系统性。

3. 文件的"动态化"管理

环境条件是不断变化的,GMP 的全过程质量控制本身就是一个不断的螺旋式上升的系统,是一个持续改进的动态过程,而这个过程必须借助于质量文件的制定、修改和实施方能实现。依据验证和日常监控的结果制订或修订质量文件,适应外界条件的不断变化则成为制药企业的必要选择。

4. 文件的"差异化"管理

世界上不存在适合所有条件和所有制药企业的质量体系文件。因此,所有企业都不必生搬硬套 GMP 条文或者全盘照搬其他企业的质量体系文件,而应当从本身的实际出发,遵循有效管理的原则,制定出切实可行的质量文件。

5. 文件的"一体化"管理

文件涵盖了所有要素,记录真实充分地反映了过程,文件及记录的设计归档仔细地考虑了可追溯性的要求,要求脉络清晰,以致能从新版文件查前版本的规定,并能从相应的批准文件中查出变更的内容、理由及实践或验证资料的原始依据,能迅速有效地从过程查影响,从后果查过程,能够迅速、及时、完全的反映实践活动的历史,为企业持续改进奠定坚实基础。

考点链接

每批产品均应当有销售记录。根据记录,应当能够追查每批产品的销售情况,该记录应当至少保存至药品有效期后(　　)。

A. 1 个月　　　　B. 1 年　　　　C. 2 年　　　　D. 6 个月

解析:产品的销售记录应当至少保存至药品有效期后 1 年。正确答案为 B。

第二节　GMP 文件的分类

GMP 文件是指一切涉及药品生产管理、质量管理的书面标准和实施中的记录结果。在我国,我们把文件分为标准和记录,这种分类法与我国药品生产长期采用的管理模式有关。GMP 对药品生产严格控制及批生产记录历史可追溯性的要求,使国内外的制药企业积累了一些成功的经验,企业将关键的作业指令及记录融为一体,如批生产记录、批包装记录、环境控制记录等,这类文件均含指令及记录,他们在完成操作前及在操作过程中均为标准,在操作的同时有需要及时记录,在操作完成后,记录和指令合而为一,对作业、质量评价及必要时的追溯调查提供了必要的条件。按标准和记录将文件分类的方法只要有利于操作人员明确"何时以何种方式完成何种操作",并具有可靠地追溯性,就是落实了 GMP 对文件的基本要求。文件系统的基本框架如下(图 6-1):

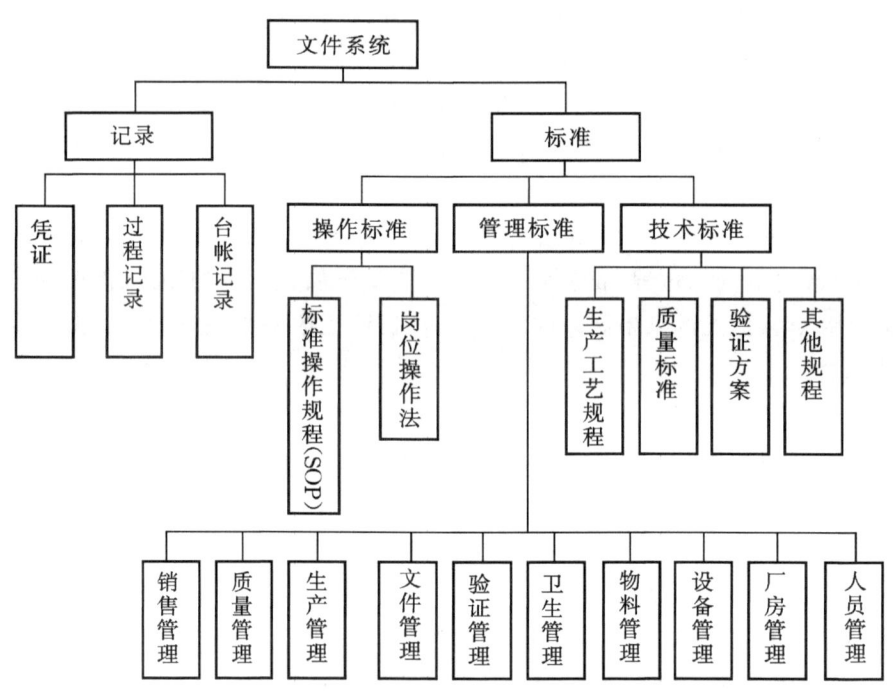

图 6-1　文件系统的基本框架

一、标准

(一)GMP 标准概念

《中华人民共和国标准化法》第三条规定:"标准化工作的任务是制定标准、组织实施标准和对标准的实施进行监督"。"标准化"的含义是指在经济、技术、科学及管理等社会实践中,对重复性事物和概念通过制定、实施标准,达到统一,以获得最佳秩序和社会效益的过程。"标准"的含义是指对重复性事物或概念所作的统一规定。标准是为促进最佳的共同利益,在科学、技术、经验成果的基础上,由各有关方面共同合作起草,并协商一致或基本同意而制定的适用于公用并且经标准化机构批准的技术规范和其他文件。它以特定的形式发布,作为共同遵守的准则和依据。

GMP 标准是在药品的生产质量管理过程中预先制定的书面要求。标准是衡量事物的一把尺子,标准必须依据科学技术和实践经验,经过充分协商,才能对具有多样性,相关性特征的事物,以特定的程序和形式颁发统一规定。这个统一规定就是大家必须遵循的标准。GMP 的最终目的在于保证所生产的每一批成品质量均尽可能地与原设计一致,而标准化的实质和核心是"统一"。只有达到统一,才能保证市场销售的每批成品质量均尽可能与其设计一致。标准化是 GMP 所要求的重要内容之一;作为标准化成果的标准是药品 GMP 中生产管理和质量管理文件的重要组成部分。

(二)标准分类

标准可分为技术标准、管理标准、操作标准三大类。

1. 技术标准

技术标准指药品生产技术活动中,由国家、地方、行业、及企业颁布和制定的技术性规范、准则、规定、标准、办法等书面要求。

GMP标准包括了产品工艺规程和质量标准(原料、辅料、工艺用水、半成品、中间体、包装材料、成品)。

质量标准是对产品的技术要求、试验方法、检验规则和标志、包装、运输和贮存的说明。

工艺规程是对组织某种类产品生产基本条件及要求的描述。

2. 管理标准

管理标准指企业为了行使生产计划、组织、指挥、控制、协调等职能而使管理过程标准化、规范化而制定的制度、规定、标准、办法等书面要求。主要包括标准管理规程、标准管理工作程序、各种流程图。

3. 操作标准

操作标准指以人或人群的工作为对象,对工作范围、职责、权限、工作方法及工作内容考核等所制定的规定、标准、程序等书面要求。主要包括标准操作规程、岗位操作法。

二、记录

(一)GMP记录的定义

记录是反映药品生产质量管理过程中执行标准情况的结果,是为所有完成的活动和达到的结果提供客观证据的文件。

(二)记录的分类

记录可分为三大类:过程记录、台账记录和凭证。

1. 过程记录

过程记录指为药品生产与质量保证过程中一切已完成的活动和达到的结果提供客观证据的文件,包括质量管理记录、批生产记录、检验记录、验证记录等。

2. 台账记录

台账记录指为物料、产品流转与管理活动其结果依时间顺序提供客观证据的文件,包括各类台账、编码表、定额表等。

3. 凭证

凭证指为生产活动和质量监控活动提供证据的文件,包括请验单、入库单、取样证、待验证、合格证、不合格证及其他状态标识等。

综上所述,标准是行动的准则,记录是行动及其结果的证据。记录的依据是标准,即记录类文件的使用往往在标准中已做了详细规定。记录必须与标准一致,即如何使用记录类文件、记录的内容、记录样张的审核、批准、执行等应与标准要求一致。

第三节 GMP 文件管理

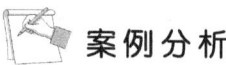案例分析

案例 1

某药厂的抗生素注射剂在成品检验时发现其含量不合格。在调查中发现在配制时,生产人员在操作中违规加入药用炭。由于药用炭具有很强的吸附作用,将注射剂中的有效成分吸附掉所致。

案例 2

某药厂水针产品在药液产品检验时发现含量偏低。经调查,车间在投料时错将"加蒸馏水至××ml"看成"加蒸馏水××ml"。

案例 3

2007年5月,天津市食品药品监督管理局决定在天津市药品生产企业中全面推广、实施GMP文件管理系统,并确定乐仁堂制药厂为首批四家试点企业之一。该项目采用的浪潮GMP文件管理系统是在大量调研医药企业管理GMP需求的基础上提出的,文件的流程也严格的切合GMP对文件管理的相关要求,例如:起草、修订、审阅、审核、批准生效、变更等都在系统中有一一针对性的体现。同时,流程也可针对具体的某类文件或者某个文件进行自定义,系统在企业中拥有极大的适应力。可以使企业对文件进行集中多维管理,并将全部文件进行流程化、权限化管理。从而大大提高企业自身的生产质量管理水平。

对于GMP标准的要求,欧盟GMP给了我们比较好的启示:"好的文件管理系统是质量保证体系的重要组成部分。书面的文件能防止由口头交流可能引起的差错并使批的历史具有可追溯性。"由此,判断一个文件系统的好坏,主要就在于能否统一工作标准和质量标准,防止差错,使相同的事情让不同的员工去做,过程和结果都一样。

通过前面上述案例,你认为在药品生产过程中,在执行生产任务时应该怎么做?对生产过程中的各种文件如何重视?

一、GMP 文件管理的目的

文件是制药企业质量保证体系的重要组成部分,用书面的程序进行管理是现代管理的一个特征。实施GMP的一个重要特点就是要做到一切行为以文件为准;按照GMP的要求,生产管理和质量管理的一切活动,均必须以文件的形式来体现。它涉及GMP管理的各个方面。行动可否进行,要以文字为依据。建立一套完备的文件系统可以避免语言上的差错或误解而造成事故,使一个行动进行只有一个标准,而且任何行动后,都有文字记录可查,做到"查有据,行有迹,追有踪",建立全面的、完善的文件系统是一种从"人治"到"法制"变革,其核心是确保药品的生产过程中"一切行为有法规,一切行为有记录,一切行为有监控,一切行为有复核"。从而避免生产过程中产生混淆、污染和差错,保证生产出安全有效、质量稳定、符合预定规格标准的药品。建立完善而详尽的文件系统的目的在于:①规定所有的物料、成品、半成品的规格标准及生产测试程序,提供正确操作和监控的依据;②规定企业的信息传递和生产质量控制系统,避免因口头或临时书面传递、交流所产生的错误解释或误解;③明确规定药品生产过程中各种必须遵守的程序和规程,

使员工明确应该做什么,什么时候去做,在什么地方做以及如何去做,要求达到什么标准,从而有效地防止自行其是,特别需要强调的是一个行动只能有一个标准;④提供产品放行审计的依据,确保授权人可以做出是否能够放行销售的正确判断;⑤任何行动后均有文字记录可查,可以对不良产品进行调查和跟踪,为追究责任、改进工作提供依据,保证可以追溯每一批产品的始末,提供对产品进行再次审查的依据,以便对可能有问题的产品从原料到生产、销售的全过程进行详细的调查、做出正确的处理判断;⑥文件系统的建立与完善,促使企业实施规范化、科学化、法制化管理,促进企业向管理要效益,保证药品生产的全过程符合 GMP 要求。

总之,制药企业实行文件管理的目的是保证企业生产经营活动的全过程按书面文件规定进行运转。明确管理责任,如实反映执行情况,减少因用口头方式交接产生差错的危险,保证工作人员按文件正确操作,并能积累每批产品的全部资料和数据。

制药企业建立和不断完善文件系统,加强文件管理,既是实施 GMP 的需要,也是 GMP 认证的需要,归结到一点,是保证人民用药安全有效的需要。

二、GMP 文件管理的内容

文件是我们从事药品生产活动和质量保证活动的依据和准则。文件管理系统涉及 GMP 的各个方面,贯穿于药品生产有关的一切活动中,包括文件的建立与批准、文件的分发与回收、文件的保存与归档、文件的销毁、文件的验证、文件的培训等方面。未经批准的文件、不符合公司统一格式的文件以及旧版本的文件均视为无效文件。

制药企业只有建立健全文件管理系统,才能保证药品生产的全过程有法可依,有据可查,有监控、有复核,消灭生产中的混淆、污染和差错,同时确保所有文件符合 GMP 标准及各种法定的标准,准确无误,清楚明了,切实可行。避免由于文件的错误造成生产过程与控制过程的差错和事故,确保药品生产的一切活动都在良好的控制之下,切实有效地实施 GMP。

(一)文件的起草与审批

1. 文件的起草

(1)起草文件的组织机构 企业应有总工程师、技术副厂长、质量负责人或其他负责人负责的文件起草筹备机构,此机构可以是临时的,根据企业的实际出发确定文件的运作程序,挑选合格的文件起草人员,提出编制文件的相关规定和要求。通常文件的起草工作由具体执行此操作的人来进行,这样既可以保证起草出的文件可以被执行人员很好地理解和执行,又能保证文件与实际操作的一致性。

(2)起草文件人员要求 GMP 强调人员是第一要素,不论起草文件还是落实文件,关键在于岗位人员应具备必需的教育和实践经验及经历资格,树立和保持对产品要有高标准和持续改进的概念;懂技术、敢管理、勇于承担责任、善于与他人合作,这些是文件起草人应具备的基础素质。

(3)文件的起草 文件起草主要由文件使用部门择人负责起草,以保证文件内容的全面性和准确性。起草者填写《文件编写/修改申请表》提出新文件的草稿或已有文件的修改方案,该部部长签字后送质量保证部审核。草稿交 QA 部门初审后,由办公室分发与文件有关部门审核并签发意见,再交起草人修改最后由 QA 负责人定稿。如有不同意见,由 QA 负责人裁定。一定要杜绝个人起草文件创片面性,增加文件的可行性。

起草的文件应达到下列要求:文件标题、类型、目的、原则应有清楚的陈述;文件内容准确,不可模棱两可,可操作性要强;条理清楚,易理解,便于使用;文件如需记录,应有足够空间;提倡实事求是,可借鉴别人先进经验,但绝不能生搬硬套,一时难形成的文件,如某些 SOP(标准操作规程),可待时机成熟后再期完成,切记编文件是为了使用文件,而不是摆花架子。

2. 文件的审批

文件草案应由文件审核部门组织会稿。会稿人员应由文件的起草人、使用人、相关使用人及相关管理人员组成。由文件的审批部门确定文件的会稿方式,分会议审核方式、文稿流转审核方式。会稿时使用《文件编写/修改会稿记录》。

(1)**会议审核方式**　由文件的审批部门组织文件的使用人,相关使用人及相关管理人员的代表进行讨论审查,会议审核要有会议记录,记录参加会议的部门、人员及审查结论。

(2)**文稿流转审核方式**　由文件的审批部门填写文件会稿记录,分别将文件交会稿人审查,最后由文件审批部门将会稿意见汇总,得出审核结论。参加会稿人员收到文件草稿及会稿单后,于三天内提出意见定在会稿记录,签名后返回组织会稿部门。由文件的起草人根据会稿意见修订,形成文件草案报批稿,连同会稿单一并交文件管理员。文件会稿应确定文件印制总份数,文件分发单位。

(3)**审查要点**　文件的内容应当与药品生产许可、药品注册等相关要求一致,并有助于追溯每批产品的历史情况。文件的内容与现行的 GMP 标准相符,文件内容可行性,文件应简练、确切、易懂、不能有两种以上的解释,文件的内容同公司已生效的其他文件没有相悖的含义。

(4)**文件的审核人、批准人及执行签字人规定**　原则上文件的审核为起草部门的部长,批准为上一级负责人、质量保证部部长填写执行日期并签字,执行日期一般应在批准日期的第七天后(节假日顺延),在这段时间内由文件使用部门组织新文件的培训。所有管理标准类文件中属质量管理及与 GMP 相关的程序必须由分管质量工作的质量总监批准执行,其余管理类文件由各分管副总经理批准执行,质量保证部部长填写执行日期并签字。质量标准由质量保证部部长审核,质量总监批准,质量保证部部长填写执行日期并签字。验证计划、验证方案和验证报告的审核、批准执行《验证管理规程》。工艺规程由生产部部长审核,生产技术副总经理批准,质量保证部部长填写执行日期并签名。

所有文件应有起草、审核、批准人签字,并注明日期,日期统一格式××××年××月××日。

文件的批准人根据会稿意见审批文件,并将已批准的文件及时交质量保证部,由质量保证部统一签发文件。

3. 文件的印制、发放、培训、执行与检查

(1)**文件的印制**　文件印制的基本要求:文件印制不允许手抄写。文件的印制方式:印刷、复印,印制的文件必须经过两人核对无误,签字后方可使用,印制件必须清晰,易识读。每份复印的文件必须对复印件进行编号,便于管理和回收。文件必须经批准后方可允许复印。

文件印制程序:生产质量管理文件经审核批准后由质量保证部负责印制,达到上述要求后方可发放;需委托外印的文件和记录一律由实施部门报印刷计划,送交质量保证部,经批准印刷后,送印刷厂印刷。印刷的文件、各种记录、状态标记、凭证等需经两人核对无误后方可颁发使用;部门职责及岗位职责经批准后,由总经办复制,按职务(或岗位)分发。

(2)**文件的发放**　文件一经批准,由文件管理员根据需要,复印相应的份数。文件的原件保存在 QA 档案室(盖上"原件"印章,使用部门发给复印件(盖上"复印件"印章)。文件管理员及时将文件发放到相关人员或部门,同时收回旧版本的文件,已撤销的或旧版文件除留档备查外,不得在工作现场出现,详细填写《文件发放/收回控制单》。文件分发部门为文件的主要起草、使

用部门和相关部门。总索引由文件管理员更新。接收人需对照有关索引检查文件的编码、版本号、执行日期。各部门主管应有一份现行文件目录，每半年清查一次，如有变更，重新发放。对于新程序或修改后的文件，档案室应在目录中作记号"＊"。记录为文件的组成部分，对文件的所有操作（起草、审核、批准和执行）均包括记录。为便于管理，空白记录样张均附在相应文件后。

（3）**文件的培训**　新文件必须在执行之日前对文件使用者进行专题培训并记录；培训者原则上为文件的起草者、审核者或批准者，由使用部门组织；必须保证使用者均受到培训，保证每个文件使用者知道如何使用文件。

（4）**文件的执行与检查**　文件执行阶段，有关管理人员有责任检查文件的执行情况，这是保证文件有效性最关键的工作。员工必须按照现行的有效版本文件规定进行操作，QA负责监督检查文件执行情况，并有权纠正错误。未经批准的文件、不符合公司统一格式的文件以及旧版本的文件均视为无效文件。

同时，文件管理部门应定期向文件使用和收阅者提供现行文件清单，文件管理员每半年一次向各相关部门提供现行文件索引，以保证现行文件的完整性，并避免使用过时的文件。对文件的任何改动均应有签字并注明日期，经文件的批准人批准。所有记录如有修改，需另行记录，以记录应能反映在文件上，并劝修改人签字，注明修改日期。如果文件采用自动控制或管理系统记录，仅允许受权人操作。

考点链接

药品生产企业GMP的文件管理系统包括：
A．制度和记录
B．标准和记录
C．工作标准和原始记录
D．技术标准和工作标准
E．标准和制度。

解析：根据《药品生产质量管理规范》第六十一条规定：药品生产企业应有生产管理、质量管理和各项制度和记录。故此题正确答案为A。

（二）文件的归档与保存

1. 文件的归档

文件的归档包括现行文件和各种结果记录的归档。文件管理部门保留一份现行文件或样本，并根据文件变更情况随时更新记录在案。各种记录完成后，整理分类归档，保留至规定期限。对于批生产记录、用户投诉记录、退货报表等应定期进行统计评价，为质量改进提供依据。

QA档案室保存现行文件原件及文件签收单，其样本根据文件变更情况随时更新，并记录在案。各种记录一旦完成，按种类归档，并存档至各文件规定日期以便准确追踪，并认真填写《文件归案登记表》。对于一些主要文件，如批生产记录，偏差处理记录等，应定期进行分析评价，为工艺改进提供准确依据。

2. 归档文件的保存

（1）**总索引**　各种归档文件应建立索引登记以便追踪、调用。QA文件管理员必须保存一份所有文件母件的总索引。当签发、修订、收回、复审了一份文件后,其索引应立即更新。索引的详细内容包括:文件编码、文件名称、起草人、审核人、批准人、执行日期、复审日期;文件管理员给出一份文件的新的编号后,在正式发放前,应将号码手书于索引中。

(2) **文件保存期限** 所有记录(如:批生产记录、检验记录)以记录完成日算,一般保存至产品有效期后一年。过期工艺规程、质量标准应长期保存。自检报告保存五年,验证文件资料保存六年。

(3) **打印存盘** 所有文件以文件编码作为文件名存盘。

(4) **文件查阅** 各部门若需借阅某文件,需有部门经理签字,由文件管理员办理借阅手续。查阅人应作查阅登记,并在文件查阅记录上签字。

(5) **额外副本的发放** 各部门如需要(包括那些不在原始发放单位上的部门)可要求某一份管理程序或 SOP 的额外副本。任何申请额外副本的要求,由部门主管及质量保证部部长核准转交文件管理员。任何部门或个人申请提供额外副本时,文件管理员应分配其一个副本号,并更新发放单,以便反映实际分发情况。除档案室文件管理员外,任何人不得以个人的名义擅自复印任何文件。

(6) **文件复审** 所有的文件在生效两年时完成复审,若有必要可随需要复审。文件管理员应在每季度末将下季度需复审的文件清单打印分发给各部门有关人员复审。标准类文件不再使用或与其他标准类文件合并,视同文件变更,按文件变更程序处理。如果文件生效两年时没有完成复审,由文件管理员通知相关部门主管及质量保证部部长,以督促复审的及时完成。

(三)文件的变更控制

文件一旦制定,任何文件未经批准不得进行更改,但文件的使用及管理人员有权提出变更申请。文件管理部门负责检查文件变更引起其他相关文件的变更,并将变更情况记录在案,以便跟踪检查。

1. **变更的提出**

任何与文件有关的人都可以提出变更,并提出理由,填写《文件编写/修改申请表》,交给该文件的批准人,但在文件变更之前仍按原程序执行。

2. **变更的审批**

批准人评价了变更可行性后签署意见批准变更,履行变更手续。变更文件再按新文件起草程序执行。

3. **变更的执行**

按照变更审批意见执行变更。

4. **变更管理**

QA 文件管理员应负责检查文件变更引起的其他相关的变更并及时调整。

5. **变更记载**

文件的任何变更,由 QA 文件管理员详细进行记录,以便追踪检查。

文件一经变更,原文件应予以撤销收回,并将新文件发放一份给相关部门,对撤销的文件除档案室留一份外,其余销毁。

(四)文件的回收与销毁

1. **文件的回收**

文件由于以下原因而宣布废止、停止使用时必须及时回收:文件进行了修订,且新修订的文本已被批准使用,则原文件自新文件生效之日起废止,要及时回收;文件发现错误,影响产品质量,必须立即废止,并及时回收。

文件收回时必须在"标准文件发放回收记录"上签字,要注明:交回文件的名称、编号(版次号)及份数编号,交回部门及交回人,交回日期,收件人。

2. 文件的销毁

以下文件要销毁:文件编订(或修订)过程中的草稿;复制、打印过程中的草稿;回收的旧版文件,归档一份后的其余文件;确定过期的文件,应由文件管理人员造册,经质量保证部部长审核,质量总监批准签字后方可销毁;其他的废止文件。

凡具有密级的文件,统一由质量保证部门技术部门收集、清点、建账,填写《档案文件资料销毁记录》,经主管领导批准签字后,指定专人销毁,并指定监销人,防止失密;其他文件经颁发部门收集,清点,填写《档案文件资料销毁记录》,经主管领导批准签字后,指定专人销毁。

第四节 GMP 文件的编号管理

制药企业制定的 GMP 文件数目繁多,企业应建立公司的 GMP 文件的文类、编号管理的规定,便于文件的规范化管理,使文件的管理规范有序,方便查阅。为使文件目录完整,不遗漏,不重复,必须根据企业的组织框架、人员状况、生产剂型、品种、厂房、设施、设备、检验设施、市场情况等实际情况,针对 GMP 逐条进行研究分析来确定本企业的文件目录。

一、文件编号系统

GMP 规定文件应当标明题目、种类、目的以及文件编号和版本号,文字应当确切、清晰、易懂,不能模棱两可。为此,文件编码应做到编码与文件一一对应,做到一文一码。企业内部编码应统一分类,按照文件系统建立编码系统。企业在本企业的实际编码工作中要考虑企业的发展,编码应有发展性。公司的 GMP 文件编号一般由文件管理员统一给出。

制药企业文件编号一般由四部分组成:第一部分,文件的类型;第二部分,文件的分类类别;第三部分,文件的顺序号;第四部分,文件的版本号。即:类型-分类-序号-版本号(××-××-×××-××)。

1. 文件类型代码

一般有以下四种:

(1)技术标准　TS(Technical Standard 的英文缩写)。
(2)管理规程　SMP(Standard Management Procedure 的英文缩写)。
(3)操作规程　SOP(Standard Operation Procedure 的英文缩写)。
(4)记录　R(Record 的英文缩写)。

2. 文件分类代码

文件分类代码是指每一类文件按其适用范围和 GMP 的实际内容分为:机构与人员、设备、物料、卫生、验证、文件、生产管理、质量管理、销售、自检,共 10 个主题。企业可根据实际需要进行统一制定文件分类代码(表 6-1)。

表6-1 标准文件分类类别代码

主 题	代号	主 题	代号
机构与人员	JR	设备	SB
物料	WL	卫生	WS
验证	YZ	文件	WJ
生产管理	SC	质量管理	ZL
销售	XS	自检	ZJ

3. 文件顺序号

文件的顺序号以文件细分类(无细分类的按分类)类别编排顺序,一般文件顺序号用三位阿拉伯数字组成。

4. 文件版本顺序号

用两位阿拉伯数字组成。00:表示新文件(未修订过的),01:表示第一次修改(即第二版本),02:表示第二次修改(即第三版本),以此类推。

二、GMP文件的系统编号

文件应具有良好的编码系统,以便识别、查找、管理文件及将来因企业的拓展而增加文件。文件的编码是一个系统工程,十分重要,因为文件编码系统一旦确定,文件系统的架构就基本确定了,一般不宜再变更(一旦变更,所有的文件都得随着变,工程浩大),因此,应慎重地确立编码系统,建立编码系统时应考虑以下原则。

1. 系统性

将文件统一分类、编码,编码系统应尽可能反映文件的信息,例如:体现文件的分类方法及分类层次。应规定在新编文件时,由指定部门专人负责给出编码,并进行登记。

2. 准确性

文件与编码应一一对应,做到一文一码。

3. 稳定性

文件编码系统一旦确定,一般情况下不得随意变动,若需变动,须经批准,并随之变更所有相关文件的编码,以保证系统的稳定性,防止文件管理的混乱。

4. 发展性

给文件编码时,均应为将来的发展及管理手段的改进预留空间。文件编码系统的组成可由汉字、汉语拼音或英文字母与数字组成,为了分出层次,当中可用"-"分隔(表6-2)。目前,许多企业文件编码的最后部分为修订号,此方法虽然能获知改版的信息,但因编码太长,影响查找与引用的效率,更麻烦的是文件一旦改版,编码就得变动,文件的总目录及其他相关的文件有出现该文件编码之处均得随之变更,牵一动百,弊大于利。实际上,修订或改版的信息可以在文件的上下表头中体现,不一定要放在编码中。

表 6-2 GMP 文件的系统编号简表

标准	主题	内容及分段序号	文件编号
技术标准 TS	生产管理 SC	工艺规程：001~999	TS-SCXXX-XX
	质量管理 ZL	原辅料质量标准：001~300 包材质量标准：301~600 半成品质量标准：601~700 成品质量标准：701~800 其他标准：701~999	TS-ZLXXX-XX
管理规程 SMP	机构与人员 JR	机构图、部门职能、人员职责、员工健康档案、培训档案：001~999	SMP-JRXXX-XX
	设备 SB	厂房、空调系统、水系统、电汽等及生产设备的管理、维修和保养 SMP：001~999	SMP-SBXXX-XX
	物料 WL	供应商资质确认、物料的采购、入库、储存、出库和其他各类 SMP：001~999	SMP-WLXXX-XX
	卫生 WS	厂区、一般生产区、洁净区、库房及人员、物料及设备的卫生 SMP：001~999	SMP-WSXXX-XX
	验证 YZ	厂房、空调系统、水系统、气系统、洁净工作台、洁净区及各类主要设备清洗消效果、仪器检验方法 SMP：001~999	SMP-YZXXX-XX
	文件 WJ	各类公用文件和记录的 SMP：001~999	SMP-WJXXX-XX
	生产管理 SC	生产计划与指令、生产工艺、物料平衡与偏差等 SMP：001~999	SMP-SCXXX-XX
	质量管理 ZL	取样与留样、实验室、试剂、监控、记录与报告、质量档案等 SMP：001~999	SMP-ZLXXX-XX
	销售 XS	产品销售与收回、投诉与不良反应：001~999	SMP-XSXXX-XX
	自检 ZJ	自检报告 SMP：001~999	SMP-ZJXXX-XX
操作规程 SOP	设备 SB	空调系统、水系统、电气等与生产设备 SOP：001~500 检验仪器设备 SOP：501~999	SOP-SBXXX-XX
	卫生 WS	空调系统与水系统、生产设备清洁 SOP：001~500 检验仪器设备清洁 SOP：501~999	SOP-WSXXX-XX
	生产管理 SC	各工序生产 SOP、各工序清场 SOP：001~999	SOP-SCXXX-XX
	质量管理 ZL	取样与留样、试剂配制、监控、检验和各岗位 SOP、清场 SOP：001~999	SOP-ZLXXX-XX

续表 6-2

标准	主题	内容及分段序号	文件编号
记录 R	人员与机构 RJ	各类 R:001~999	R-RJXXX-XX
	设备 SB	空调系统、水系统、电气与生产设备 R:001~500 检验仪器设备 R:501~999	R-SBXXX-XX
	物料 WL	各类 R:001~999	R-WLXXX-XX
	卫生 WS	各类 R:001~999 空调与水系统、生产设备清洁 R:001~500 检验仪器设备清洁 R:501~999	R-WSXXX-XX
	验证 YZ	各类 R:001~999	R-YZXXX-XX
	文件 WJ	各类 R:001~999	R-WJXXX-XX
	生产管理 SC	各类 R:001~999	R-SCXXX-XX
	质量管理 ZL	各类 R:001~999	R-ZLXXX-XX
	销售 XS	各类 R:001~999	R-XSXXX-XX
	自检 ZJ	各类 R:001~999	R-ZJXXX-XX

案例分析

【实例】 某公司文件的编码规定如下：

(1) **文件类别** 文件按其部门进行分类，部门代码以部门名称的汉语拼音（大写）缩写表示（表 6-3）。

表 6-3 部门代码表

生产	质量	销售	行政	设备	物料	厂房设施	卫生	验证	自检
SC	ZL	XS	XZ	SB	WL	CS	WS	YZ	ZJ

(2) **文件次类别** 其代码表示见表 6-4。

表 6-4 文件次类别代码表

管理	技术	操作	记录
GL	JS	CZ	JL
题目	文件分类编码格式管理规程	编码	XZ-GL-1001-01	第　页

(3) **文件细类别** 文件的细类别是以数字来表示，见表 6-5。

表 6-5 文件细类别表

通用性	前处理提取	口服液	固体制剂
1	2	3	4

(4) **文件序号**　以三位阿拉伯数字表示,某类文件的最后序号数就等于该类文件的现有数目。

(5) **版本**　文件最后两个阿拉伯数字表示文件的修订次数,如"01"表示为新制定文件,"02"表示修订过一次,依此类推。

举例:SC-CZ-2001-01。

01:表示新制定的文件,001:表示文件序号,2:表示该文件是生产管理前处理文件,CZ:表示标准操作程序性文件,SC:表示生产的文件

在以上案例中是一种编码的形式,与我们介绍的方法有什么不同？试分析各自的优缺点。通过本案例体会文件管理的基本要求。

 ## 学习小结

文件的管理对企业的管理至关重要,是企业正常运行的重要保证,文件体现管理思想,管理又通过文件的实施获得预期的效果。在我们国家的制药企业一般把文件编写成标准和记录两个分系统,标准是行动的准则,记录的依据是标准。文件管理系统涉及到GMP的各个方面,贯穿于药品生产有关的一切活动中。企业应当建立文件管理的操作规程,系统地设计、制定、审核、批准和发放文件。制药企业制订的GMP文件数目繁多,企业应建立公司的GMP文件的文类、编号管理的规定,便于文件的规范化管理,使文件的管理规范有序,方便查阅。为使文件目录完整,不遗漏,不重复,必须根据企业的实际情况建立文件编号系统。

 ## 目标检测

一、选择题

1. 标签发放、使用、销毁应有＿＿＿＿＿＿＿＿。
   A. 说明　　　　　B. 记录　　　　　C. 报告　　　　　D. 数字

2. 批生产记录的填写,字迹＿＿＿＿内容＿＿＿＿数据＿＿＿＿,并在更改处＿＿＿＿使原数据仍可辨认。
   A. 清晰,真实,完整,签名　　　　　B. 工整,完整,清楚,盖章
   C. 清晰,真实,真实,签名　　　　　D. 工整,真实,完整,盖章

3. 批生产记录应按批号归档,保存至药品有效期后＿＿＿＿＿＿＿＿。
   A. 三年　　　　　B、两年　　　　　C. 一年　　　　　D. 半年

4. 批生产记录应当按＿＿＿＿＿＿＿＿归档。
   A. 生产日期　　　B、批号　　　　　C. 包装日期　　　D. 出厂日期

5. 药品出厂放行前,应由＿＿＿＿＿＿＿＿对批记录进行审核,符合要求并由审核人员签字后方可放行。
   A. 质量管理部门　B. 生产部门　　　C. 销售部门　　　D. 车间负责人

6. 分岗位填写的批记录和批包装记录由＿＿＿＿＿＿＿＿填写,岗位负责人或岗位工艺员审核并签字。
   A. 班组长　　　　B. 质检员　　　　C. 岗位操作人员　D. 工段工艺员

7. 以下为质量控制实验室应当有的文件＿＿＿＿＿＿＿＿。
   A. 质量标准、取样操作规程和记录、检验报告或证书

B. 检验操作规程和记录

C. 必要的检验方法验证报告和记录

D. 以上都是

8. 经批准用于指示操作的通用性文件或管理办法是_____。

A. 工艺规程　　　B. 原始记录　　　C. 内控质量标准　　　D. 标准操作规程

9. 药品生产企业 GMP 文件管理系统内容包括_____。

A. 制度和记录　　　　　　　　　B. 标准和记录

C. 管理制度和技术标准　　　　　D. 工作标准和原始记录

10. 文件在质量管理体系中时一个必要的要素，它有助于_____。

A. 审核员进行文件审查　　　　　B. 确保可追溯性

C. 评价体系的有效性　　　　　　D. B+C

二、简答题

1. 工艺规程、岗位操作法及标准操作规程（SOP）主要内容是什么？
2. 批生产记录的内容是什么？
3. 制定生产管理文件和质量管理文件的要求是什么？

第七章 生产管理

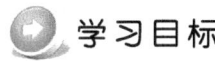 学习目标

【知识要求】
1. 掌握生产操作规程及生产过程控制内容。
2. 熟悉 GMP 对生产管理的基本要求。

【能力要求】
能运用生产管理知识开展生产过程控制,熟悉关键环节并灵活运用于实际。

第一节 我国 GMP 对生产管理的基本要求

中国 GMP(2010 年修订)对生产管理的规定包括:原则、防止生产过程中的污染和交叉污染、生产操作、包装操作四节,33 条,其内容包括提出对生产管理的总要求,强调药品生产工艺的法规符合性要求,强调生产过程中防止混淆、防止污染、防止差错的重要性以及具体措施,生产操作和包装操作的关键环节(见附录二)。

药品生产必须依据符合法规许可和药品注册批准的资料制定生产工艺规程、质量标准等技术文件;制定过程必须符合文件管理的要求;实施生产的工艺规程、操作规程等应经过验证,证明符合稳定性、可靠性、重现性的要求。经过验证的规程实施过程中不得随意更改。

为证明生产过程严格按照要求进行,应建立生产过程的完整记录;核心要求是建立及时、准确、完整的批记录。批记录应有可追溯性。

生产过程应得到严格的控制。控制的要素包括:符合参数范围的关键生产参数、防止生产过程发生污染的措施,影响产品质量的生产现场条件。生产过程的偏差和变更应得到严格的控制,所有的偏差处理或变更都应基于质量风险评估的原则进行管理。

药品生产必须按规定划批管理,并编制生产批号。确保每批产品具有"同一性质和质量"、"同一连续生产周期"以及可追溯性,使所生产的药品从原料供应商直至成品用户,形成完善的物流系统。

生产过程管理的重要环节是:工艺技术管理、批号管理、包装管理、生产记录管理、不合格品管理、物料平衡检查和清场管理。

第二节 生产操作规程

药品生产企业在进行药品生产过程中,发生问题和事故主要有两个因素:一是没有标准的

书面操作规程文件或指令,有的企业有这些文件和指令但不完善,或者有这些文件和指令,但不执行或不严格执行;二是口头传达信息导致的信息传递失真。

一、生产操作中的主要规程和指令

在生产操作中的主要规程和指令包括:生产工艺规程、岗位操作法和标准操作规程(以下简称 SOP),它们在生产中起着非常重要的作用。

(一)生产工艺规程

GMP(2010 年修订)第十条药品生产质量管理的基本要求中明确指出:制定生产工艺,系统地回顾并证明其可持续稳定地生产出符合要求的产品,生产工艺及其重大变更均经过验证。配备所需的资源,至少包括:具有适当的资质并经培训合格的人员、足够的厂房和空间、适用的设备和维修保障。正确的原辅料、包装材料和标签、经批准的工艺规程和操作规程、适当的贮运条件。应当使用准确、易懂的语言制定操作规程,操作人员经过培训,能够按照操作规程正确操作等。

1. 生产工艺规程的概念

生产工艺规程是指规定为生产一定数量成品所需起始原料和包装材料的数量,以及工艺、加工说明、注意事项,包括生产过程中控制的一个或一套文件。

可以看出生产工艺规程是产品设计、质量标准和生产、技术、质量管理的汇总,它是企业组织与指导生产的主要依据和技术管理工作的基础。通俗地讲,是生产药品用的"蓝图"和"模子"。制定生产工艺规程的目的是为药品生产各部门提供必须共同遵守的技术准则,以保证生产的药品批与批之间,尽可能地与原设计吻合,保证每一药品在有效期内保持规定的质量。如果没有一个完整、科学的生产工艺规程,生产和质量管理就无法正常进行。

生产工艺规程是由国家食品药品监督管理部门批准的,企业应按照品种申报和国家局批件制定生产工艺规程,工艺规程的修订应按规定办理审批手续。它是企业的"生产大法"。

在药品生产企业,其各品种生产工艺规程的制定主要依据药品注册批准文件、国家药品标准(如:中国药典等)、生产及监控过程积累数据、生产工艺验证结果和 GMP 要求进行指定。

2. 生产工艺规程的格式和内容

根据 GMP 和工业标准化管理的要求,生产工艺规程的内容和格式可分为三个部分。

(1)**概述**　封面上应明确本工艺是某一产品的生产工艺规程,首页内容相当于说明或企业通知各下属部门执行本规程的文件,包括批准人签章及批准执行日期等。工艺规程内容可划分若干单元,目次中注明标题及所在页码。

(2)**正文**　正文是生产工艺规程的核心部分,包括:品名、剂型、处方、生产工艺的操作要求,中间产品、成品的质量标准和技术参数及贮存的注意事项,理论收得率、计算收得率和实际收得率的计算方法,成品的容器,包装材料的要求等。实际上,原料药生产工艺规程、制剂生产工艺规程以及中成药生产工艺规程内容和格式由于自身的特点而有所不同。

(3)**补充部分**　包括附录、附加说明和附页。

附录:一方面是对正文内容所作的补充;另一方面是用以帮助理解正文中的有关内容,以便于正确理解、掌握和使用生产工艺规程。

附加说明:说明生产工艺规程起草的单位和部门,负责解释的单位和部门。

附页:供修改时登记批准日期、文号、内容等使用。

3. 工艺规程编制中的注意事项

工艺规程编制的过程中应注意：①生产工艺规程是产品设计、质量标准和生产、技术、质量管理的汇总，如：从药品批准文件到生产控制的方法、各种质量标准直至该品种工艺规程变更的登记等。它是企业组织与指导生产的主要依据和技术管理工作的基础，同时也是员工生产和质量的操作指南，因此，内容必须全面；②工艺规程当中有较多内容相同或重复时，可采取将相同内容汇编等形式，集中为一个或几个文件，工艺规程中可只体现版本号或文件号等；③工艺规程在编制时，以体现生产方法为原则，不必过细，但可形式多样，以实用、能作为其他文件的重要依据为原则。

4. 修订与变更

工艺变更按时限可分为临时变更和永久性变更。临时工艺变更是为了收集生产上实际情况，经过评估后决定是否成为永久性的变更。如果临时的工艺变更经生产后未达到预期结果，取消该变更，并对该变更生产出的产品进行严格的评估。永久性的工艺变更一旦执行后变更部分即永久地成为工艺的一部分。永久性的工艺变更需经过严格审阅批准后方可实施。

工艺变更按内容可分为两类：一类指某些变更对产品质量的影响很小，变更内容与原工艺无偏离，有足够的数据证明变更后生产出的产品与变更前一样；另一类是造成对产品质量潜在或未知的较大影响，变更内容与原工艺存在偏离，没有足够的数据评估变更对产品质量的影响，通过技术评估认为变更有可能会对最终产品质量造成影响，这类工艺变更后，必须对工艺进行验证或相应增加测试内容，包括稳定性试验。

(二)岗位操作法

1. 岗位操作法的概念

岗位操作法是对各具体生产操作岗位的生产操作、技术、质量管理等方面所做的进一步详细要求，是生产工艺规程的具体体现。

2. 岗位操作法的内容

岗位操作法内容虽然不同于生产工艺规程，但格式上也可分为概述、正文、补充三个部分。概述、补充部分和生产工艺规程基本一致。正文内容由于不同药品种类的生产，要求也各有侧重。

3. 原料药岗位操作法内容

主要包括：原料药规格性能，本岗位化学反应及副反应，生产操作方法与要点（包括停、开设备注意事项）、重点操作的复核，安全防火和劳动保护，异常现象的处理，中间产品质量标准及控制，主要设备维修、使用与清洗，度量衡器的检查与校正，综合利用与"三废"治理，工艺卫生和环境卫生等。

4. 制剂岗位操作法内容

主要包括：生产操作方法，重点操作复核，中间产品质量标准及控制，安全防火和劳动保护，异常现象的处理和报告，设备使用、维修，技术经济指标的计算，工艺卫生和环境卫生，度量衡器的检查与校正，附录等。

(三)标准操作规程(SOP)

标准生产操作规程是药品生产员工的操作指南，生产操作必须严格按照 SOP 进行操作。每一个员工都必须明白 SOP 的重要性以及 SOP 的基本内容。熟悉 SOP 也是每个新员工上岗之前所必需的。

1. SOP 的概念

GMP(2010年修订)第三百一十二条中明确规定,经批准用来指导设备操作、维护与清洁、验证、环境控制、取样和检验等药品生产活动的通用性文件,称为标准操作规程。由上述定义可以看出 SOP 是对某一项具体操作所做的书面指令,是一个经批准的文件,它是组成岗位操作法的基础单元。

2. SOP 的分类

SOP 描述与实际操作有关的详细、具体工作,是文件体系的主要组成部分,主要有生产操作 SOP、检验操作 SOP、设备操作 SOP、设备维护保养 SOP、环境监测和质量监控 SOP、清洁 SOP。

(1)**生产操作 SOP** 描述产品制造过程中与各工序实际操作有关的详细具体的工作,在公司的文件体系中,这类文件主要由生产车间起草编写。车间生产操作 SOP 具体称为××工序生产操作规程和××工序清场操作规程,前者包括岗位操作法和岗位 SOP 两方面的内容。

(2)**检验操作 SOP** 描述原辅料、包装材料、工艺用水、中间产品、成品检验过程中有关的详细、具体的工作。在公司的文件体系中,这类文件主要由质量检验部起草编写。

(3)**设备操作 SOP** 描述生产、检验仪器设备的使用方法和步骤、注意事项等。这类文件主要由设备部起草编写。

(4)**设备维护保养 SOP** 描述生产、检验仪器设备的维护保养方法、程序,维护保养校验时间和频次、所使用的润滑剂等。由设备部起草编写。设备操作 SOP 和设备维护保养 SOP 在文件中可统称为仪器设备的使用和维修保养操作规程,它包括上述两方面的内容。

(5)**环境监测和质量监控 SOP** 描述洁净室(区)温湿度、风量风速、空气压力、尘埃粒子、沉降菌监测方法、所要达到的标准、监测位置和频次以及质量保证部对于药品生产各个环节如物料、生产各工序的监控方法和程序。由质量保证部起草编写。

(6)**清洁 SOP** 描述各种设备设施、容器具的清洁方法和程序、所要达到的标准、间隔时间、使用的清洁剂或消毒剂,清洁工具的清洁方法和存放地点,以保证产品生产和检验过程中不被污染或混淆。在文件体系中,这类文件主要由管理文件的实施部门起草编写。

3. SOP 的内容

表头内容:题目、编号(码)、制定人及制定日期、审核人及审核日期、批准人及批准日期、颁发部门,生效日期、分发部门、页数等。

正文内容:操作名称,编写依据,操作范围及条件(注明时间、地点、对象、目的),操作步骤或程序(准备过程、操作过程、结束过程),操作标准,操作结果的评价,操作过程复核与控制,操作过程的事项与注意事项,操作中使用的物品、设备、器具及其编号,操作异常情况处理等。

二、生产操作中规程和指令的编制

生产操作中所用的规程和指令如生产工艺规程、岗位操作法和 SOP 的制订和修改应有一个科学规范的起草、审查、批准和修订的程序,这个程序一旦经批准正式执行后,不得任意更改。

(一)编制程序

编写生产操作中的有关规程和指令等文件,首先要做好文件的标准化工作,根据有关法律法规、药品标准的规定和本单位实际情况进行编制。编制的一般程序如下：

1. 准备阶段

由企业的技术管理部门组织编写人员进行有关药品生产管理的法律法规、技术管理的方针政策尤其是GMP知识等学习，拟订编写大纲，统一编写格式和要求。

2. 组织编写

根据谁使用谁编写的原则，由具体负责生产的车间负责人组织有关技术人员和生产操作人员进行初稿的编写。编写时应注意药品名称应按中国药典或药品监督管理部门批准的法定名称，而不能用商品名、代号等。无法定名名称的一律用通用的化学名称，可附注商品名。文件中常用名词、术语、符号应统一、简化，以便准确和迅速地传递有关信息，避免使用中造成误解。各种工艺技术参数和技术经济定额中所用的计量单位均应使用国家规定的计量单位，所使用的专业术语等应一致。

3. 讨论初审

初稿编写完成以后，由具体负责生产的车间负责人组织其他有关人员和生产员工进行讨论修改，将讨论的修改稿报技术管理部门。

4. 专业审查

由企业技术管理部门组织质量管理、工程设备、物资供应等部门讨论初稿，对其涉及的各类数据、参数、工艺、标准、设备、仪器等进行审核，再一次修订。

5. 修改定稿

由技术管理部门对再一次的修订稿进行整理，并报企业有关负责人。

6. 审定批准

企业负责人对技术管理部门呈报的修订稿进行最后的审定，由企业负责人、生产车间负责人、技术管理部门负责人签章，确定文件编码，打印盖印后批准执行。各种修改稿和正式文件归档保存。

（二）变更与修订

如果客观生产的条件发生变更，就有必要对生产操作中的有关规程和文件进行修订，修订也必须按规定的程序进行。这个程序和编制时的程序基本一致，根据变更涉及谁，由谁提出修订的原则，有关部门提出书面申请报告，由企业技术部门组织修订，报质量控制部门备案，经有关负责人批准后执行。在文件中注明修改日期、实施日期、审批人签章并更改文件编码等。

（三）培训与实施

任何有关生产操作的规程和指令在正式下达实施之前，都必须由企业技术、质量管理、教育部门组织操作人员和管理人员进行学习和培训，尤其是新员工，必须经考核合格后方能上岗。

生产操作中的有关规程和指令一经批准实施，各级操作人员和管理人员都应严格执行，对不符合生产操作规则的指令，操作人员应拒绝执行，对无批准手续变更操作的指令，操作人员应拒绝执行。技术、质量管理等部门应经常进行追踪随访，了解其执行情况，并给予必要的指导、帮助和纠正。

对非正常情况下不能按正常的规程和指令操作时，操作人员应做紧急处理，并记录，及时上报，有生产管理、技术、质量管理部门提出处理方案，经批准后方可继续生产。

第三节　批生产记录

一、编制原则

批生产记录用来追溯该批产品的生产历史以及与质量有关的情况,其制定原则依据现行批准的工艺规程的相关内容。

二、批生产记录的管理

每一页应当标注产品的名称、规格和批号。原版空白的批生产记录应当经生产管理负责人和质量管理负责人审核和批准。批生产记录的复制和发放均应按照操作规程进行控制并有记录,每批产品的生产只能发放一份原版空白批生产记录的复制件。在生产过程中,进行每项操作时应当及时记录,操作结束后,应当由生产操作人员确认并签注姓名和日期。

考点链接

批生产记录在填写过程中:
A. 允许更改,但要将原数据完全涂掉,填写更改清楚数据,并签名
B. 允许更改,但不能将原数据完全涂掉,应使原数据仍可辨认,在更改处签名
C. 允许更改,但经车间负责人批准,将填写记录撕掉,重新填写,责任人签字
D. 允许更改,但经车间负责人批准,注明"作废",保留原错填记录,然后重新填写,并签名
E. 根本不允许更改,按作废处理,重新填写,签名

解析:批生产记录填写时应保持整洁,不得撕毁和任意涂改;更改时,在更改处签名,并使原始数据仍可辨认。故此题正确答案为 B。

三、内容和格式

批生产记录的内容应当包括:产品名称、规格、批号;生产以及中间工序开始、结束的日期和时间;每一生产工序的负责人签名;生产步骤操作人员的签名;必要时,还应当有操作(如称量)复核人员的签名;每一原辅料的批号以及实际称量的数量(包括投入的回收或返工处理产品的批号及数量);相关生产操作或活动、工艺参数及控制范围,以及所用主要生产设备的编号;中间控制结果的记录以及操作人员的签名;不同生产工序所得产量及必要时的物料平衡计算;对特殊问题或异常事件的记录,包括对偏离工艺规程的偏差情况的详细说明或调查报告,并经签字批准。

第四节　批包装记录

药品包装是指选用适当的材料或容器、利用包装技术对药物制剂的半成品或成品进行分(灌)、封、装、贴签等操作,为药品提供品质保护、签订商标与说明的一种加工过程的总称。

一、药品包装的分类

(1) **按包装程度** 内包装与外包装。
(2) **按产品形式** 医药盒、医药瓶、医药袋、医药软管、其他医药包装等。
(3) **按材料** 金属药品包装(铝箔、铝管、铝盖),玻璃药品包装(玻璃瓶、安瓿),塑料药品包装(PVC、PVDC、PE/PVC、塑料瓶/盖、成型铝、输液瓶/袋),橡胶药品包装(丁基胶塞),纸质药品包装(纸盒、纸箱、标签、说明书),混合材质药品包装(如铝塑组合盖、复合膜药品包装)。

二、药品包装的作用

(一)保护产品

药品在储存、运输和使用过程,易受外界自然环境(温度、湿度、空气、光线等)的影响。需由相应包装材料和容器提供密封、避光、防潮、控温等措施,以防止药品质量发生变化。在运输、储存过程中,会受到振动、冲击、压力、虫鼠等影响,药品外包装发挥着防止变形、破损、渗漏、污染、防虫鼠的作用。完整的药品包装,能够有效防止掺杂、掺假以及防止儿童误用情况的发生,保护人们用药安全。

(二)便于流通和应用

在流通过程中,合理的包装便于搬运、堆码、运输、装卸、零售、批发等环节的操作;便于交接过程的计数、计量、清点、验收等工作,提高流通环节的效率。

合理的包装便于取用和分剂量,提高患者用药的依从性。随着包装材料与包装技术的发展,药品包装呈多样化,如剂量化包装,方便患者使用,亦适合于药房发售药品。如旅行保健药盒,内装风油精、盐酸小檗碱等常用药;如冠心病急救药盒,内装硝酸甘油片、速效救心丸、麝香保心丸等;在复杂治疗方案下的常规包装中会出现大批包装容器,这样不利于患者用药的依从性,现在有的厂家设计了一种新包装盒,可以将多种药物同时装在1个盒内,盒子按每周天数分成几个部分,而每一部分又按每天服药次数分成4个小室,这样简化了服药手续,提高用药的依从性,同时可以监控患者的服药量,特别对老年患者更为适宜,进而提高治疗效果。

(三)促进销售

药品包装传递信息:包装图案、商标和文字说明等信息展示了药品名称、规格含量、作用用途、用法用量、注意事项、有效期、批准文号等内容。向医生、护士和患者提供详尽信息,便于识别、购买以及合理使用。

标签、说明书与包装标志标签是药品包装的重要组成部分,它向人们科学而准确地介绍具体药品的基本内容、商品特性。药品的标签分为内包装标签与外包装标签。内包装标签与外包装标签内容不得超出国家食品药品监督管理局批准的药品说明书所限定的内容;文字表达应与说明书保持一致。药品说明书应包含有关药品的安全性、有效性等基本科学信息。包装标志是为了帮助用者识别药品而设的特殊标志。

药品属于特殊商品,首先应重视其质量和应用。从商品性看,产品包装的科学化、现代化程度,一定程度上有助于显示产品的质量、生产水平,能给人以信任感、安全感,有助于营销宣传。

三、质量标准制定的原则

药品包装材料的检验应遵循相应的质量标准,而国内大部分药品生产厂家质量标准的建立均依据药包材的国家标准,即 YBB 标准。这里以实际生产企业为例对常见的药包材的质量标准内容做一介绍:

1. 铝箔

物理检验标准及方法:取样标准(取样量、取样方法)、整卷尺寸、铝箔宽度、铝箔厚度、铝箔平均重量、摩擦试验(仅用于印字铝箔)、胶带试验、对硝化纤维漆的检查、热封涂层重量、抗拉伸强度、延伸率、黏合层热封强度、热封涂层的红外鉴别、印刷内容的检查、印刷颜色的检查、缺陷等级。

2. PVC(聚氯乙烯)/LDPE(低密度聚乙烯)/PVDC(聚偏二氯乙烯)三层复合硬片

物理检验标准及方法:取样标准(取样量、取样方法)、整卷尺寸、PVC/LDPE/PVDC 三层复合硬片宽度、PVC/LDPE/PVDC 三层复合硬片总厚度、PVC/LDPE/PVDC 三层复合硬片总重量、PVC/LDPE 复合层的重量、PVC 层的重量、胶带试验、热封强度、PVDC 层红外鉴别、PVDC 层试剂鉴别、缺陷等级。

3. 铝管

物理检验标准及方法:取样标准、尺寸、重量、封膜厚度、封膜的穿孔试验、尾封胶位置及宽度、毫安试验、内涂层厚度、内涂层鉴别、挤压试验、冲击试验、印刷内容的检查、印刷颜色的检查、缺陷等级。

四、批包装记录的管理

1. 编制原则

批包装记录应当依据工艺规程中与包装相关的内容制定。记录的设计应当注意避免填写差错。批包装记录的每一页均应当标注所包装产品的名称、规格、包装形式和批号。

2. 批包装记录的管理

批包装记录应当有待包装产品的批号、数量以及成品的批号和计划数量。原版空白的批包装记录的审核、批准、复制和发放的要求与原版空白的批生产记录相同。

在包装过程中,进行每项操作时应当及时记录,操作结束后,应当由包装操作人员确认并签注姓名和日期。

3. 批包装记录内容

产品名称、规格、包装形式、批号、生产日期和有效期;包装操作日期和时间;包装操作负责人签名;包装工序的操作人员签名;每一包装材料的名称、批号和实际使用的数量;根据工艺规程所进行的检查记录,包括中间控制结果;包装操作的详细情况,包括所用设备及包装生产线的编号;所用印刷包装材料的实样,并印有批号、有效期及其他打印内容;不易随批包装记录归档的印刷包装材料可采用印有上述内容的复制品;对特殊问题或异常事件的记录,包括对偏离工艺规程的偏差情况的详细说明或调查报告,并经签字批准;所有印刷包装材料和待包装产品的名称、代码,以及发放、使用、销毁或退库的数量、实际产量以及物料平衡检查。

第五节　生产过程中的混淆、污染和交叉污染的管理

中国 GMP 生产管理部分规定：生产过程中应当尽可能采取措施，防止污染和交叉污染。如：在分隔的区域内生产不同品种的药品；采用阶段性生产方式；设置必要的气锁间和排风；空气洁净度级别不同的区域应当有压差控制；应当降低未经处理或未经充分处理的空气再次进入生产区导致污染的风险；在易产生交叉污染的生产区内，操作人员应当穿戴该区域专用的防护服；采用经过验证或已知有效的清洁和去污染操作规程进行设备清洁；必要时，应当对与物料直接接触的设备表面的残留物进行检测；采用密闭系统生产；干燥设备的进风应当有空气过滤器，排风应当有防止空气倒流装置；生产和清洁过程中应当避免使用易碎、易脱屑、易发霉器具；使用筛网时，应当有防止因筛网断裂而造成污染的措施；液体制剂的配制、过滤、灌封、灭菌等工序应当在规定时间内完成；软膏剂、乳膏剂、凝胶剂等半固体制剂以及栓剂的中间产品应当规定贮存期和贮存条件。同时，还规定应定期检查防止污染和交叉污染的措施并评估其适用性和有效性。

生产中的三防"防止混淆、防止污染、防止差错"是 GMP 的根本，本节从混淆和污染两方面进行详细的分析，力求对生产过程中的混淆和污染有明确的认识。

一、混淆的概念及防混淆管理

(一)概念

混淆包括以下几种情况：①两种不同的原辅料，或级别不同的同种原辅料混在一起；②两种不同编码的同类包材及标签等混在一起；③两种不同的产品、不同批号的同种产品、或同种/同批而所用包材不同的产品混在一起；④合格品与不合格品，或已检品与待检品混在一起。

(二)防止混淆管理

1. 称量中心

辅料定置专区存放，原料药专库存放，存放及使用的物料做到标示卡与实物信息一致。在称量的除皮操作、称量过程进行双人复核，确保原辅料托板卡与批记录文件上的物料编码、入库序号一致。每一个入库序号进行物料平衡，对超出规定平衡限度的物料进行调查和处理。一个清洁的称量间一次只能放置和称量一种物料，已称量的物料及时密闭保存。

2. 制造区域

确认区域、设备、容器已清洁且标识正确后方可进行生产，每一批产品开始生产之前，核对原辅料称量标签上的物料名称、编码、入库序号、净重、皮重以及将生产产品的名称、批号与指令号。另外，还应检查原辅料的外观以防止物料混淆。当以上内容均确认无误后，操作人员在批生产记录物料合格确认框内打勾确认并签名。严格依照批生产记录中规定的加料顺序，一人操作，另一人复核，并及时签字。不允许提前全签或过后补签。同一产品不同批号连续生产时，两个或多个批号的物料不允许放置在同一区域，不同批次的批生产记录不允许同一时间放置在同一生产房间内，生产过程中对物料的外观、色泽进行目检，如发现有物料异常或异物，立即停止生产，及时向主管及质量保证人员进行汇报。

操作工检查每个容器上的标签内容与实物符合，紧密加盖后，将托板和容器上的粉尘擦拭干净后送入半成品库。固体中间体及半成品在库内需严格按货位进行存放，操作工应及时在

相关的中间体/半成品出入库登记表上记录入库物料所对应的存储货位号,以防止混淆。中间体出库进入压片/灌装房间前,应对中间体的批号进行复核、确认,将批号填入批生产记录后,方可按编号由小到大的顺序将中间体拉入房间进行生产。

对新装设备进行的首批生产应进行生产前的弃料,生产用容器应在清洗效期内使用。投料时,除进行进料操作的物料外,其余物料都应密闭或加盖,每种物料的投料均应双人复核。非固体半成品入库时,同批次的物料应集中放置,不同批次的物料之间应有明显间隔。另外,同一批物料入库时应集中放置在同一产品货道内。同时,操作工需及时填写半成品出入库登记表。管道传料时,必须依据批记录连接相应管道,并经另一人复核后,在接管站标明所传物料名称、批次、数量、罐号等信息。待包装人员现场确认后,方可进行物料管道传送;生产完成后,进行设备清洗,并清洁现场,进行标识。

3. 包装区域

产品在包装期间的任何时候,任何与本批号产品无关的物料不得进入该区域。清场检查表的每项内容,必须做到对现场实际结果的逐项检查确认。每批开始包装前,必须进行首检确认,对于包装过程产生的剔除品执行相应的程序。各种标签应计数使用,废弃标签计数并销毁,在生产过程中禁止随意将半成品及说明书带出生产线。成品托盘及时标明货位卡,对印字包材均需要进行平衡控制,超出规定平衡限度的物料需进行调查处理。包装过程中,对于退库的物料,应复核物料编码、入库序号、数量。

二、污染及防污染管理

(一)概念

(1)**污染**　在生产、取样、包装或重新包装、贮存或运输等操作过程中,原辅料、中间产品、待包装产品、成品受到具有化学或微生物特性的杂质或异物的不利影响。

(2)**交叉污染**　不同原料、辅料及产品之间发生的相互污染。

(二)防止污染管理

生产区域防止污染和交叉污染管理涉及人员、设备、物料和环境等各个方面。

1. 人员

进入生产区的人员必须进行更衣和清洁,不得化妆和佩带饰物。非生产相关人员不得进入生产房间,患有传染病、皮肤病患者和体表有伤口者不得从事直接接触药品的生产。

进入洁净区(室)的人员必须依照洗手要求进行手部的清洁,直接与产品接触的人员应按要求戴手套、口罩等防护用品,不得裸手直接接触药品、与药品直接接触的包装材料及设备内表面。定期进行手部及工衣的微生物检测。直接接触药品的生产人员每年至少体检一次。

2. 环境

洁净室(区)的内表面(墙、地面、屋顶)应平整光滑、无裂缝、接口严密、无颗粒物脱落,墙壁与地面的交界处宜成弧形以减少灰尘积聚和便于清洁。洁净室(区)的窗户、天棚及进入室内的管道、风口、灯具与墙壁或天棚的连接部位均应密封。

对洁净室(区)进行定期消毒、清洁,使用的消毒剂不得对设备、物料和成品产生污染。消毒剂品种应定期更换,防止产生耐药菌株。监测洁净室(区)的微生物数及尘粒数,防止昆虫和其他动物进入。取样间取样环境的空气洁净度级别应与生产要求一致,不同洁净级区域之间的通道应设置缓冲区或气闸,以避免交叉污染。高活性产品生产区域与相邻区域的通道应设置缓冲区或气闸,以避免交叉污染。

3. **水系统**

对水系统进行运行和管理,生产用水的制备、储存和分配应能防止微生物的滋生和污染。储罐和输送管道所用材料应无毒、耐腐蚀。管道的设计和安装应避免死角、盲管。生产区域内的水池、排水口均应有防倒流装置,并保证下水顺畅。对水系统及用水点定期进行检验,确保工艺用水应符合质量标准。在使用前后对用水点进行消毒处理。

4. **设备和容器**

与药品直接接触的设备表面应光洁、平整、易清洗或消毒、耐腐蚀,不与药品发生化学变化或吸附药品。设备所用的润滑剂、冷却剂等不得对药品或容器造成污染。所有管道的设计和安装应避免死角、且无盲管的存在。

生产和包装设备按其设备清洁程序进行清洁,设备清洗部分和容器具按照生产设备、容器具清洁程序进行清洗;清洁方法必须经过验证,并在日常的清洁过程中严格执行。

所有附着粉尘或液体的器具应包裹、覆盖或经除尘等处理后进行转移。盛装过物料的一次性容器或塑料袋应及时依照相关废弃物处理程序分类废弃。定期监测洁净区设备的微生物数。

5. **空调系统**

与药品直接接触的干燥用空气、应经净化处理,符合生产要求。空气洁净级别不同的相邻房间之间的静压差、洁净室(区)与室外大气的静压差应大于10Pa,并应有指示压差的装置,生产前应检查确认压差正常。

生产区域依据生产工艺要求区分洁净级别,对空调系统进行运行和检查,定期监测尘埃粒子,定期监测洁净室(区)空气的微生物数。如果利用空调系统回风,应经过充分净化处理,以避免交叉污染的风险。空调系统排至室外的废气应经净化处理并符合要求,排风口应远离其他空气净化系统的进风口。

6. **压缩空气**

与药品直接接触的压缩空气应经净化处理,符合生产要求;对压缩空气系统进行运行和维护;定期监测压缩空气的微生物数。

7. **物料**

原料、辅料、内包装材料均应洁净、密闭包装,已称量物料、中间体和半成品应密闭包装,挥发性物料应注意避免污染其他物料,所有物料不得直接接触地面。应使用专用的转移设备进行转移,若无专用转运设备,应将盛装物料的容器放在规定的托板上。

在指定区域进行物料接收,对接收时原包装破损、泄漏及被污染或易污染其他货物的物料予以拒收。对已接收的物料进行储存。

8. **生产区域管理**

每批药品的每一生产阶段完成后必须由生产操作人员清场,填写清场记录,生产前应确认无上次生产遗留物。应防止尘埃的产生和扩散,生产过程中应防止物料及产品所产生的气体、蒸汽、喷雾物或生物体等引起的交叉污染。

每一生产操作间或生产用设备、容器应有所生产的产品或物料名称、批号、数量等状态标志。生产过程中不允许区域、设备及容器有不明状态的情况存在,以防止由于状态不明造成药物污染。不同产品品种、规格的生产操作不得在同一生产操作间同时进行,几条包装线同时进行包装时,应采取有效隔离设施防止污染或混淆。

生产所使用材料在投入使用前均应经过相应的检查并清洁外表面,确认正确后方可用洁净容器或托板送入生产区域。生产区域不得使用易脱落碎屑的木制托板等转运物或容器,生产前应确认生产环境、设备、容器具已经过有效清洁并在有效期内。

在粉末状物料称量等产尘操作中必须在规定区域内依照相应要求取放物料,并采取层流罩、负压吸尘等措施减小及防止粉尘的产生。操作完成后,应立即清洁工作现场,避免对下一工序产生污染。生产过程中,尽可能采用封闭式的操作设施。对无法达到封闭要求的操作条件,生产间歇时,所有盛有物料的敞口容器均需加盖。

生产青霉素等高致敏性药品必须使用独立的厂房与设施,分装室应保持相对负压;生产β-内酰胺结构类药品必须使用专用设备和独立的空气净化系统,并与其他药品生产区域严格分开。生产激素类、抗肿瘤类化学药品应避免与其他药品使用同一设备和空气净化系统;不可避免时,应采用有效的防护措施和必要的验证。

工作服不应有脱落颗粒物和纤维,并定期进行清洗。生产区不得存放非生产物品和个人杂物。

第六节 生产过程的管理

一、GMP 对生产过程的要求

生产开始前应当进行检查,确保设备和工作场所没有上批遗留的产品、文件或与本批产品生产无关的物料,设备处于已清洁及待用状态,检查结果应当有记录。生产操作前,还应当核对物料或中间产品的名称、代码、批号和标识,确保生产所用物料或中间产品正确且符合要求。

应当进行中间控制和必要的环境监测,并予以记录。每批药品的每一生产阶段完成后必须由生产操作人员清场,并填写清场记录。清场记录内容包括:操作间编号、产品名称、批号、生产工序、清场日期、检查项目及结果、清场负责人及复核人签名。清场记录应当纳入批生产记录。

包装操作规程应当规定降低污染和交叉污染、混淆或差错风险的措施,包装开始前应当进行检查,确保工作场所、包装生产线、印刷机及其他设备已处于清洁或待用状态,无上批遗留的产品、文件或与本批产品包装无关的物料,检查结果应当有记录。包装操作前,还应当检查所领用的包装材料正确无误,核对待包装产品和所用包装材料的名称、规格、数量、质量状态,且与工艺规程相符。每一包装操作场所或包装生产线,应当有标识标明包装中的产品名称、规格、批号和批量的生产状态。有数条包装线同时进行包装时,应当采取隔离或其他有效防止污染、交叉污染或混淆的措施。

待用分装容器在分装前应当保持清洁,避免容器中有玻璃碎屑、金属颗粒等污染物。产品分装、封口后应及时贴签,未能及时贴签时,应当按照相关的操作规程操作,避免发生混淆或贴错标签等差错。单独打印或包装过程中在线打印的信息(如产品批号或有效期)均应当进行检查,确保其正确无误,并予以记录。如手工打印,应当增加检查频次。使用切割式标签或在包装线以外单独打印标签,应当采取专门措施,防止混淆。应当对电子读码机、标签计数器或其他类似装置的功能进行检查,确保其准确运行,检查应当有记录。包装材料上印刷或模压的内容应当清晰,不易褪色和擦除。

包装期间,产品的中间控制检查内容包括:包装外观、包装是否完整、产品和包装材料是否正确、打印信息是否正确、在线监控装置的功能是否正常。因包装过程产生异常情况而需要重新包装产品的,必须经专门检查、调查并由指定人员批准,重新包装应当有详细记录。在物料平衡检查中,发现待包装产品、印刷包装材料以及成品数量有显著差异时,应当进行调查,未得出结论前,成品不得放行。包装结束时,已打印批号的剩余包装材料应当由专人负责全部计数销毁,并有记录。如将未打印批号的印刷包装材料退库,应当按照操作规程执行。

二、生产过程的控制

生产过程的控制是生产管理的核心要素,它规定了生产工艺的关键控制环节。识别并确定过程范畴,以做到及时地发现和消除产品实现过程中的异常变异,杜绝将前一个工序出现的问题带到后一个工序中去,以确保过程的稳定性和产品质量的一致性。任何生产过程都必须具备相应的过程控制程序,其内容应涵盖以下项目。

(一)制造过程控制程序

1. 生产过程开始前的检查

生产过程开始前的检查包括:生产现场的检查、生产环境的检查、生产设备/生产用小工器具的检查、生产用原辅料的检查。

2. 生产期间的控制

生产期间的控制包括:对生产现场、环境、物料、生产设备和工艺参数的确认,对于关键的工艺参数的检查及复核,生产用水点的使用规定,生产过程中中间产品的质量控制及生产过程中异常情况的处理。

3. 生产过程结束后的控制

生产过程结束后的控制包括:中间体、半成品的入库、批结及平衡,并在 MFCS 系统接收,中间体、半成品标签的打印,生产过程结束后的清场。

(二)包装过程控制程序

1. 生产过程开始前的检查

生产过程开始前的检查包括:生产现场环境的检查,层流罩装置的检查,生产模具的检查,检重仪等计量仪器及各种仪表的检查,生产用包装材料、半成品及产品合格证的检查,设备关键工艺参数设置的检查,批号的检查及留样,产品的首检。

2. 生产期间的控制

生产期间的控制包括:开机前、用餐后以及休息后对生产现场环境的检查,对自控系统检测仪器工作状态的确认,对生产过程中使用包装材料、半成品及产品合格证的确认,生产过程中内、外包材上生产日期、批号、有效期至等压印信息的确认,生产过程中产品的质量控制,生产过程中剔除品/废品/不合格品/零箱产品的处理,生产过程中异常情况的处理。

3. 生产过程结束后的控制

生产过程结束后,对所使用的半成品、成品及印字包材的数量进行平衡。物料平衡是指产品或物料实际产量或实际用量及收集到的损耗之和与理论产量或理论用量之间的比较,并考虑可允许的偏差范围。物料平衡是质量指标,其控制目的是防止混淆和差错的质量问题,有利于及时发现物料误用和非正常流失。

 知识链接

　　物料平衡:产品或物料理论产量或理论用量与实际产量或用量之间的比较。是指在药品生产过程中,一批产品的产出量、废弃量、取样量、剩余量之和与投入量之间应保持的平衡程度。

　　留余量:整批包装过程需要分批时剩余的半成品量,也会是分批后下一批产品的发送量。

三、不同制剂产品及不同生产特性产品的生产过程控制

根据不同制剂的产品及不同产品的生产特性特点来判断影响产品质量的关键过程。

1. 无菌药品

无菌药品的生产是制药企业生产过程控制最为严格的生产方式。无菌药品分为最终灭菌产品、非最终灭菌产品;非最终灭菌产品中分为无菌分装、药液的除菌过滤生产两种方式。对于无菌产品来说,降低污染方面有特殊的要求,尤其是微生物、颗粒物质、热原(内毒素)的污染。无疑,这些污染的控制主要在于生产过程和环境控制的符合性与严格程度。

2. 中药产品

中药生产的原料来源大都是原药材,要达到投料的净药材要求,一般都需要进行药材的前处理。前处理主要是进行药材的净制和干燥过程的二次污染防范;炮制必须按照规定的炮制规范进行,产品的炮制工艺应该得到验证。因为炮制工艺的偏移,会影响炮制后药材的质量和药效,对制剂产品质量影响重大。

在完成药材的提取浓缩或喷干制粒度后,应将该生产阶段的产品(中药提取的浸膏或浓缩液、喷干粉等)按照中间产品的要求进行管理。因此,除了产品工艺控制所需的中间品质量标准的制订与监测外,还要关注在贮存过程中的包装方式、贮存的温度以及贮存的时间,以防止贮存不当发生质量的变化。

3. 生物制品

传统药品通常使用重复性好的化学和物理技术进行生产和质量控制。生物制品的生产涉及生物过程和生物材料,如细胞培养方法、活生物体材料提取的方法等。这些生产过程存在固有的可变性,因而其产品的范围和特性也存在不确定性。生物制品质量控制涉及的生物学方法,较物理、化学测定方法具有更大的可变性。生物制品生产过程控制至关重要,生产过程的某些缺陷和不足往往不能通过成品检测发现。因此,生物制品的生产、质量控制应引起高度重视。生物制品的生产从使用活性成分开始,生物制品生产的全过程应严格按GMP要求进行。

 学习小结

　　药品生产是指将原料加工制备成能供医疗用的药品的过程,分为原料药的生产和药物制剂的生产。药品是一种特殊的商品,直接关系着人们的身体健康,在生产过程中认真对待每一个细节,才能生产出符合质量要求的产品。生产前要做好生产现场检查、生产环境(温度、湿

度、洁净度等)检查、生产设备检查、生产物流检查、生产参数检查、生产文件检查等各项检查。生产期间应对生产现场、环境、物料、生产设备及工艺参数设置进行再确认,定期对所生产的产品质量特性进行检查和控制。生产过程结束应对生产现场和设备及时进行清洁,做好清场工作,对所有的原辅料、中间体、半成品、成品及有印刷文字的包装材料数量进行平衡,平衡结果应符合规定要求。

 目标检测

一、多项选择题

1. 所有药品的生产和包装均应当按照批准的工艺规程和操作规程进行操作并有相关记录,以确保药品达到规定的_____,并符合药品生产许可和_____的要求。
   A. 国家标准　　　B. 注册批准　　　C. 质量标准　　　D. 内控标准

2. 除另有法定要求外,生产日期不得迟于产品_____的操作开始日期,不得以产品包装日期作为生产日期。
   A. 灌封前经最后混合　　　　　　B. 压片或灌封前经最后混合
   C. 成型或灌装封　　　　　　　　D. 成型或灌封前经最后混合

3. 在干燥物料或产品,尤其是高活性、_____或_____物料或产品的生产过程中,应当采取特殊措施,防止粉尘的产生和扩散。
   A. 高刺激性　　　B. 高毒性　　　C. 高致畸性　　　D. 高致敏性

4. 生产期间使用的所有物料、中间产品或待包装产品的容器及主要设备、必要的操作室应当贴签标识或以其他方式标明生产中的产品或物料的_____,如有必要,还应当标明生产工序。
   A. 批号　　　B. 规格　　　C. 物料编码　　　D. 名称

5. 生产过程中应当尽可能采取措施,防止污染和交叉污染需注意以下方面,如:在分隔的区域内生产不同品种的药品,设置必要的气锁间和排风;空气洁净度级别不同的区域应当有压差控制,在易产生交叉污染的生产区内,操作人员应当穿戴该区域专用的防护服,采用经过验证或已知有效的清洁和去污染操作规程进行设备清洁;必要时,应当对与物料直接接触的设备表面的残留物进行检测,生产和清洁过程中应当避免使用易碎、易脱屑、易发霉器具;使用筛网时,应当有防止因筛网断裂而造成污染的措施,液体制剂的配制、过滤、灌封、灭菌等工序应当在规定时间内完成,还应注意_____。
   A. 应当降低未经处理或未经充分处理的空气再次进入生产区导致污染的风险
   B. 干燥设备的进风应当有空气过滤器,排风应当有防止空气倒流装置
   C. 软膏剂、乳膏剂、凝胶剂等半固体制剂以及栓剂的中间产品应当规定贮存期和贮存条件
   D. 采用密闭系统生产

二、简答题

1. 药品生产操作规程有哪些?
2. 包装过程控制程序是什么?
3. 什么是污染和交叉污染?有什么区别?

第八章 质量管理

学习目标

【知识要求】

1. 掌握我国 GMP 对质量管理的基本要求,质量标准制订的基本原则,质量检验相关管理要求,以及质量控制管理内容。
2. 了解全面质量管理与 GMP 的关系。

【能力要求】

1. 能较好地将 GMP 理念融入到质量管理相关活动中,科学管理。
2. 能分析解决质量管理中存在的问题,真正保证产品质量。

案例分析

案例 1

质量问题 某胶囊在充填好质量部门检验时,发现胶囊中混有性状不同的药粉,经检验为另外品种的药粉。

调查结果 胶囊填充时,胶囊充填机附属吸尘器出了故障,维修人员检修后能运转便交付使用,操作人员用了一段时间发现没有吸尘效果,原来是吸尘器反转,将一些积累在吸尘器中的别的品种的药粉吹入充填的胶囊中。

分析改进 维修人员未能正确履行维修职责,修理完后没有进行认真检查,吸尘器能动却是反转,实际并没修好。机器维修应该有严谨的验收程序,该机器维修之后没有验收程序,或者说有程序没有执行。机器维修好以后,重新开机时,监控的频次和范围应相当于新开机时。维修人员将反转的吸尘器改正后,继续生产,未再发现对产品质量的影响。

案例 2

质量问题 某颗粒剂两批颗粒颜色有明显差异。

调查结果 有一批干燥箱的控温突然失灵,致使温度过高所制。

分析改进 质量是企业的生命,每一个环节都要做到质量第一。操作前要认真检查设备情况,并严格监视,如有异常情况,及时处理;一般的批记录在生产前的确认时,要求检查并填写所用设备是否正常。

第一节 我国 GMP 对质量管理的基本要求

质量管理(quality management)是指确定质量方针、目标和职责,并通过质量体系中的质量策划、质量控制、质量保证和质量改进来使其实现的所有管理职能的全部活动,是在质量方面的指挥和控制活动。其目的在于防止事故,尽一切可能将差错消灭在制造完成以前,以保证药品质量符合规定要求。质量管理是指为了实现质量目标而进行的所有管理性质的活动,通常包括制定质量方针和质量目标以及质量策划、质量控制、质量保证和质量改进等。经过长期发展,质量有了进步,主要经历了以下几个发展历程:质量控制(检查/检验)、质量保证(预防)、质量管理(设计、开发、执行)、质量体系(全面的质量管理)。

质量管理与 GMP 是密不可分的。GMP 是以质量为中心而进行的,质量管理也是 GMP 管理的核心部分,药品生产企业的管理都是围绕质量管理展开的。质量管理活动贯穿于药品制造的始终,从原材料供应商的审计到产品的最终质量评价,从成品的发运到出现紧急情况时的药品收回,从生产过程的监控到企业的自检,质量管理活动无所不在,质量管理的职责已经融入到参与药品制造的各部门的所有员工的职责中,其实就是全面的质量管理。

质量管理活动是一个系统的工程,要求每个岗位、每个员工都尽到自己的责任和义务,是全员、全方位的管理。由于药品的质量具有比一般商品质量更特殊的含义,所以理想的制药企业的质量管理系统必须有极高的可靠性,它应当尽可能避免各种人为差错和系统差错的发生,且一旦发生差错,依靠其保障机制能及时发现差错并有机会采取各种措施避免对患者造成伤害。药品生产企业应以贯彻实施 GMP 为主,同时也要开展全面质量管理活动,全面推进企业的质量管理,将 GMP 实施与全面质量管理结合起来,完善质量体系和各种管理制度、文件,提高企业管理水平。

一、建立质量管理体系

《药品生产质量管理规范(2010 年修订)》(以下简称为规范)规定:企业应当建立药品质量管理体系,该体系应当涵盖影响药品质量的所有因素,包括确保药品质量符合预定用途的有组织、有计划的全部活动。质量体系(quality system,QS)是指为保证产品、过程或服务质量,满足规定(或潜在)的要求,由组织机构、职责、程序、活动、能力和资源等构成的有机整体。与企业的质量控制、质量保证及药品生产质量管理规范的实施密不可分。

规范加强了药品生产质量管理体系建设,大幅提高对企业质量管理软件方面的要求,细化了对构建实用、有效质量管理体系的要求,强化药品生产关键环节的控制和管理,以促进企业质量管理水平的提高。

GMP 是质量管理体系的一部分(图 8-1),是药品生产管理和质量控制的基本要求,旨在最大限度地降低药品生产过程中污染、交叉污染以及混淆、差错等风险,确保持续稳定地生产出符合预定用途和注册要求的药品。

在药品生产企业建立健全完善的质量体系,是使其所生产药品质量、工作与服务质量达到最优化的重要手段。建立健全的质量体系,有利于企业改善管理、增强应变能力、深化质量管理,同时也为提高和保证产品质量奠定了基础。产品质量是市场竞争的基础,质量好,适销对路,企业才可以取得市场竞争的胜利。要想提高产品质量并能长期稳定地

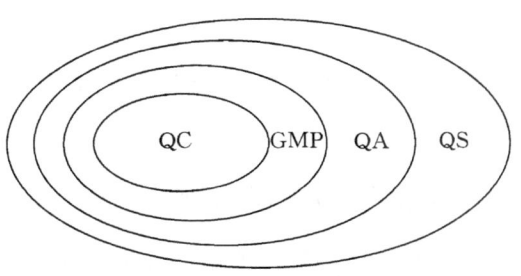

图 8-1 质量管理体系图

生产高质量的产品,最重要的一点就是企业必须建立健全质量体系。企业和部门的生产技术活动都要有机地组织起来,采取必要的良好的质量监控措施,形成和完善药品生产的质量体系。

贯彻 GMP、建立质量体系应具备的先决条件:一是要有企业负责人的决心和决策,企业最高领导应对建立质量体系有明确的认识,明确这项工作的艰巨性和长期性,以及搞好这项工作对企业生存和发展的意义,在有了认识的基础上,下决心并做出决策;二是要审定组织机构,以保证其阶段性的稳定。企业领导应亲自主持审定企业现有的组织机构,对不适应的应及时进行调整,在一定时期内,保证企业组织机构不再有较大的变更和调整,否则编制的体系文件就需要频繁地修改,质量活动也要相应地变动,影响质量体系的有效性。产品(药品)的质量维护贯穿整个生命周期(表8-1)。

表 8-1 质量管理体系与产品生命周期

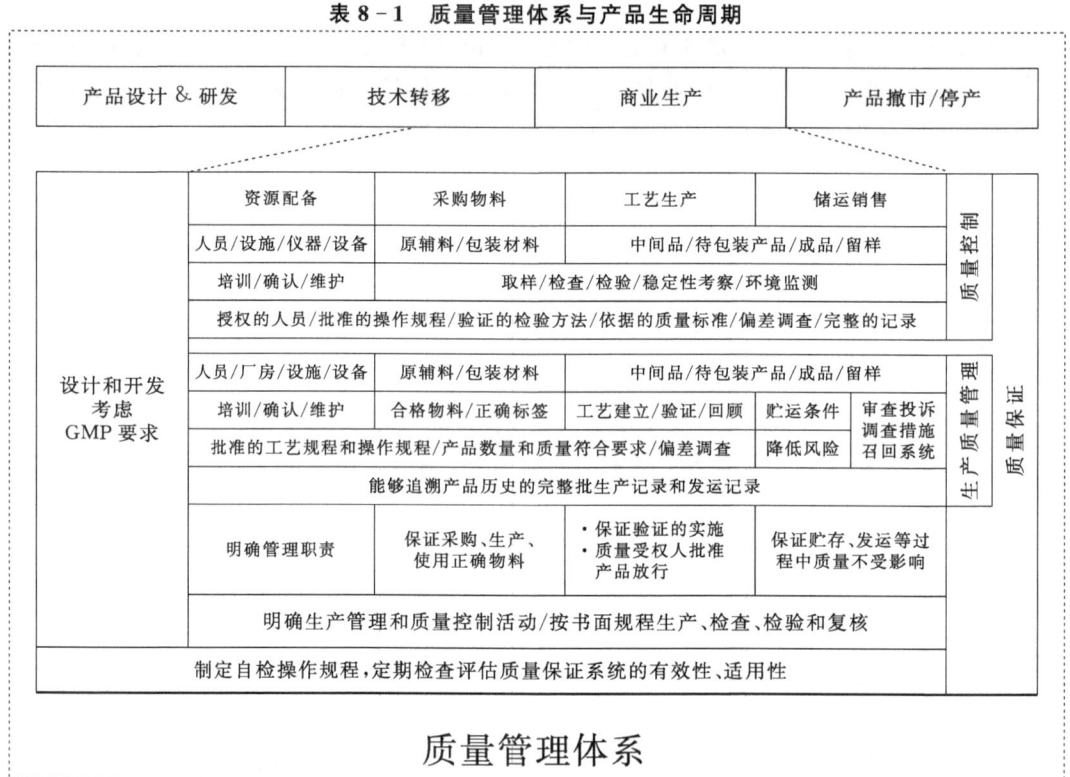

知识链接

2010 版 GMP 非常强调药品生产企业质量管理体系的建立和完善,并对此提出了更加细致的要求,赋予质量管理、质量控制新的内涵和责任。例如,将变更控制、偏差处理、风险管理、纠正预防、OOS 处理、质量回顾等内容作为专门的章节放在质量保证和质量控制体系中。

二、制定适当的质量目标

规范规定,企业应当建立符合药品质量管理要求的质量目标,将药品注册的有关安全、有效和质量可控的所有要求,系统地贯彻到药品生产、控制及产品放行、贮存、发运的全过程中,确保所生产的药品符合预定用途和注册要求。质量目标是指在质量方面所追求的目的,质量目标的核心思想是以系统论思想作为指导,从实现企业总的质量目标出发,去协调企业各个部门乃至每个人的活动。一个有魅力的质量目标可以激发员工的工作热情,引导员工自发地努力为实现企业的总体目标做出贡献,对提高产品质量、改进作业效果有其他激励方式不可替代的作用。

质量目标按时间可分为中长期质量目标、年度质量目标和短期质量目标;按层次可分为企业质量目标、各部门质量目标以及班组和个人的质量目标。企业高层管理人员应当确保实现既定的质量目标,不同层次的人员以及供应商、经销商应当共同参与并承担各自的责任。企业质量目标的建立为企业全体员工提供了其在质量方面关注的焦点,质量目标可以帮助企业有目的地、合理地分配和利用资源,以达到策划的结果。企业应当配备足够的、符合要求的人员、厂房、设施和设备,为实现质量目标提供必要的条件。

三、质量管理人员及职责要求

规范增加了对从事药品生产质量管理人员素质要求的条款和内容,进一步明确了职责。要求企业应当设立独立的质量管理部门,履行质量保证和质量控制的职责。质量管理部门可以分别设立质量保证部门和质量控制部门。质量管理部门应当参与所有与质量有关的活动,负责审核所有与GMP有关的文件。质量管理部门人员不得将职责委托给其他部门的人员。药品生产企业的关键人员应当为企业的全职人员,至少应当包括企业负责人、生产管理负责人、质量管理负责人和质量受权人。质量管理负责人和生产管理负责人不得互相兼任,质量管理负责人和质量受权人可以兼任。应当制定操作规程确保质量受权人独立履行职责,不受企业负责人和其他人员的干扰(表8-2)。

表8-2 关键人员主要职责及资质要求

企业负责人	生产管理负责人	质量管理负责人	质量受权人
药品质量的主要负责人;提供必要的资源配置,合理计划、组织和协调	确保药品按工艺规程和操作规程生产、贮存,以保证药品质量	确保相关物料和产品符合注册要求和质量标准	保证每批放行产品生产和检验均符合法规、注册要求和质量标准
企业负责人不干扰和妨碍质量管理部门独立履行其职责;确保质量受权人的独立性			

资质		生产管理负责人	质量管理负责人	质量受权人
资质	学历	≥药学或相关专业本科学历(或中级专业技术职称、执业药师)		
资质	经验	≥3年药品生产 ≥1年生产管理	≥5年药品生产质量 ≥1年质量管理	≥5年药品生产质量 从事过生产过程控制和质量检验工作
资质	培训	接受过与所生产产品相关的专业知识培训		具备必要专业理论知识、产品放行培训

产品的质量与企业的每一个部门都有关系,GMP的实施是全企业的事情。质量管理部门对所有影响产品质量的各方面因素均具有否决权。质量管理部门在行使职权时为保证不受

阻碍的排斥,充分体现和肯定质量管理部门及其主管人员在质量保证中的地位和作用,可以对药品生产全过程实施有效的监督管理,要求设立有独立的质量管理部门,质量管理部门能承担生产全过程的质量管理和监督,配备有经过培训的专职和兼职的质量检查人员。药品生产企业应配备足够量、素质高的各级质量管理人员和检验人员,应与药品生产规模相适应,满足生产需要。也可以根据生产的剂型、品种的不同需要进行人员的增减,这些人员应经过相应的培训并经考核合格后方可上岗,确保产品质量可靠性(图8-2)。

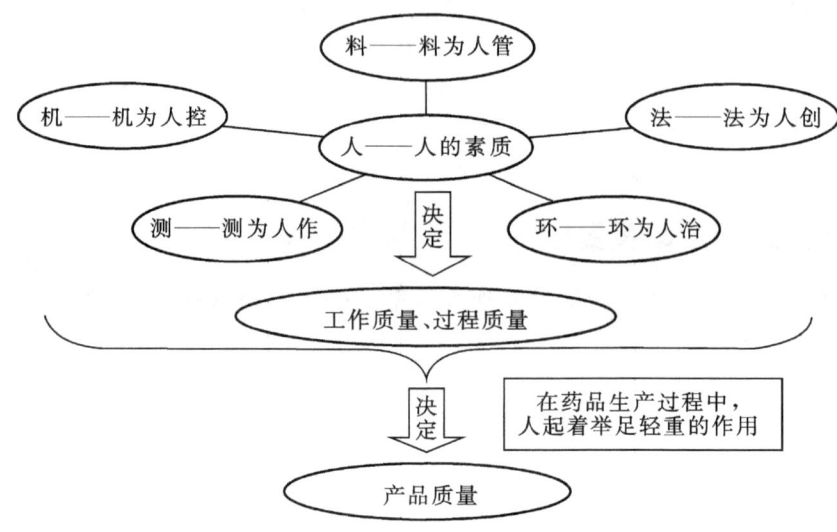

图 8-2 合格的人员(学历、经历、能力)

专职负责中药材和中药饮片质量管理的人员应当至少具备以下条件:具有中药学、生药学或相关专业大专以上学历,并至少有三年从事中药生产、质量管理的实际工作经验;或具有专职从事中药材和中药饮片鉴别工作八年以上的实际工作经验;具备鉴别中药材和中药饮片真伪优劣的能力;具备中药材和中药饮片质量控制的实际能力;根据所生产品种的需要,熟悉相关毒性中药材和中药饮片的管理与处理要求。

 知识链接

质量受权人是指具有相应资格技术和工作经验的,经药品生产企业法定代表人授权,并经食品药品监督管理部门备案,全面负责药品质量管理的关键人员。质量受权人应当至少具有药学或相关专业本科学历(或中级专业技术职称或执业药师资格),具有至少五年从事药品生产和质量管理的实践经验,从事过药品生产过程控制和质量检验工作。质量受权人应当具有必要的专业理论知识,并经过与产品放行有关的培训,方能独立履行其职责。

四、质量保证

质量保证(quality assurance,QA):为使物项或服务符合规定的质量要求,并提供足够的置信度所必须进行的一切有计划的、系统的活动。质量保证是质量管理体系的一部分,企业必须建立质量保证系统,同时建立完整的文件体系,以保证系统有效运行。

(一)质量保证系统的目标

质量保证系统应达到以下要求:药品的设计与研发体现 GMP 的要求;生产管理和质量控制活动符合 GMP 的要求;管理职责明确;采购和使用的原辅料和包装材料正确无误;中间产品得到有效控制;确认、验证的实施;严格按照规程进行生产、检查、检验和复核;每批产品经质量受权人批准后方可放行;在贮存、发运和随后的各种操作过程中有保证药品质量的适当措施;按照自检操作规程,定期检查评估质量保证系统的有效性和适用性。

(二)药品生产质量管理的基本要求

制定生产工艺,系统地回顾并证明其可持续稳定地生产出符合要求的产品;生产工艺及其重大变更均经过验证;配备所需的资源(至少包括:具有适当的资质并经培训合格的人员;足够的厂房和空间;适用的设备和维修保障;正确的原辅料、包装材料和标签;经批准的工艺规程和操作规程;适当的贮运条件);应当使用准确、易懂的语言制定操作规程;操作人员经过培训,能够按照操作规程正确操作;生产全过程应当有记录,偏差均经过调查并记录;批记录和发运记录应当能够追溯批产品的完整历史,并妥善保存、便于查阅;降低药品发运过程中的质量风险;建立药品召回系统,确保能够召回任何一批已发运销售的产品;调查导致药品投诉和质量缺陷的原因,并采取措施,防止类似质量缺陷再次发生。

五、质量控制

质量控制(quality control,QC):是指为达到质量要求所采取的作业技术和活动。质量控制是为了通过监视质量形成过程,消除质量环上所有阶段引起不合格或不满意效果的因素,以达到质量要求。质量控制包括相应的组织机构、文件系统以及取样、检验等,确保物料或产品在放行前完成必要的检验,确认其质量符合要求。

(一)质量控制基本要求

质量控制的基本要求:应当配备适当的设施、设备、仪器和经过培训的人员,有效、可靠地完成所有质量控制的相关活动;应当有批准的操作规程,用于原辅料、包装材料、中间产品、待包装产品和成品的取样、检查、检验以及产品的稳定性考察,必要时进行环境监测,以确保符合本规范的要求;由经受权的人员按照规定的方法对原辅料、包装材料、中间产品、待包装产品和成品取样;检验方法应当经过验证或确认;取样、检查、检验应当有记录,偏差应当经过调查并记录;物料、中间产品、待包装产品和成品必须按照质量标准进行检查和检验,并有记录;物料和最终包装的成品应当有足够的留样,以备必要的检查或检验;除最终包装容器过大的成品外,成品的留样包装应当与最终包装相同。

(二)质量控制区

药品生产企业应当设置质量控制区。规范要求质量控制实验室通常应当与生产区分开,生物检定、微生物和放射性同位素的实验室还应当彼此分开。实验室的设计应当确保其适用于预定的用途,并能够避免混淆和交叉污染,应当有足够的区域用于样品处置、留样和稳定性考察样品的存放以及记录的保存。必要时,应当设置专门的仪器室,使灵敏度高的仪器免受静电、震动、潮湿或其他外界因素的干扰。实验动物房应当与其他区域严格分开,其设计、建造应当符合国家有关规定,并设有独立的空气处理设施以及动物的专用通道。

(三)留样管理要求

企业按规定保存的、用于药品质量追溯或调查的物料、产品样品为留样,用于产品稳定性考察的样品不属于留样。应当按照操作规程对留样进行管理,留样应当能够代表被取样批次的物料或产品。

留样观察是对产品质量变化进行考察,为改进生产工艺、确定物料储存条件和药品的有效期提供数据。质量管理部门应设立能满足留样需要的产品留样室,建立留样观察制度,明确规定留样品种、批数、数量、复查项目、复查期限、留样时间等。做好详细留样记录,内容包括产品名称、规格、来源、产品批号、留样数量、留样日期、留样原因等。留样产品按品种的储藏要求分别存放在不同的留样室内,按要求进行温度、湿度、光线等的控制,由专人进行留样观察工作,以考查药品的质量变化规律,定期总结上报。

1. 物料的留样

制剂生产用每批原辅料和与药品直接接触的包装材料均应当有留样。与药品直接接触的包装材料(如输液瓶),如成品已有留样,可不必单独留样;物料的留样量应当至少满足鉴别的需要;除稳定性较差的原辅料外,用于制剂生产的原辅料(不包括生产过程中使用的溶剂、气体或制药用水)和与药品直接接触的包装材料的留样应当至少保存至产品放行后两年。如果物料的有效期较短,则留样时间可相应缩短;物料的留样应当按照规定的条件贮存,必要时还应当适当包装密封。

2. 成品的留样

每批药品均应当有留样;如果一批药品分成数次进行包装,则每次包装至少应当保留一件最小市售包装的成品;留样的包装形式应当与药品市售包装形式相同,原料药的留样如无法采用市售包装形式的,可采用模拟包装;每批药品的留样数量一般至少应当能够确保按照注册批准的质量标准完成两次全检(无菌检查和热原检查等除外);如果不影响留样的包装完整性,保存期间内至少应当每年对留样进行一次目检观察,如有异常,应当进行彻底调查并采取相应的处理措施;留样观察应当有记录;留样应当按照注册批准的贮存条件至少保存至药品有效期后一年;如企业终止药品生产或关闭的,应当将留样转交授权单位保存,并告知当地药品监督管理部门,以便在必要时可随时取得留样。

(四)试剂、试液、培养基和检定菌的管理要求

试剂、试液、培养基和检定菌的管理应当至少符合以下要求:

(1)试剂和培养基应当从可靠的供应商处采购,必要时应当对供应商进行评估;应当有接收试剂、试液、培养基的记录,必要时,应当在试剂、试液、培养基的容器上标注接收日期;应当按照相关规定或使用说明配制、贮存和使用试剂、试液和培养基。特殊情况下,在接收或使用前,还应当对试剂进行鉴别或其他检验;试液和已配制的培养基应当标注配制批号、配制日期和配制人员姓名,并有配制(包括灭菌)记录。配制的培养基应当进行适用性检查,并有相关记录,应当有培养基使用记录;应当有检验所需的各种检定菌,并建立检定菌保存、传代、使用、销毁的操作规程和相应记录。

(2)试剂、试液的保管应根据不同特性与储存条件进行分类保管,出入库均应记录。试液配制应有记录,内容包括:试液名称、所用试剂名称、配制日期、配制人、配制依据、有效期等。同时应在配好试液的试液瓶上贴上填好内容的标签。试液瓶上的标签内容应包括:试液名称、

配制日期、有效期、配制人。

(3) 培养基可直接购买国家药品检验机构的成品培养基,并对其灵敏度进行复核,按不同培养基说明书上规定的储存条件进行分类储存及配制;培养基也可自行调配,配制应有记录,内容包括:名称、数量、配制人、配制日期、配制依据等。

六、质量风险管理

质量风险管理是在整个产品生命周期中采用前瞻或回顾的方式,对质量风险进行评估、控制、沟通、审核的系统过程,是一个系统化的过程,是对产品在整个生命周期过程中,对风险的识别、衡量、控制以及评价的过程。产品的生命周期包括产品从最初的研究、开发、生产、市场销售一直到最终下市的全部过程(图8-3)。

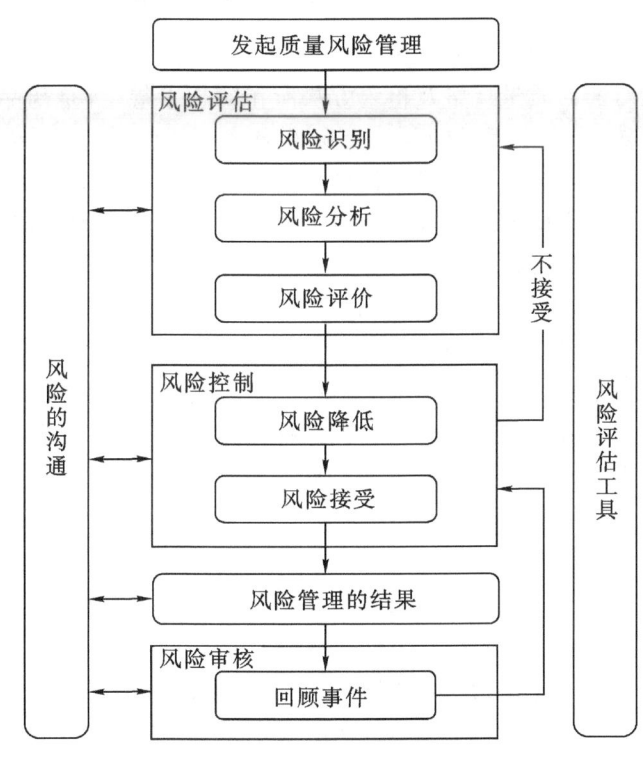

图8-3 质量风险管理模式图

规范进一步完善了药品安全保障措施。引入了质量风险管理的概念,在原辅料采购、生产工艺变更、操作中的偏差处理、发现问题的调查和纠正、上市后药品质量的监控等方面,增加了供应商审计、变更控制、纠正和预防措施、产品质量回顾分析等制新制度和措施,对各个环节可能出现的风险进行管理和控制,主动防范质量事故的发生。

通过评价风险的严重性和可能性,确认风险的等级,在风险等级划分中,采用定量描述确定风险等级的"高"、"中"、"低",采用定量描述,如具体的数值,数值越高说明风险越大。药品生产企业应当根据科学知识及经验对质量风险进行评估,以保证产品质量。质量风险管理过程所采用的方法、措施、形式及形成的文件应当与存在风险的级别相适应。

知识链接

全面质量管理的八大原则：一是以顾客为中心，不断通过 PDCA 循环进行持续的质量改进来满足顾客的需求；二是领导的作用，决策层必须对质量管理给予高度的重视；三是强调全员参与，全员参与是全面质量管理思想的核心；四是过程方法，必须将注意力集中到产品生产和质量管理的全过程；五是系统管理，组织所有部门都参与到质量管理中来；六是持续改进，为全面质量管理的核心思想；七是以事实为基础，背离了事实基础就失去任何意义；八是互利的供方关系，增进两个组织创造价值的能力，将全面质量管理渗透到供应商的管理之中。

第二节　质量标准的制订

为保证物料及成品质量而对各种检查项目、指标、限度、范围等所做的规定，称为质量标准。药品质量标准是对药品质量规格及检验方法所作的技术规定，是药品的纯度、成分含量、组分、生物有效性、疗效、毒副作用、热原度、无菌度、物理化学性质以及杂质的综合表现。药品质量标准制订的目的是加强对药品质量的控制及行政管理，保障人民群众用药安全有效。

药品质量标准分为法定标准和企业标准两种。法定标准又分为国家药品标准、临床研究用药品质量标准、暂行或试行药品标准。药品生产一律以法定标准为准，无法定标准和达不到法定标准的药品不准生产、销售和使用。企业标准是药品生产企业自己制订的，是企业内控标准，用于控制其药品质量的标准，为内部用的非法定标准，一般高于法定标准要求（增加检验项目、提高限度标准等）。企业内控标准是根据企业的实际生产能力和现有技术水平制定的高于法定质量标准的产品质量标准，保证产品在有效期内均能符合法定标准的要求，力争达到国内外同类产品的先进水平，增强产品的市场竞争力。

一、原辅料质量标准

原辅料是指生产过程中所需要的原料和辅助用料的总称。原辅料检验依据的质量标准为中国药典、国家食品药品监督管理局国家药品标准。

中药材和中药饮片的质量应当符合国家药品标准及省（自治区、直辖市）中药材标准和中药炮制规范，并在现有技术条件下，根据对中药制剂质量的影响程度，在相关的质量标准中增加必要的质量控制项目。中药材和中药饮片的质量控制项目应当至少包括：鉴别；中药材和中药饮片中所含有关成分的定性或定量指标；已粉碎生药的粒度检查；直接入药的中药粉末入药前的微生物限度检查；外购的中药饮片可增加相应原药材的检验项目；国家药品标准及省（自治区、直辖市）中药材标准和中药炮制规范中包含的其他检验项目。

 知识链接

- 国内药品质量标准包括：中国药典 2010 年版一部（中药）、二部（化学药品）、三部（生物制品）；中药成方制剂、原料药质量标准汇编、药品标准二部 1～6 册、中药成方制剂 1～20 册、新药转正标准 1～76 册、维吾尔药分册、蒙药分册、化学药品地标升国标 1～16 册、国家中成药标准汇编、部颁抗生素药分册、部颁化学药品与制剂；进口药品复核标准汇编、中检所进口药品复核标准等。

- 国外药品质量标准包括：美国药典 USP32-NF27、欧洲药典第 7 版、英国药典 BP2010 版、日本药典 JP16 日文版、国际药典第四版等。

二、包装材料质量标准

包装材料是指用于制造包装容器、包装装潢、包装印刷、包装运输等满足产品包装要求所使用的材料。包装材料本身的毒性要小，以免污染产品和影响人体健康。包装材料应无腐蚀性，并具有防虫、防蛀、防鼠、抑制微生物等性能，以保护产品安全。

包装材料质量标准的主要内容：材质要求、外观质量、尺寸规格、产品规格、理化检测项目等，直接接触药品的包装材料要根据所装内容物的要求制定相应的卫生标准。

直接接触药品包装材料，如药用塑料瓶、药用铝箔、药用复合膜、药用塑料袋等，质量标准的制订依据为相应产品的国家药品包装容器（材料）标准（YBB＋标准号）；非直接接触药品包装材料，如标签、说明书、小盒、纸箱等，质量标准的制订依据为相应产品的国家标准（GB＋标准号）。

三、中间产品质量标准

中间产品是继续投入生产过程的初级产品和工业再制品，是经过一些制造或加工过程，但还没有达到最终产品阶段的产品。

外购或外销的中间产品和待包装产品应当有质量标准，如果中间产品的检验结果用于成品的质量评价，则应当制定与成品质量标准相对应的中间产品质量标准。

中间产品质量标准一般根据成品内控质量标准制定的，据不同品种和工艺特点适当增减。制订时可参照相应成品的中国药典或国家食品药品监督管理局国家药品标准及制剂工艺要求，对影响生产过程药品质量的关键质量检定项目制订要求。

四、成品质量标准

成品的质量标准制订依据的是中国药典、国家食品药品监督管理局国家药品标准。成品质量标准应对药物成品的全项质量检验做出规定。

规范规定，成品的质量标准应当包括：产品名称以及产品代码；对应的产品处方编号（如有）；产品规格和包装形式；取样、检验方法或相关操作规程编号；定性和定量的限度要求；贮存条件和注意事项；有效期。

原料药质量标准应当包括对杂质的控制（如有机杂质、无机杂质、残留溶剂）。原料药有微生物或细菌内毒素控制要求的，还应当制定相应的限度标准。原料药是旨在用于药品制造中的任何一种物质或物质的混合物，而且在用于制药时，成为药品的一种活性成分。

五、工艺用水质量标准

水是药物生产中用量最大、使用最广的一种原料，用于生产过程及药物制剂的制备。制药用水应当适合其用途，并符合《中华人民共和国药典》的质量标准及相关要求。制药用水至少应当采用饮用水，工艺用水是生产工艺过程中使用的制药用水。药典中所收载的制药用水，因其使用的范围不同而分为饮用水、纯化水、注射用水及灭菌注射用水。

饮用水可作为药材净制时的漂洗、制药用具的粗洗用水,也可作为药材的提取溶剂。

纯化水为饮用水经蒸馏法、离子交换法、反渗透法或其他适宜的方法制备的制药用水。不含任何附加剂,其质量应符合中国药典二部纯化水项下的规定。纯化水可作为配制普通药物制剂用的溶剂或试验用水,可作为中药注射剂、滴眼剂等灭菌制剂所用药材的提取溶剂,口服、外用制剂配制用溶剂或稀释剂,非灭菌制剂用器具的精洗用水,也用作非灭菌制剂所用药材的提取溶剂。纯化水不得用于注射剂的配制与稀释剂,用作溶剂、稀释剂或精洗用水,一般应临用前制备。

注射用水为纯化水经蒸馏所得的水,应符合细菌内毒素试验要求,其质量应符合中国药典二部注射用水项下的规定。注射用水可作为配制注射剂的溶剂或稀释剂及注射用容器的精洗,必要时亦可作为滴眼剂配制的溶剂。注射用水必须在防止内毒素产生的设计条件下生产、贮藏及分装类。

灭菌注射用水为注射用水按照注射剂生产工艺制备所得,主要用于注射用灭菌粉末的溶剂或注射剂的稀释剂,其质量符合中国药典二部灭菌注射用水项下的规定。

制药用水的原水通常为饮用水,为天然水经净化处理所得的水,其质量必须符合中华人民共和国标准 GB 5749-85《生活饮用水卫生标准》。

第三节 质量检验

质量检验就是对产品的一项或多项质量特性进行观察、测量、试验,并将结果与规定的质量要求进行比较,以判断每项质量特性合格与否的一种活动。

检验部门必须按企业检验规程规定的要求进行取样、检验、留样,相关操作方法等不能随意变更,数据应精确、结论清晰、记录准确。检验后的检验报告书应经检验人、复核人、质量管理负责人签名后方可正式生效,及时发放至各使用单位,使用单位依据检验结果是否合格来使用物料,合格的物料方可投放使用,合格的中间产品方可流入下道工序,合格的成品方可销售(图8-4)。

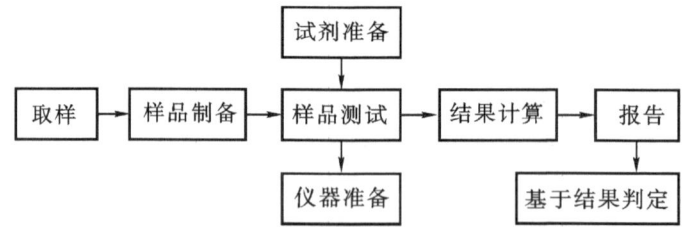

图 8-4 实验室的基本流程

一、取样管理

1. 药品取样应遵循原则

(1)**公正性原则** 取样人员在按取验计划或根据监督需要进行抽样时,执行取样程序上的一致性,按相同的取样程序抽样。

(2)**代表性原则** 是指在取样人员按计划抽样时,从药品来源、包装、外观性状等方面看不出拟抽样药品有质量可疑问题时,采用随机抽样法抽样,以保证取样的代表性。

(3) **针对性原则** 尽可能抽取能证明被抽样药品为不合格药品的样品。

(4) **科学性原则** 主要体现为抽样方法、取样操作和样品贮运过程的合理性，应根据情况选择适当随机抽样法或非随机抽样法。

(5) **规范化原则** 把经过研究和实践证明为科学合理的取样步骤、方法相对固定下来，形成规范化的取样程序，使药品取样人员有所遵循，使被抽样者清楚应当如何配合抽样，规范化的目的是减少抽样的随意性。

2. **取样工具和盛样器具要求**

直接接触药品的取样工具和盛样器具，应不与药品发生化学作用，使用前应洗净并干燥。用于取放无菌样品、需做微生物检查或热原检查的样品的取样工具和盛样器具，需经灭菌或除热原处理。取样工具使用后，应及时洗净，不残留抽样物质，并贮于洁净场所备用。

(1) **原料药的取样工具** 粉末状固体原料药或半固体原料药一般使用一侧开槽、前端尖锐的不锈钢抽样棒取样，某些情况下也可使用瓷质或不锈钢质的药匙取样。低黏度液体原料药使用吸管、烧杯、勺子、漏斗等取样，腐蚀性或毒性液体原料药取样时需配用吸管辅助器，高黏度液体原料药可用玻璃棒蘸取。

(2) **制剂的取样工具** 制剂取样一般以完整最小包装单位为取样对象，故不需特殊抽样工具。特殊情况下需拆开最小包装取样的，应使用适合于所抽样品剂型的抽样工具，并不得对药品产生污染。

(3) **盛样器具** 原料药使用可密封的玻瓶等适宜器具盛样，盛装从最小包装中拆包抽取的样品的，应使用可密封玻璃瓶等适宜器具盛装，并不得对药品产生污染。

二、检验操作

影响检验质量的因素主要有：主观因素（检验人员）、客观因素（供试品、环境、设施、设备、试剂）、操作程序等。

符合下列情形之一的，应当对检验方法进行验证：采用新的检验方法；检验方法需变更的；采用《中华人民共和国药典》及其他法定标准未收载的检验方法；法规规定的其他需要验证的检验方法。

检验记录应当至少包括以下内容：产品或物料的名称、剂型、规格、批号或供货批号，必要时注明供应商和生产商（如不同）的名称或来源；依据的质量标准和检验操作规程；检验所用的仪器或设备的型号和编号；检验所用的试液和培养基的配制批号、对照品或标准品的来源和批号；检验所用动物的相关信息；检验过程，包括对照品溶液的配制、各项具体的检验操作、必要的环境温湿度；检验结果，包括观察情况、计算和图谱或曲线图，以及依据的检验报告编号；检验日期；检验人员的签名和日期；检验、计算复核人员的签名和日期。

 知识链接

质量检验的步骤：根据产品技术标准明确检验项目和质量要求；规定适当方法和手段，借助电子仪器设备等测定产品；把测试得到的数据同标准和规定的质量要求相比较；根据比较结果，判断单个产品或批量产品是否合格；记录所得数据，并把判定结果反馈给有关部门，以便促使其改进质量。

三、检验室管理

质量控制负责人应当具有足够的管理实验室的资质和经验,可以管理同一企业的一个或多个实验室。质量控制实验室的检验人员至少应当具有相关专业中专或高中以上学历,并经过与所从事的检验操作相关的实践培训且通过考核。质量控制实验室应当配备药典、标准图谱等必要的工具书,以及标准品或对照品等相关的标准物质。

需按检测项目的不同设立检定室,药品检验室一般包括化学检验室、物理检验室、生物检验室等。要求生物检定、微生物限度检定、放射性同位素检定分室进行,如无菌检查、抗生素效价测定、降压试验、热原检查等。

质量控制实验室应当至少有下列详细文件:质量标准;取样操作规程和记录;检验操作规程和记录(包括检验记录或实验室工作记事簿);检验报告或证书;必要的环境监测操作规程、记录和报告;必要的检验方法验证报告和记录;仪器校准和设备使用、清洁、维护的操作规程及记录。

第四节 质量控制

一、原辅料、包装材料的质量控制

(一)供应商的评估和批准

为保证产品质量的稳定均一性,只能选用可稳定地满足生产和质量要求的原辅料,这种原辅料的供应商要进行质量体系评估才能选出,供应商质量体系评估工作也是质量保证一个重要的环节。只有选用能稳定地满足生产和产品质量标准要求的原辅料,才能保证产品质量的稳定。质量管理部门负责会同有关部门对主要物料供应商质量体系进行评估。物料供应商的确定及变更进行质量评估,并经质量管理部门批准后方可采购(图8-5)。

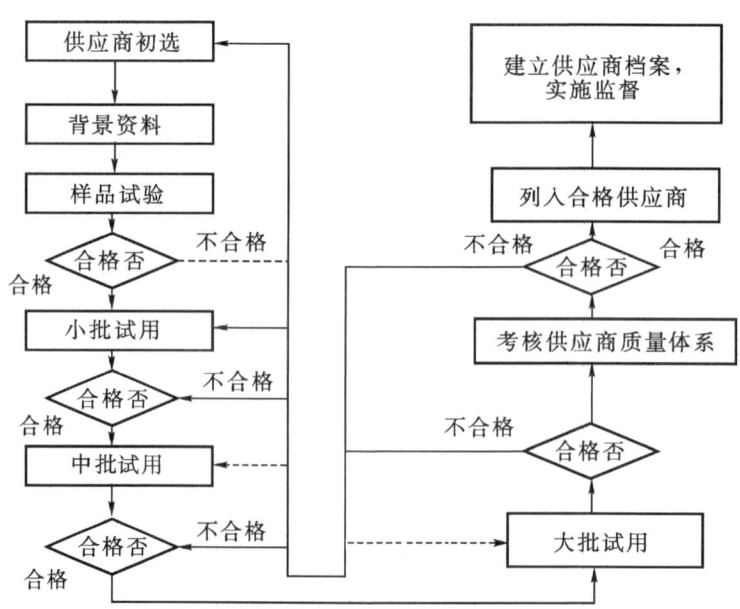

图8-5 供应商质量评价流程

供应商质量体系评估的主要内容:医药原料药生产单位必须具有药品生产企业许可证及该物料生产批准文号;直接接触药物的药用包装材料生产单位必须具有药包材生产企业许可证、产品的药包材注册证,印刷包装材料厂家必须具有特种印刷许可证或包装装潢印刷许可证;医药原料药经销单位,必须具有药品经营许可证;对物料供应厂商的质量审计内容包括:对产品(或供应商品)的质量,生产过程或商品经营过程以及质量保证体系,厂房或经销单位经营场所,设备及设施和质量保证体系是否与预期质量管理要求相一致的情况等进行审查。

对物料供应厂商选择的主要原则:选择市场信誉好,物料质量稳定,能按合同及时交货,价格合理,运输成本较低,企业证照齐全,质管工作健全的单位可由供应部门推荐候选名单,供评估工作小组初审;已获得GSP或GMP认证企业优先考虑列入候选名单。

对供应厂商评估的程序:建立评估工作小组,由质量管理部门牵头会同生产、供应等部门派人参加,由企业主管质量的领导为组长,统筹评估工作;评估工作小组对供应厂商候选名单的材料逐个进行审核;对候选厂商所供应的物料进行取样检验,供应商提供至少三批样品,由企业检验部门根据检验标准规程进行全项检验,确认其质量是否符合企业产品质量标准,符合标准的,由产品开发部门根据生产工艺组织模拟生产,模拟生产小试至少两批,试制出的成品由检验部门按成品检验规程进行全项检验,结果应符合规定;由评估小组派人到物料供应厂商现场考查,现场考查小组必须有质管部门人员参加,对现场考查和取样检查结束后,应有综合分析意见的书面报告;评估工作小组根据材料审核及现场评估,综合分析意见,选出初步名单。对质量体系审计合格的,可采用该供应商提供的原辅料进行三个批次的试生产,进行质量追踪,对质量合格,产品使用情况较好的企业,报本企业主管领导审核批准后确认为合格供应商的备选,交供应部门执行采购,并由质管部门进行监督。经过一段时期的考查,选择质量稳定、信誉良好的生产厂家建立稳定的合作关系,作为长期供应商。

(二)原辅料、包装材料质量控制

1. 原辅料质量控制

应当制定相应的操作规程,采取核对或检验等适当措施,确认每一包装内的原辅料正确无误。仓储区内的原辅料应当有适当的标识,并至少标明下述内容:指定的物料名称和企业内部的物料代码;企业接收时设定的批号;物料质量状态(如待验、合格、不合格、已取样);有效期或复验期。

应当由指定人员按照操作规程进行配料,核对物料后,精确称量或计量,并作好标识。配制的每一物料及其重量或体积应当由他人独立进行复核,并有复核记录。用于同一批药品生产的所有配料应当集中存放,并作好标识。

2. 包装材料质量控制

建立印刷包装材料设计、审核、批准的操作规程,确保印刷包装材料印制的内容与药品监督管理部门核准的一致,并建立专门的文档,保存经签名批准的印刷包装材料原版实样。印刷包装材料的版本变更时,应当采取措施,确保产品所用印刷包装材料的版本正确无误。印刷包装材料应当设置专门区域妥善存放,未经批准人员不得进入。切割式标签或其他散装印刷包装材料应当分别置于密闭容器内储运,以防混淆。印刷包装材料应当由专人保管,并按照操作规程和需求量发放。

每批或每次发放的与药品直接接触的包装材料或印刷包装材料,均应当有识别标志,标明所用产品的名称和批号。过期或废弃的印刷包装材料应当予以销毁并记录。

考点链接

药品的标签、说明书的印刷、发放、使用前的校对部门是：

A. 企业总工程师

B. 企业生产管理部门

C. 企业宣传部门

D. 企业负责人

E. 企业质量管理部门

解析：《药品生产质量管理规范》第二章第12条规定：质量控制应当有批准的操作规程，用于原辅料、包装材料、中间产品、待包装产品和成品的取样、检查、检验以及产品的稳定性考察。故此题正确答案为E。

二、生产过程的质量控制

(一)物料和产品放行的质量管理

各药品生产企业应当分别建立物料和产品批准放行的操作规程，明确批准放行的标准、职责，并有相应的记录。

1. 物料的放行要求

质量管理部门有权决定物料和中间产品是否可以使用。检验人员按产品质量标准进行检验后，由质量管理有关人员对检验结果及相关记录进行审核，最后由质量负责人据审核结果确定物料与中间产品是否可以使用，不合格物料不可以投入使用，不合格中间产品不能流入下道工序。

物料的质量评价内容应当至少包括生产商的检验报告、物料包装完整性和密封性的检查情况和检验结果；物料的质量评价应当有明确的结论，如批准放行、不合格或其他决定；物料应当由指定人员签名批准放行。

2. 产品的放行要求

生产后的成品在放行前应由质量管理部门进行成品的批评价，通过对该批产品的批档案进行检查，判断是否符合质量标准，是否可以放行出厂，合格产品才可以放行。批档案通常包括批检验记录、批中间体质控记录、配料单、批生产记录、图谱(如灭菌趋势图)、批中间体化验记录、偏差分析记录、产品请验单、检验报告书、成品入库单、环境监测报告(不可灭菌的无菌制剂)、成品库卡等。

在批准放行前对每批药品进行质量评价，并确认以下各项内容：主要生产工艺和检验方法经过验证；已完成所有必需的检查、检验，并综合考虑实际生产条件和生产记录；所有必需的生产和质量控制均已完成并经相关主管人员签名；变更已按照相关规程处理完毕，需要经药品监督管理部门批准的变更已得到批准；变更或偏差已完成所有必要的取样、检查、检验和审核；所有与该批产品有关的偏差均已有明确的解释或说明，或者已经过彻底调查和适当处理；如偏差还涉及其他批次产品，应当一并处理。

(二)中间产品、不合格品等的质量管理

中间产品和待包装产品应当有明确的标识，并至少标明下述内容：产品名称和企业内部的产品代码；产品批号；数量或重量(如毛重、净重等)；生产工序(必要时)；产品质量状态(必要

时,如待验、合格、不合格、已取样)。中间产品的检验应当在适当的生产阶段完成,当检验周期较长时,可先进行后续工艺生产,待检验合格后方可放行成品。

质量管理部门应履行审核不合格品处理程序的职责,由不合格品所在部门提出申请,并提出初步处理建议,由质量管理部门负责人审核后,共同确定采用合适的不合格品处理程序进行处理。不合格原辅料、包装材料、成品应设专库或专区分类、分品种、分批存放,并挂明显标志,标明产品名称、规格、产品批号、数量、不合格项目等,建立不合格品台账。不合格品应按企业规定及时处理并做好记录,分别建立不合格原辅料、包装材料、成品台账,内容包括:产品名称、规格、产品批号、数量、进货日期、供货单位、检验报告单、处理日期、处理方法、经办人。

不合格的物料、中间产品、待包装产品和成品的每个包装容器上均应当有清晰醒目的标志,并在隔离区内妥善保存。不合格的物料、中间产品、待包装产品和成品的处理应当经质量管理负责人批准,并有记录。

制剂产品不得进行重新加工,不合格的制剂中间产品、待包装产品和成品一般不得进行返工。只有不影响产品质量、符合相应质量标准,且根据预定、经批准的操作规程以及对相关风险充分评估后,才允许返工处理,返工应当有相应记录。

(三)变更控制

变更控制是指为改进之目的而提出的对药品生产和质量管理全过程中某一项内容的变更的管理(图 8-6)。变更控制的目的并不是控制变更的发生,而是对变更进行管理,确保变更有序进行。

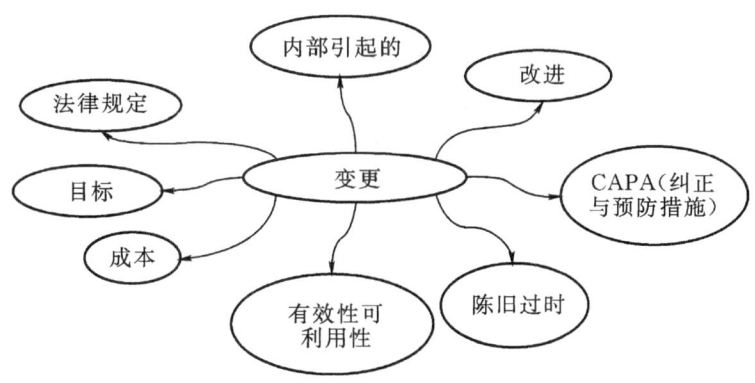

图 8-6 变更的原因

企业应当建立变更控制系统,对所有影响产品质量的变更进行评估和管理(图 8-7)。需要经药品监督管理部门批准的变更应当在得到批准后方可实施。应当建立操作规程,规定原辅料、包装材料、质量标准、检验方法、操作规程、厂房、设施、设备、仪器、生产工艺和计算机软件变更的申请、评估、审核、批准和实施。质量管理部门应当指定专人负责变更控制。

(四)偏差处理

偏差处理是指对已批准的影响产品质量的标准、规定、条件等不相符的任何情况进行分析处理,包括药品生产的全过程和各种相关影响因素。偏差与变更一样可能给制品带来风险,也应对其严重性进行评估,确定可能对制品/患者造成的风险。任何背离既定程序的偏差都应进行记录并作出解释。

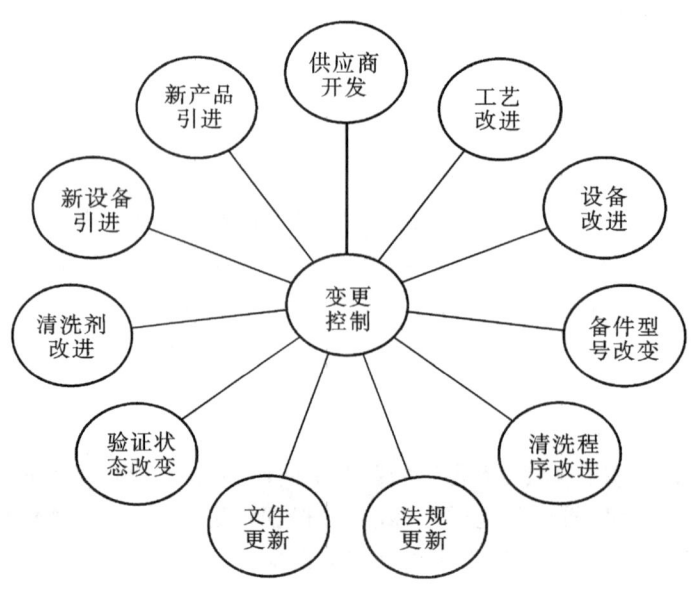

图 8-7 变更控制的范围

企业应当建立偏差处理的操作规程,规定偏差的报告、记录、调查、处理以及所采取的纠正措施,并有相应的记录。任何偏差都应当评估其对产品质量的潜在影响。企业可以根据偏差的性质、范围、对产品质量潜在影响的程度将偏差分类(如重大、次要偏差),对重大偏差的评估还应当考虑是否需要对产品进行额外的检验以及对产品有效期的影响,必要时,应当对涉及重大偏差的产品进行稳定性考察。任何偏离生产工艺、物料平衡限度、质量标准、检验方法、操作规程等的情况均应当有记录,并立即报告主管人员及质量管理部门,应当有清楚的说明,重大偏差应当由质量管理部门会同其他部门进行彻底调查,并有调查报告。偏差调查报告应当由质量管理部门的指定人员审核并签字。

(五)纠正措施和预防措施

企业应当建立纠正措施和预防措施系统,对投诉、召回、偏差、自检或外部检查结果、工艺性能和质量监测趋势等进行调查并采取纠正和预防措施。应当建立实施纠正和预防措施的操作规程,内容至少包括:对投诉、召回、偏差、自检或外部检查结果、工艺性能和质量监测趋势以及其他来源的质量数据进行分析,确定已有和潜在的质量问题。必要时,应当采用适当的统计学方法;调查与产品、工艺和质量保证系统有关的原因;确定所需采取的纠正和预防措施,防止问题的再次发生;评估纠正和预防措施的合理性、有效性和充分性;对实施纠正和预防措施过程中所有发生的变更应当予以记录;确保相关信息已传递到质量受权人和预防问题再次发生的直接负责人;确保相关信息及其纠正和预防措施已通过高层管理人员的评审。

(六)质量自检

质量管理部门应当定期组织对企业进行自检,监控规范的实施情况,评估企业是否符合规范要求,并提出必要的纠正和预防措施。自检应当有计划,对机构与人员、厂房与设施、设备、物料与产品、确认与验证、文件管理、生产管理、质量控制与质量保证、委托生产与委托检验、产品发运与召回等项目定期进行检查。

课堂讨论

2010年3月,某制药公司生产的XX混悬液连续出现三批生产出的成品微生物学限度检查不合格,产品经报废处理。经过对三批产品偏差处理调查发现:生产设备、生产过程控制没有发现异常情况,产品中有一种辅料中有微生物污染的可能,但对库存的剩余的辅料进行取样,并没有发现有污染的迹象,向厂家询问,厂家答复从没有发生过污染的问题。

问题:目前公司该产品库存为零,市场急需发货,现急需生产满足市场需要,但目前污染的原因还没有彻底调查清楚,你作为质量经理和QA,应该怎么处理?

三、产品出厂后的质量控制

(一)持续稳定性考察

持续稳定性考察的目的是在有效期内监控已上市药品的质量,以发现药品与生产相关的稳定性问题(如杂质含量或溶出度特性的变化),并确定药品能够在标示的贮存条件下,符合质量标准的各项要求。

持续稳定性考察主要针对市售包装药品,但也需兼顾待包装产品。例如,当待包装产品在完成包装前,或从生产厂运输到包装厂,还需要长期贮存时,应当在相应的环境条件下,评估其对包装后产品稳定性的影响。此外,还应当考虑对贮存时间较长的中间产品进行考察。应当有考察方案,结果应当有报告。用于持续稳定性考察的设备(尤其是稳定性试验设备或设施)应当进行确认和维护,持续稳定性考察的时间应当涵盖药品有效期,考察批次数和检验频次应当能够获得足够的数据,以供趋势分析。通常情况下,每种规格、每种内包装形式的药品,至少每年应当考察一个批次,除非当年没有生产。某些情况下,持续稳定性考察中应当额外增加批次数,如重大变更或生产和包装有重大偏差的药品应当列入稳定性考察。此外,重新加工、返工或回收的批次,也应当考虑列入考察,除非已经过验证和稳定性考察。

原料、中间产品及成品的质量稳定性考察由质量管理部门承担,依据考察的结果可确定物料储存期、药品有效期等。

(二)产品质量回顾分析

年度产品质量回顾是运用统计技术对生产的每种产品相关内容与数据进行回顾,例如原辅料、生产中间控制结果、产品检验结果、稳定性实验,以及产品生产过程中的偏差处理、质量体系绩效、控制手段等信息数据进行定期回顾,形成书面报告,以此评价在现行的生产工艺及控制方法是否有效、可控,并发现产品生产系统的改进的机会,指定预防措施,不断提高产品质量。应当按照操作规程,每年对所有生产的药品按品种进行产品质量回顾分析,以确认工艺稳定可靠,以及原辅料、成品现行质量标准的适用性,及时发现不良趋势,确定产品及工艺改进的方向。在产品质量回顾分析的过程中,应考虑以往回顾分析的历史数据,对产品质量回顾分析的有效性进行自检。回顾分析应当有报告。企业至少应当对下列情形进行回顾分析:

产品所用原辅料的所有变更,尤其是来自新供应商的原辅料;关键中间控制点及成品的检验结果;所有不符合质量标准的批次及其调查;所有重大偏差及相关的调查、所采取的整改措施和预防措施的有效性;生产工艺或检验方法等的所有变更;已批准或备案的药品注册所有变更;稳定性考察的结果及任何不良趋势;所有因质量原因造成的退货、投诉、召回及调查;与产品工艺或设备相关的纠正措施的执行情况和效果；新获批准和有变更的药品，按照注册要求上市后应当完成的工作情况；相关设备和设施，如空调净化系统、水系统、压缩空气等的确认状态；委托生产或检验的技术合同履行情况。

应当对回顾分析的结果进行评估，提出是否需要采取纠正和预防措施或进行再确认或再验证的评估意见及理由，并及时、有效地完成整改。产品年度回顾可采用控制图、趋势图、过程能力分析等方法。

(三)投诉与不良反应报告

投诉是指用户或其他人员提供口头或书面方式所报告的制药企业所售药品可能的或事实上的质量缺陷或药物不良反应。进行客户投诉处理的意义主要是了解企业产品质量信息或了解产品存在潜在质量问题；进行产品质量的改进；投诉处理是制药企业持续改进的动力；展示公司的形象，反映出公司管理水平；保护消费者的利益。

药品生产企业应当建立药品不良反应报告和监测管理制度，设立专门机构并配备专职人员负责管理，主动收集药品不良反应，详细记录、评价、调查和处理，及时采取措施控制可能存在的风险，并按照要求向药品监督管理部门报告。同时，药品生产企业应当建立操作规程，规定投诉登记、评价、调查和处理的程序，并规定因可能的产品缺陷发生投诉时所采取的措施，包括考虑是否有必要从市场召回药品。

应当有专人及足够的辅助人员负责进行质量投诉的调查和处理，所有投诉、调查的信息应当向质量受权人通报。所有投诉都应当登记与审核，与产品质量缺陷有关的投诉，应当详细记录投诉的各个细节，并进行调查。发现或怀疑某批药品存在缺陷，应当考虑检查其他批次的药品，查明其是否受到影响。投诉调查和处理应当有记录，并注明所查相关批次产品的信息。

应当定期回顾分析投诉记录，以便发现需要警觉、重复出现以及可能需要从市场召回药品的问题，并采取相应措施。

学习小结

质量管理是指为了实现质量目标而进行的所有管理性质的活动，通常包括制定质量方针和质量目标以及质量策划、质量控制、质量保证和质量改进等。质量管理与 GMP 是密不可分的，质量管理活动是一个系统的工程，贯穿于药品制造的始终，要求每个岗位、每个员工都尽到自己的责任和义务，是全员、全方位的管理。药品生产企业应以贯彻实施 GMP 为主，同时也要开展全面质量管理活动，全面推进企业的质量管理，将 GMP 实施与全面质量管理结合起来，完善质量体系和各种管理制度、文件，提高企业管理水平。

目标检测

一、选择题

1. 以下不需要进行质量风险管理的是_____。
   A. 生产工艺变更　　　　　　　　B. 原辅料采购
   C. 办公室主任请假　　　　　　　D. 上市后药品质量的监控
2. 制定生产管理和质量管理文件的要求不包括_____。
   A. 文件的标题应能清楚地说明文件的性质

B. 各类文件应有便于识别其文本、类别的系统编码和日期

C. 填写数据时应有足够的空格

D. 文件制定、审查和批准的责任应明确，不需要负责人签字

3. 以下不是质量管理部门的主要职责的是_____。

   A. 制定和修订物料、中间产品和成品的内控标准和检验操作规程，制定取样和留样制度

   B. 对物料、中间产品和成品进行取样、检验、留样，并出具检验报告

   C. 确保严格执行与生产操作相关的各种操作规程

   D. 审核不合格品处理程序

4. 全面质量管理的基础是_____。

   A. 全员参与　　　　B. 质量控制　　　　C. 领导　　　　D. 信息反馈

5. _____是质量体系文件的主要内容，它阐明了一个组织的质量方针和质量体系的基本结构，是实施和保持质量体系所应长期遵循的文件。

   A. 质量手册　　　　B. 程序文件　　　　C. 质量计划　　　　D. 质量记录

6. 企业应当建立变更控制系统，对所有影响产品质量的变更进行评估和管理。需要经药品监督管理部门批准的变更应当在得到_____批准后方可实施。

   A. 质量管理部　　　　　　　　　　B. 生产技术部

   C. 药品监督管理部门　　　　　　　D. GMP办公室

7. 非无菌原料药精制工艺用水至少应当符合_____的质量标准。

   A. 注射用水　　　　B. 纯化水　　　　C. 饮用水　　　　D. 原水

8. 质量控制实验室的检验人员至少应当具有_____以上学历，并经过与所从事的检验操作相关的实践培训且通过考核。

   A. 初中　　　　B. 中专或高中　　　　C. 专科　　　　D. 本科

9. 以下为质量控制实验室应当有的文件_____。

   A. 质量标准、取样操作规程和记录、检验报告或证书

   B. 检验操作规程和记录（包括检验记录或实验室工作记事簿）

   C. 必要的检验方法验证报告和记录

   D. 以上都是

10. 改变原辅料、与药品直接接触的包装材料、生产工艺、主要生产设备以及其他影响药品质量的主要因素时，还应当对变更实施后最初至少_____个批次的药品质量进行评估。

    A. 2　　　　B. 3　　　　C. 4　　　　D. 以上都不是

11. GMP规范为药品生产质量管理的基本要求。对无菌药品、生物制品、_____等药品或生产质量管理活动的特殊要求，由国家食品药品监督管理局附录方式另行制定。

    A. 中药制剂　　　　B. 液体制剂　　　　C. 固体制剂　　　　D. 血液制品

12. 企业建立的药品质量管理体系不涵盖_____，包括确保药品质量符合预定用途的有组织、有计划的全部活动。

    A. 人员　　　　B. 厂房　　　　C. 财务　　　　D. 验证

13. _____应当对受托生产或检验的全过程进行监督。且应当确保物料和产品符合相应的质量标准。

    A. 委托方　　　　B. 受托方　　　　C. 生产车间　　　　D. 以上都不是

14. 药品生产企业应当长期保存的重要文件和记录不包含_____。

A. 质量标准　　B. 操作规程　　C. 设备运行记录　　D. 稳定性考察报告

15. _____ 应当保存所有变更的文件和记录。
    A. 质量管理部　　　　　　　　B. 生产技术部
    C. 药品监督管理部门　　　　　D. GMP 办公室

二、简答题

1. 简述质量管理体系的作用。
2. 什么是全面质量管理？全面质量管理与 GMP 是一种什么关系？
3. 试论述工作质量和产品质量的关系。

第九章　确认与验证

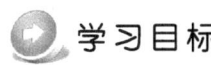

学习目标

【知识要求】
1. 掌握确认与验证的有关概念。
2. 熟悉确认与验证的分类方式与适用范围,确认与验证的基本内容以及确认验证的基本程序。
3. 了解确认与验证文件的管理。

【能力要求】
1. 熟练掌握现行 GMP 对确认验证的要求,并形成确认验证的基本概念。
2. 了解设施、设备的确认及常见剂型生产工艺验证的基本要求,能够书写一般验证方案。

 案例分析

20 世纪 50 至 60 年代,污染的输液曾导致各种败血症病例的发生。1971 年 3 月第一周内,美国 7 个州的 8 所医院发生了 150 起败血症病例。一周后,败血症病例激增至 350 人。四周后,总数达到 405 个病例。污染菌为欧文氏菌或阴沟肠杆菌。1972 年,英国德旺波特(Devonport)医院污染的葡萄糖输液导致 6 起败血症死亡病例。1976 年据美国会计总局的统计:1965 年 7 月 1 日至 1975 年 11 月 10 日期间,从市场撤回 LVP(大容量注射剂)产品的事件超过 600 起,410 名患者受到伤害,54 人死亡。1972 年至 1986 年的 15 年间,从市场撤回输液产品的事件高达 700 多起,其中 1973 年为 225 起。

验证是美国药品监督管理局(FDA)对污染输液药品所致的药害事件调查后采取的重要举措。上个世纪 60 年代,FDA 已经意识到有必要制订一个新的文件,以"通过验证确立控制生产过程的运行标准,通过对已验证状态的监控,控制整个工艺过程,确保质量"为指导思想,强化生产的全过程控制,进一步规范企业的生产及质量管理实践。1976 年 6 月 1 日发布的"大容量注射剂 GMP 规程(草案)",首次将验证以文件的形式载入 GMP 史册。

验证是药品 GMP 的基本组成部分,其指导思想是"通过验证确立控制生产过程的运行标准,通过对已验证状态的监控,控制整个工艺过程,确保质量"。强化生产的全过程控制,进一步规范制药企业的生产及管理实践。

验证在药品生产的质量保证中有着重要的地位和作用,对系统和工艺确认和验证是达到质量保证目标的基础。

第一节 概 述

一、确认和验证的定义及关系

确认（qualification）是证明厂房、设施、设备能正确运行并可达到预期结果的一系列活动。

验证（validation）是证明任何操作规程（或方法）、生产工艺或系统能达到预期结果的一系列活动。

确认和验证本质上是相同的概念，确认通常用于厂房、设备、设施和检验仪器，确认时通常用于针对结果。验证则用于操作规程和检验方法、生产工艺或系统，验证时针对过程。在此意义上，确认是验证的一部分。

二、确认与验证的目的和范围

（一）确认与验证的目的

通过确认与验证的定义，也可以明确地理解确认与验证的目的：①规范要求；②提供高度的质量保证；③生产过程的稳定性、可靠性；④一种符合其预期规格和品质属性的产品。

总之，确认与验证就是保证药品的生产过程和质量管理以正确的方式进行，并证明这一生产过程是准确和可靠的，且具有重现性，能保证最后得到符合质量标准的药品。

（二）确认与验证的范围

(1) **新药研究开发方面** 对任何新处方、新工艺、新产品投产前应确认或验证其确能适合常规生产，并证明使用其规定的原辅料、设备、工艺、质量控制方法等，能始终如一地生产出符合质量要求的产品。

(2) **药品生产方面** 生产阶段的确认或验证包括所用设备、设施和仪器的操作参数，能保证这些设备、设施和仪器适用于指定生产的产品，保证工艺的安全和效力。对已生产、销售的产品，应以积累的生产、检验（检测）和控制的资料为依据，验证其生产过程及其产品，能始终如一地符合质量要求。

(3) **药品检验方面** 当质量控制方法发生改变时，要进行再验证。实际上，在再验证之前，药品检验仪器和分析方法都要进行验证。特别是计量部门和质量部门的验证必须在其他验证开始之前首先完成。

(4) **其他方面** 当影响产品质量的主要因素，如工艺、质量控制方法、主要原辅料、主要生产设备或生产介质等发生改变时；或生产一定周期时，或政府法规要求时，应进行再验证。

总之，在实施 GMP 的过程中，物料管理、生产技术管理、质量管理、设备管理等方面都涉及确认与验证。

第二节 验证的分类与适用范围

一、验证的分类

验证通常分为四大类：前验证、同步验证、回顾性验证和再验证。每种类型的验证活动均有其特定的适用条件。

(一)前验证

前验证(prospective validation)是正式投产前的质量活动。任何新处方、新工艺、新方法、新产品、新设备、新厂房、新设施投产前应验证其能否适应常规生产,并证明使用其规定的原材料、设备、工艺、质量控制方法等能始终如一地生产出符合质量要求的产品。

前验证通常指投入使用前必须完成并达到设定要求的验证。这一方式通常用于产品要求高,但没有历史资料或缺乏历史资料,靠生产控制及成品检查不足以确保重现性及产品质量的生产工艺或过程。

无菌产品生产中所采用的灭菌工艺,如蒸汽灭菌、干热灭菌以及无菌过滤和无菌灌装应当进行前验证,因为药品的无菌不能只靠最终成品无菌检查的结果来判断。对最终灭菌产品而言,我国和世界其他国家的药典一样,把成品的染菌率不得超过百万分之一作为标准。对不能最终灭菌的产品而言,当置信限设在95%时,产品污染的水平必须控制在千分之一以下。这类工艺过程是否达到设定的标准,必须通过前验证,即以物理试验及生物指示剂试验来验证。

新品、新型设备及其生产工艺的引入应采用前验证的方式,不管新品属于哪一类剂型。前验证的成功是实现新工艺从开发部门向生产部门转移的必要条件,它是一个新品开发计划的终点,也是常规生产的起点。对于一个新品及新工艺来说,应注意采用前验证方式的一些特殊条件。由于前验证的目标主要是考察并确认工艺的重现性及可靠性,而不是优选工艺条件,更不是优选处方。因此,前验证前必须有比较充分和完整的产品和工艺的开发资料。从现有资料的审查中应能确信:配方的设计、筛选及优选确已完成;中试性生产已经完成,关键的工艺及工艺变量已经确定,相应参数的控制限度已经摸清;已有生产工艺方面的详细技术资料,包括有文件记载的产品稳定性考察资料;即使是比较简单的工艺,也必须至少完成了一个批号的试生产。

此外,从中试或放大试生产中应无明显的"数据漂移"或"工艺过程的因果关系发生畸变"现象。为了使前验证达到预计的结果,生产和管理人员在前验证之前进行必要的培训是至关重要的。其实,适当的培训是实施前验证的必要条件,因为它是一项技术性很强的工作。实施前验证的人员应当清楚地了解所需验证的工艺及其要求,消除盲目性,否则前验证就有流于形式的可能。由于没有将影响质量的重要因素列入验证方案,或在验证中没有制订适当的合格标准,验证获得了一大堆所谓的验证文件,但最终并没有起到确立"运行标准"及保证质量作用的事例并不少见。

前验证工作流程见图9-1。

(二)同步验证

同步验证(concurrent validation)系指在工艺常规运行的同时进行的验证,即从工艺实际运行过程中获得的数据来确立文件的依据,以证明某项工艺达到预计要求的活动。

以水系统的验证为例,人们很难制造一个原水污染变化的环境条件来考查水系统的处理能力并根据原水污染程度来确定系统运行参数的调控范围。又如,泡腾片的生产往往需要低于20%的相对湿度,而相对湿度受外界温度及湿度的影响,空调净化系统是否符合设定的要求,需要经过雨季的考验。这种条件下,同步验证成了理性的选择。如果同步验证的方式用于某种非无菌制剂生产工艺的验证,通常有以下先决条件:有完善的取样计划,即生产及工艺条件的监控比较充分;有经过验证的检验方法,方法的灵敏度及选择性等比较好;对所验证的产品或工艺过程已有相当的经验及把握。

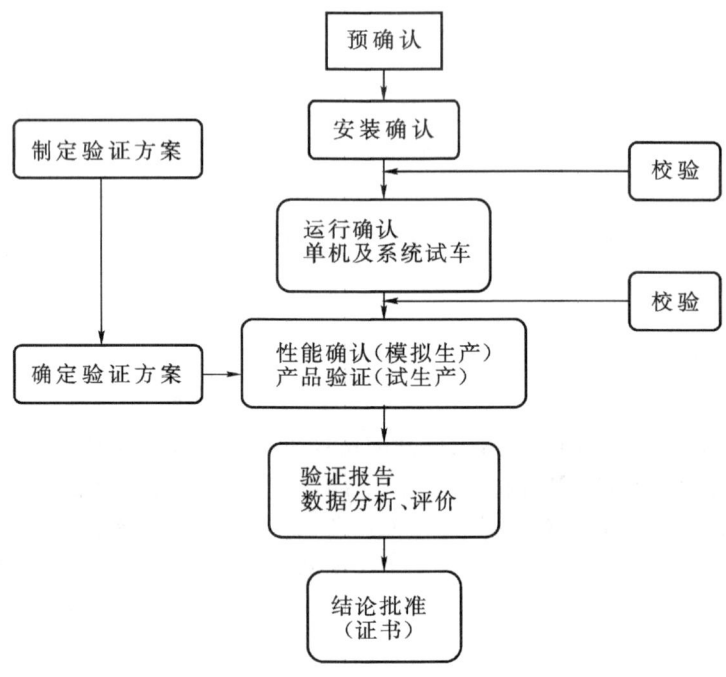

图 9-1 前验证工作流程

在这种情况下,工艺验证的实际概念即是特殊监控条件下的试生产,而在试生产性的工艺验证过程中,可以同时获得两方面的结果:一是合格的产品;二是验证的结果,即"工艺重现性及可靠性"的证据。验证的客观结果往往能证实工艺条件的控制达到了预计的要求。专家们对这种验证方式的应用曾有过争议,争议的焦点是在什么条件下可以采用这种验证方式。在无菌药品生产工艺中采用这种验证方式风险太大,口服制剂中一些新品及新工艺也比较复杂,采用这种验证方式也会存在质量的风险。

验证是一个技术性很强的工作,人员的素质及设备条件将直接影响验证的结果和可靠性。什么条件下采用何种验证方式,企业须根据自己的实际情况做出适当的选择。重要的问题是在制订验证方案并实施验证时,应当特别注意这种验证方式的先决条件,分析主客观的情况并预计验证结果对保证质量可靠性的风险程度。

(三) 回顾性验证

当有充分的历史数据可以利用时,可以采用回顾性验证(retrospective validation)的方式进行验证。回顾性验证所依托的积累资料比较丰富;从对大量历史数据的回顾分析可以看出工艺控制状况的全貌,因而其可靠性也更好。

回顾性验证也应具备若干必要的条件,这些条件包括:①通常需要求有 20 个连续批号的数据,如回顾性验证的批次过少,应有充分理由并对进行回顾性验证的有效性做出评价。②检验方法经过验证,检验的结果可以用数值表示并可用于统计分析。③批记录符合 GMP 的要求,记录中有明确的工艺条件。以最终混合而言,如果没有设定转速,没有记录最终混合的时间,那么相应批的检验结果就不能用于统计分析。又如,成品的结果出现了明显的偏差,但批记录中没有任何对偏差的调查及说明,这类缺乏可追溯性的检验结果也不能用作回顾性验证。④有关的工艺变量必须是标准化的,并一直处于控制状态。如原料标准、生产工艺的洁净级别、分析方法、微生物控制等。

同步验证、回顾性验证通常用于非无菌工艺的验证,一定条件下两者可结合使用。在移植一个现成的非无菌产品时,如已有一定的生产类似产品的经验,则可以以同步验证作为起点,运行一段时间,然后转入回顾性验证阶段。经过一个阶段的正常生产后,将生产中的各种数据汇总起来,进行统计及趋势分析。这些数据和资料包括:批成品检验的结果、批生产记录中的各种偏差的说明、中间控制检查的结果、各种偏差调查报告,甚至包括产品或中间体不合格的数据等。

回顾性验证工作流程见图 9-2。

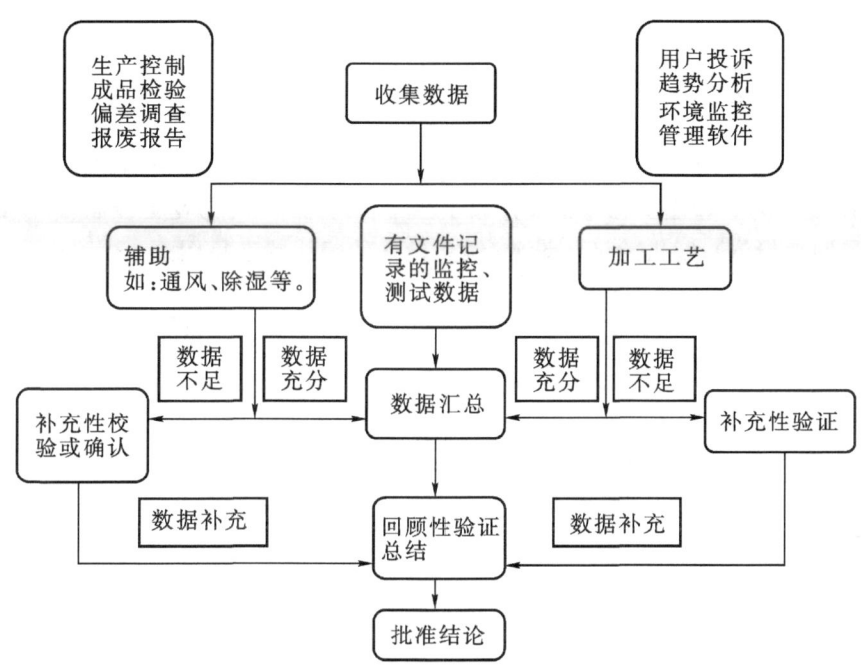

图 9-2 回顾性验证工作流程

(四)再验证

所谓再验证(revalidation),系指一项生产工艺、一个系统或设备或者一种原材料经过验证并在使用一个阶段以后,旨在证实其"验证状态"没有发生漂移而进行的验证。根据再验证的原因,可以将再验证分为下述三种类型。

1. 强制性再验证和检定(药监部门或法规要求的强制性再验证)

强制性再验证、检定包括下述几种情况:无菌操作的培养基灌装试验;计量器具的强制检定(包括:计量标准,用于贸易结算、监测方面并列入国家强制检定目录的工作计量器具。安全防护、医疗卫生、环境监测方面并列入国家强制检定目录的工作计量器具);每年一次的高效过滤器检漏成为验证的必查项目。

2. 变更性再验证(发生变更时的"改变"性再验证)

药品生产过程中,由于各种主观及客观的原因,需要对设备、系统、材料及管理或操作规程作某种变更。有些情况下,变更可能对产品质量造成重要的影响,因此,需要进行验证,这类验证称为改变性再验证。例如:起始物料的变更(物理性质或可能影响工艺或产品的粒径分布);起始物料生产商的变更;生产场所(或厂房)转移(包括影响工艺的安装);内包装材料的变更;

生产工艺的变更;设备的改变;生产区和配套支持系统的改变;基于新技术等出现的新情况;改变配套支持系统;检验方法的改变。

上述条件下,应根据运行和变更情况以及对质量影响的大小确定再验证对象,并对原来的验证方案进行回顾和修订,以确定再验证的范围、项目及合格标准等。重大变更条件下的再验证犹如前验证,不同之处是前者有现成的验证资料可供参考。

3. 定期再验证(每隔一段时间进行的"定期"再验证)

由于有些关键设备和关键工艺对产品的质量和安全性起着决定性的作用,如无菌药品生产过程中使用的灭菌设备、关键洁净区的空调净化系统等。因此,即使是在设备及规程没有变更的情况下也应定期进行再验证。

二、验证状态的维护

验证状态的维护对于设备、工艺或系统始终处于"验证的"和"受控的"状态是非常关键的,也是 GMP 所要求的。验证状态通常通过以下三个状态来维护:①变更控制;②验证回顾报告(或产品质量回顾报告);③再验证。设施、设备确认的确认状态见图 9-3。

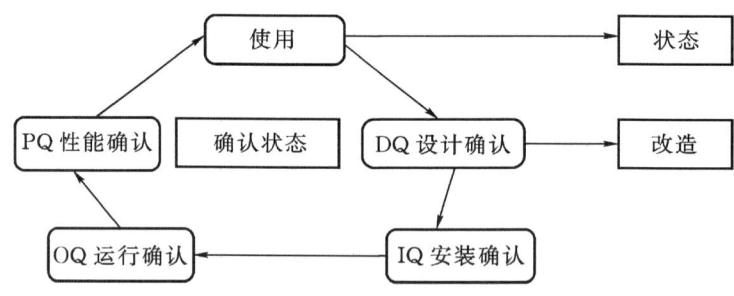

图 9-3 设施、设备确认的确认状态

三、验证生命周期

验证生命周期见图 9-4。

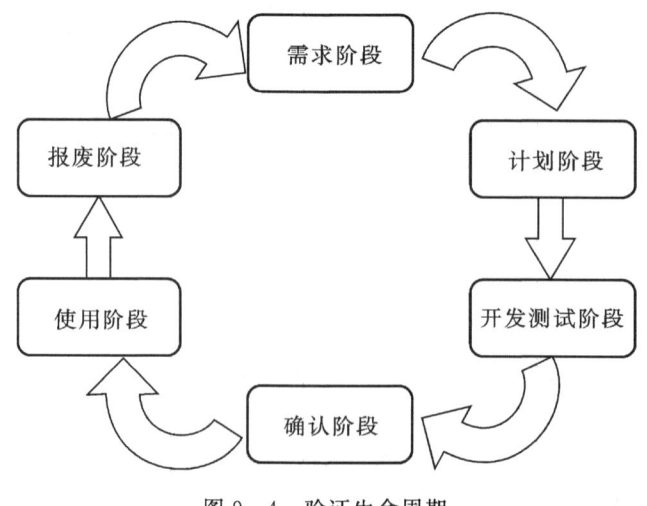

图 9-4 验证生命周期

课堂讨论

1. 验证为什么要分为多形式？
2. 每种形式为什么都有自己的适用条件？

第三节 确认与验证程序及管理

一、验证程序

制药企业内部的验证一般步骤（或程序）为：提出验证要求、建立验证组织、提出验证项目、制定验证项目、制定验证方案、验证方案的审批、组织实施、验证报告、验证报告的审批、发放验证证书、验证文件归档。

1. 验证计划

由质量保证部负责制订年度的验证计划、时间安排，经验证领导小组讨论通过，验证组长批准。未列入年度计划的临时验证项目，由该验证项目主要实施部门与质量保证部共同提出，经验证领导小组讨论通过，验证组长批准。

2. 验证方案的制订

验证领导小组责成专业人员起草验证方案，验证方案应包括以下内容：验证概述、验证对象及范围、验证目的、验证组织及工作职责、描述验证的要求及标准、测试方法。偏差及处理、验证结论、再验证周期。验证方案由验证小组成员会签，质量总监批准。

验证方案应制订可行的实验、方法与技术，并要完整、充分地证明验证目的。方案中设计的记录应有操作人员签字。

3. 验证方案的审批

新起草的验证方案，由起草人根据会议讨论进行修订。经会议讨论认可的验证方案，需经验证小组负责人批准后方可实施。

4. 验证方案的组织实施及实施时间要求

①验证方案一经批准，方案即可开始实施。由质量保证部负责确定每个验证项目的参加部门，验证项目负责人，确定验证具体时间，并监督实施。②厂房、公用工程及介质必须在工程竣工时，按国家有关规范标准进行验证，其中厂房、注射用水和空气净化系统是重点验证对象。③新设备必须在使用前完成验证，其中灭菌柜、配液系统、灌装设备、混合设备、制水设备是重点验证对象。④质量检验部验证重点是无菌室，灭菌设施，分析测试方法等，仪器仪表设备、计量器具验证、质检部门的验证应先于其他部门完成。⑤工艺及产品验证在完成厂房、设备、质检、计量验证后进行。⑥工艺方法、设备更新或改造后应实施相关的再验证工作。

5. 验证方案的修改

在验证方案的实施过程中，如因验证工作实际需要，需对验证方案进行修改。验证项目负责人必须以书面报告形式向验证领导小组提出申请，并起草验证方案修改稿，经验证领导小组讨论通过，质量总监批准后方可按照修改后的验证方案实施。

6. 异常情况的处理

在验证方案的实施过程中，如发生测试结果与合格标准不符，操作人员需及时上报至验证项目负责人,验证项目负责人根据有关资料或与厂家联系,对异常情况做出正确判断,及时修改测试参数或验证方案,同时以书面报告形式上报验证小组。如不能做出判断,应及时以书面形式上报验证领导小组,和验证小组所有成员共同研究做出判断,及时修改测试参数或验证方案。以上异常情况、处置措施、处置结论均应详细记录于验证报告中。

7. 验证结果的临时性批准

由于验证的书面总结和审批需要一定的时间,因此,在验证实验完成后,只要结果正常,验证小组组长可以临时批准已验证的生产过程及产品投入生产。

8. 验证报告的形成与审批

验证工作完成后,由验证项目负责人写出验证报告草案,经小组成员分析研究后、由验证项目负责人写出正式验证报告。验证报告的内容应包括验证的目的、验证的项目、验证项目的描述、验证的日期及地点、验证方案的文件编号和批准人、验证的标准、试验的结果记录、结论、评价和建议,包括再验证的时间和建议。验证报告须由验证方案的会签人加以评估和审核,并经质量总监批准后生效。

在准备验证报告时,应当按验证方案的内容加以核实和审查,核查内容如下:检查主要验证试验是否按计划完成;检查验证方案在实施过程中是否修改,修改理由是否明确并经审批;重要试验结果的记录是否完整;验证结果是否符合设定的标准,对偏离标准的结果是否已作调查,是否有适当解释并获得批准。

9. 发放验证合格证书

验证报告审批通过后,由 QA 出具验证合格证书,复印若干份,一份存档,其余分发给验证实施部门、生产部、质量保证部和相关部门,供日常工作查考。

> **考点链接**
>
> 药品 GMP 认证是:
> A. 国家对药品监管力度的一种体现
> B. 国家对药品加强法制管理的一种办法
> C. 国家对医药行业监管的一种办法
> D. 国家对药品生产企业监督检查的一种手段
> E. 国家在医药行业与国际接轨的一种手段
>
> 解析:《药品 GMP 认证管理办法》第一章第二条规定:药品 GMP 认证是国家对药品生产企业监督检查的一种手段,是对药品生产企业(车间)实施 GMP 情况的检查认可过程。故此题正确答案为 D。

二、验证文件管理

验证资料是 GMP 认证的申报资料之一,验证过程中的数据和分析内容均应以文件形式保存。验证工作结束后,参与验证的所有人员应将自己收集的文件交 QA 统一存档,QA 分类设立验证档案,验证档案保存期限为 6 年。验证方案和验证报告的复印件可分发给有关部门,作为日常工作查考。

三、验证周期

对所有验证对象,应根据其日常运行监控数据、生产经验、药典等资料制定验证周期,如无此经验,可参照其他已通过 GMP 认证的厂家推荐的验证周期。通过日常监控数据不断的积累及生产经验的增加,如发现现行验证周期不能满足工艺要求,可报告验证小组批准后调整验证周期。

四、再验证

再验证的目的是检查以前所验证的生产过程是否仍继续达到规定的要求。我国 GMP 明确规定:"当影响产品质量的主要因素,如工艺、质量控制方法、主要原辅料、主要生产设备等发生改变时,以及生产一定周期后,应进行再验证"。那么,根据再验证的原因可以分成以下三种类型:政府机构或法律所要求的强制性再验证;当产品质量发生了任何改变以后的改变性再验证;每隔一定时间间隔所进行的定期再验证。

1. **强制性再验证**

强制性再验证一般发生在政府机构有明确要求或有法律法规明确规定时,例如,《中华人民共和国计量法》第九条明确规定了对企业使用的强制检定目录的工人计量器具,实行强制检定。目前,对于我国制药企业来说,至少存在下列三种类型的强制性再验证。

(1)**计量仪器的校正**　如长度计量、力学计量、热学计量、电磁学计量、物理化学计量、无线电计量等。

(2)**压力容器**　如锅炉的定期检验。用于药品生产的气瓶的定期检验。

(3)**消防器材**　如灭火器的定期检验。

2. **改变性再验证**

当影响产品质量的主要因素,如工艺、质量控制方法、主要原辅料、主要生产设备等发生改变时,或者说,当生产过程或其中某一规程的改变对已确定的产品质量特性有明显影响时,就需要进行再验证。

(1)**原料改变**　原料的物理性质,例如密度、黏度和粒度分布的改变,可能影响物料的机械性质,从而导致对工艺或产品的不良影响。

(2)**包装材料改变**　当包装材料,特别是容器-塞子系统发生改变时(例如以塑料代替玻璃),就可能要求改变包装规程,而且这完全可能导致产品有效期限的改变。

(3)**工艺改变**　混合时间、干燥时间和冷却时间等的改变完全可能影响以后的工艺程序和产品质量。

(4)**设备改变**　设备的修理和保养,乃至设备更换,都可能影响生产过程。

(5)**生产区和介质系统的改变**　生产区、介质系统的改变,例如重排,通风的修理和保养,都可能改变环境条件,则需要重新验证。

第四节　确认与验证的内容

确认与验证工作按照项目主要包括:厂房与设施的验证,设备确认、工艺验证、清洁验证、检验方法验证和计算机系统验证等。

一、厂房与设施的验证

药品生产企业的厂房与设施是指制剂、原料药、药用辅料和直接与药品接触的包装材料生产中,所需的建筑物以及与工艺配套的空气净化、水处理等公用工程。

一般包括:设计确认(design qualification,DQ)、安装确认(install qualification,IQ)、运行确认(operation qualification,OQ)和性能确认(performance qualification,PQ)四个阶段。

1. 厂房、设施验证

确认厂房设计施工是否符合 GMP 规范有关条款,包括厂区布局、车间布局的合理性及车间附属设施,包括门、窗、墙、地面、照明、缝隙密封等是否符合医药工业有关规范

2. 洁净区环境验证

验证内容:安装确认,包括各分部工程的外观检查和单机试运行;运行确认,包括带冷(热)源的系统联合试运转并不少于8小时;性能确认,包括以下项目的测试和评价。

验证文件包括:洁净区主要设计文件和竣工图;主要设备的出厂合格证、检查文件;设备开箱检查记录、管道压力试验记录、管道系统吹洗脱脂记录、风管漏风记录、竣工验收记录;单机试运转、系统联合试运转和洁净区性能测试记录。

3. 公用工程及介质验证

确认公用工程是否符合 GMP 规范要求,包括空调净化系统、水系统(纯化水、注射用水)、与产品质量有关的压缩空气、锅炉及纯蒸汽系统、惰性气体及其他工业气体、除尘系统等。其中空调净化系统和工艺用水系统为验证重点。

(1)空调净化系统的验证 HVAC 系统的验证(表 9-1)。主要仪器仪表:温度计、湿度计、风速仪、风压压力计、风量测定罩、微压表、尘埃粒子计数器、沉降菌测定设备、照度计、声级计、照度计。

表 9-1 HVAC 系统的验证测试项目

程序	所需文件	确认内容
安装确认	(1)洁净区平面布置及空气流向图(包括洁净度、气流、压差、温度、湿度、人物流向等) (2)洁净区 HVAC 系统描述及设计说明 (3)仪器、仪表、高效过滤器的检定记录,空调设备及风管的清洗记录 (4)HVAC 操作规程及控制标准	(1)空调器、除湿机、风管的安装检查 (2)风管、空调设备的清洗及检查、运行调试 (3)安装中效过滤器 (4)安装高效过滤器 (5)高效过滤器的检漏
运行确认	(1)空调设备的运行设计报告 (2)洁净室温度、湿度、压力记录 (3)高效过滤器检漏记录、风速及气流流型报告 (4)空调调试及空气平衡报告 (5)悬浮粒子和微生物预检 (6)安装确认及有关记录报告	(1)空调设备的系统运行 (2)高效过滤器风速及气流流向测定,风量取额定的 60%,风速≥35m/s (3)室压、温度、湿度等空调高度及空气平衡
性能确认	(1)医药工业洁净区悬浮粒子测定法 (2)医药工业洁净区沉降菌测定法	(1)悬浮粒子测定 (2)沉降菌测定

(2)工艺用水系统的验证 工艺用水系统的验证项目如下(表9-2)。

表9-2 工艺用水系统的验证项目

程序	所需文件	确认内容
安装确认	(1)系统流程图、描述及设计参数 (2)水处理设备及管路安装调试记录 (3)仪器、仪表的校验记录 (4)设备操作手册及标准操作程序(SOP)及维修SOP (5)设计图纸及供应商提供的技术资料	(1)制备装置的安装以及电气、管道、蒸汽、仪表、供水、过滤器等的安装、连接情况检查 (2)管道分配系统的安装,包括材质、连接、清洗、钝化、消毒等 (3)仪器仪表校正 (4)操作手册SOP
运行确认	(1)水质检验标准及检验操作规程 (2)系统运行SOP (3)系统清洁SOP	(1)系统操作参数的检测(包括过滤器、软水器、混合床、蒸馏水机等的运行并检查电压、电流、压缩空气、锅炉蒸汽、供水压力等,以及设备、管路、阀门、水泵、贮水容器等使用情况) (2)水质的预先测试
性能确认	(1)取样SOP和重新取样规定 (2)系统运行SOP (3)系统清洁SOP (4)人员岗位培训SOP	(1)记录日常参数(混合床再生频率、贮水罐、用水点的使用时间、温度、电阻率等) (2)取样监测,持续三周,取样频率:贮水罐、总送水口、总回水口每天取样;各使用点的注射用水为每天取样,纯水可每周一次。各取样点均应定期取样

(3)压缩空气系统的验证 包括压缩空气含油量、微生物等。

二、设备验证

设备验证是指对生产设备的设计、选型、安装及运行的正确性以及工艺适应性的测试和评估,证实该设备能达到设计要求及规定的技术指标。设备验证的程序如下。

1. 预确认

预确认是对设备的设计与选型的确认,内容包括对设备的性能、材质、结构、零件、计量仪表和供应商等的确认。

2. 安装确认

主要确认内容为安装的地点、安装情况是否妥当,设备上的计量仪表的准确性和精确度,设备与提供的工程服务系统是否符合要求,设备的规格是否符合设计要求等。在确认过程中测得的数据可用以制定设备的校正、维护保养、清洗及运行的书面规程,即该设备的SOP草案。

3. 运行确认

根据SOP草案对设备的每一部分及整体进行空载试验,通过试验考察SOP草案的适用性、设备运行参数的波动情况、仪表的可靠性以及设备运行的稳定性,以确保该设备能在要求范围内正确运行并达到规定的技术指标。

4. 性能确认

为模拟生产工艺要求的试生产,以确定设备符合工艺要求。在确认过程中应对运行确认中的各项因素进一步确认,并考查产品的内在、外观质量,由此证明设备能适合生产工艺的需要稳定运行。设备验证所得到的数据可用以制定及审查有关设备的校正、清洗、维修保养、监测和管理的书面规程。

5. 设备验证程序

设备验证程序如下表所示(表9-3)。

表9-3 设备验证程序

程序	文件	确认内容
预确认	设备设计要求及各项技术指标	(1)审查技术指标的适用性及GMP要求 (2)收集供应商资料 (3)优选供应商
安装确认	(1)设备规格标准及使用说明书 (2)设备安装图及质量验收标准 (3)设备各部件及备件的清单 (4)设备安装相应公用工程和建筑设施 (5)安装、操作、清洁的SOP (6)记录格式	(1)检查及登记设备生产的厂商名称,设备名称、型号,生产厂商编号及生产日期、公司内部设备登记号 (2)安装地点及安装状况 (3)设备规格标准是否符合设计要求 (4)计量、仪表的准确性和精确度 (5)设备相应的公用工程和建筑设施的配套 (6)部件及备件的配套与清点 (7)制订清洗规程及记录表格式 (8)制订校正、维护保养及运行的SOP草案及记录表格式草案
运行确认	(1)安装确认记录及报告 (2)SOP草案 (3)运行确认项目\试验方法、标准参数及限度 (4)设备各部件用途说明 (5)工艺过程详细描述 (6)试验用检测仪器校验记录	(1)按SOP草案对设备的单机或系统进行空载试车 (2)考察设备运行参数的波动性 (3)对仪表在确认前后各进行一次校验,以确定其可靠性 (4)设备运行的稳定性 (5)SOP草案的适用性
性能确认	(1)使用设备SOP (2)产品生产工艺 (3)产品质量标及检测方法	(1)空白料或代用品试生产 (2)产品实物试生产 (3)进一步考查运行确认参数的稳定性 (4)产品质量检验 (5)提供产品的与该设备有关的SOP资料
结论	验证报告、审批、培训	
归档文件	验证方案,设备制造和设计标准,预确认,安装确认,运行确认,性能确认,标准操作规程,仪器、备件、润滑剂、部件清单,维护保养计划及程序,变更控制程序,工程图纸,试验和检查报告,清洁和使用记录,验证报告	

三、工艺验证

工艺验证是证明工艺参数条件、操作等能适合该产品的常规生产,并证明在使用规定的原辅料、设备的条件下，按照制定的相关标准操作规程生产检验，能始终生产出符合预定的质量标准要求的产品，且具有良好的重现性和可靠性。

工艺验证的目的是保证药品生产过程以正确的方式进行，并证明这一生产过程具有重现性、稳定性和可控性，使生产过程处在严格的受控状态（图9-5）。

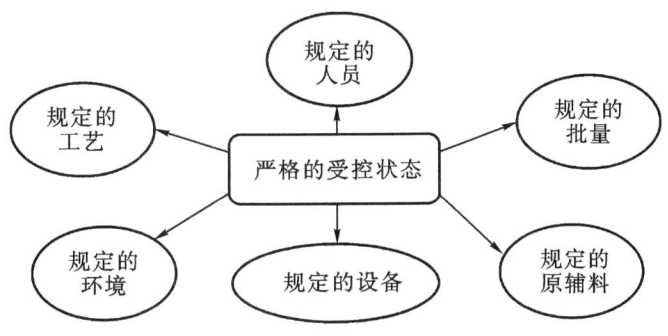

图9-5 工艺验证受控

（一）同步验证

采用同步验证的方式包含不少于连续三个生产批次，按生产全过程监控关键工艺参数，参数必须符合参数限度内，并对中间体、半成品、成品按质量标准进行测试，结果必须符合验证标准要求。

（二）回顾性验证

通过产品年度质量审核和日常监控的结果以及再验证规定，进行再验证。

（三）再验证

工艺再验证包括以下几种情况：①影响产品质量的主要因素，如工艺、质量控制方法、主要原辅材料、主要生产设备等发生变更；②在产品趋势分析中发现严重的超常现象或可能对产品的安全、性状、纯度、杂质、含量等影响；③关键工艺在预定生产一定周期后。

（四）产品工艺验证的生命周期

产品工艺验证的生命周期见图9-6。

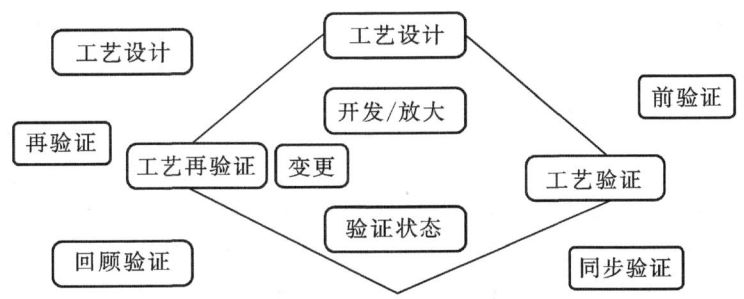

图9-6 产品工艺验证的生命周期

(五)工艺验证一般流程

工艺验证的一般流程见图9-7。

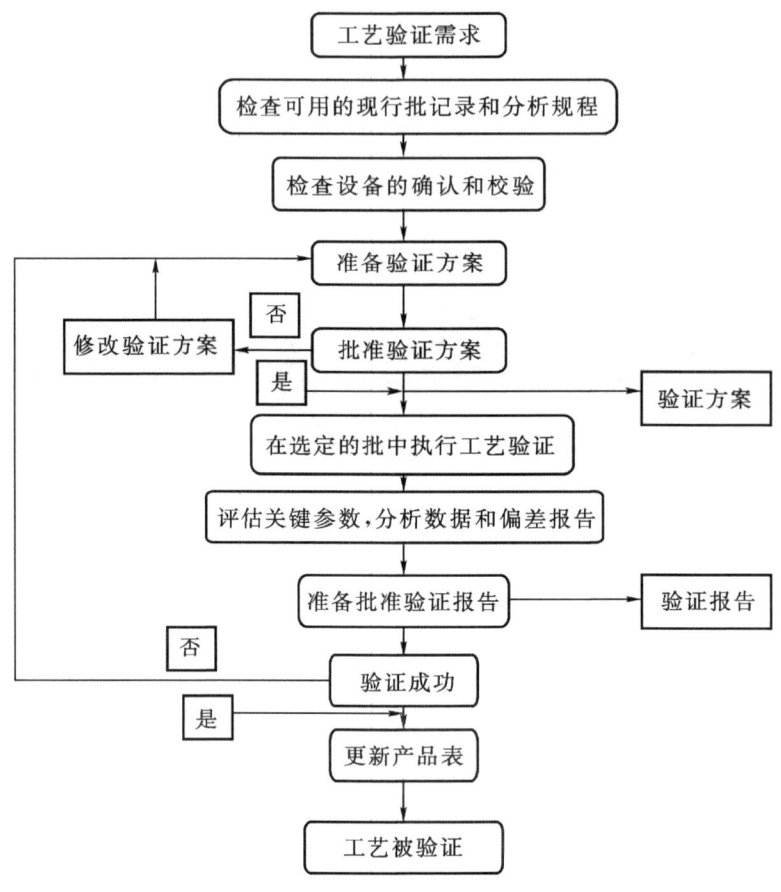

图9-7 工艺验证流程

四、清洁验证

清洁验证是证明按照清洁程序清洁后,设备或系统上残留达到了预定标准的限度要求,不会对将生产的产品造成交叉污染。

(一)清洁程序和残留物限度的标准

清洁程序的建立应根据产品的性质、设备特点、生产工艺等因素拟定清洁方法并制定清洁标准操作规程,对清洁人员进行培训。残留限度的标准一般基于以下原则:分析方法客观能达到的能力,如浓度限度——百万分之十(10×10^{-6});生物活性的限度,如正常治疗剂量的1/1 000;以目检为依据的限度,如不得有可见的残留物。

(二)取样点的选择和取样方法验证

1. 取样点的选择

取样点包括各类最难清洁部位,凡是死角、清洁剂不易接触的部位如带密封垫圈的管道连接处,压力、流速迅速变化的部位如有歧管或岔管处、管径由小变大处、容易吸附残留物的部位如内表面不光滑处等,都应视为最难清洁的部位。

2. 取样方法验证

通过回收率试验验证取样过程的回收率和重现性。

(三)分析方法的验证

检验方法对被检测物质应有足够的专属性和灵敏度,检验方法可以采用药典的方法或是经过验证的其他方法。

(四)已清洁设备存放效期的确认

通过对已清洁设备进行存放,存放期间不得污染,存放一定时间后,再取样检测,以确定设备的存放有效期。

(五)清洁验证批次及再验证

1. 清洁验证批次

设备清洁验证包含不少于连续三个生产批次。验证的结果未达到标准,则需查找原因,重新修订程序和验证,直至结果合格。否则不得投入生产使用。

2. 再验证

清洁剂改变、清洁程序作重要修改;生产的产品质量有所改变或增加生产相对更难清洁的产品;设备有重大变更;清洁规程有定期再验证的要求。

五、计量器具及仪器的鉴定和校验

按国家计量部门的法规进行。

六、产品验证

在完成厂房、设备、设施的验证和质量计量部门的验证后,对生产线所在的生产环境和装备的整体功能、质量控制方法及工艺条件的验证,确认在特定条件下进行试生产能否始终如一地生产出符合质量要求的产品,一般试生产三批产品。对已进入稳定生产的产品要进行回顾性验证,同一产品需统计出 6~20 批的产品质量数据加以确认,确认其质量稳定。

七、物料验证

主要原辅材料变更时,应确认原辅材料改变后生产出来的产品能符合质量要求。

课堂讨论

1. 验证是一项管理性工作还是技术性工作?
2. 要做好验证工作,是否需要多项技能?都有哪些方面?

学习小结

验证工作主要内容按照项目包括:厂房与设施的验证、设备确认、工艺验证、清洁验证等。验证工作基本程序:建立验证管理文件,建立验证机构,提出验证项目,制定验证方案,验证的实施,验证报告及其批准,发放验证合格证。验证文件的内容:验证主计划,验证计划,验证方案,验证报告,验证总结以及验证文件管理。验证方案的制订要求对多个领域的专业知识有较为熟练地掌握,难度较大,可以多找一些典型样稿参考,仔细体会。认真整理工艺验证中所需要的工作,引导学生对难点进行分析,并启发学生对方案设计的科学性、逻辑性进行深入思考。

目标检测

一、选择题

1. 药品生产验证应包括厂房、设施及设备的安装确认、运行确认、_____确认和产品验证。
   A. 质量　　　　　B. 程序　　　　　C. 性能　　　　　D. 过程
2. 产品的生产工艺及_____设备应按验证方案进行验证。
   A. 所有　　　　　B. 关键　　　　　C. 大部分　　　　D. 个别
3. 影响产品质量的主要因素。如:工艺、质量控制方法、主要原辅料、主要生产设备等发生改变以及生产_____后,应进行再验证。
   A. 一年　　　　　B. 二年　　　　　C. 三年　　　　　D. 一定周期
4. 应根据验证对象提出验证项目、制定验证方案,并组织_____。
   A. 实施　　　　　B. 工作　　　　　C. 确认　　　　　D. 学习
5. 验证工作完成后应写出验证报告,由验证工作_____批准。
   A. 执行人　　　　B. 负责人　　　　C. 起草人　　　　D. 修改人
6. 验证过程中的数据和分析内容应以文件形式_____保存。
   A. 归档　　　　　B. 专人　　　　　C. 妥善　　　　　D. 随时
7. 验证文件应包括验证方案、验证报告、评价和建议、_____等。
   A. 修改人　　　　B. 起草人　　　　C. 批准人　　　　D. 执行人

二、简答题

1. 回顾性验证应具备哪些条件?
2. 企业内部验证的一般步骤是什么?
3. 设备验证的程序是什么?

第十章 自检与认证管理

> 学习目标
>
> 【知识要求】
> 1. 掌握自检程序、认证程序。
> 2. 熟悉认证常见问题。
>
> 【能力要求】
> 能综合运用GMP知识进行自检及认证。

第一节 我国GMP对自检与认证管理的基本要求

一、GMP对自检的规定

自检(self-quality audit)又称内部质量审核或内部质量审计,是质量审核(质量审计)的一项重要内容。GMP对自检的规定:

第三百零六条 质量管理部门应当定期组织对企业进行自检,监控本规范的实施情况,评估企业是否符合本规范要求,并提出必要的纠正和预防措施。

第三百零七条 自检应当有计划,对机构与人员、厂房与设施、设备、物料与产品、确认与验证、文件管理、生产管理、质量控制与质量保证、委托生产与委托检验、产品发运与召回等项目定期进行检查。

第三百零八条 应当由企业指定人员进行独立、系统、全面的自检,也可由外部人员或专家进行独立的质量审计。

第三百零九条 自检应当有记录。自检完成后应当有自检报告,内容至少包括自检过程中观察到的所有情况、评价的结论以及提出纠正和预防措施的建议。自检情况应当报告企业高层管理人员。

二、《药品生产企业GMP认证管理办法》对认证的规定

第二条 药品GMP认证是国家对药品生产企业监督检验的一种手段,是对药品生产企业(车间)实施GMP情况的检查认可过程。

第三条 国家药品监督管理局负责全国药品GMP认证工作,负责对药品GMP检查员的培训、考核和聘任,负责国际药品贸易中药品GMP互认工作。国家药品监督管理局药品认证管理中心(以下简称"局认证中心")承办药品GMP认证的具体工作。

第四条　省、自治区、直辖市药品监督管理部门负责本辖区药品生产企业 GMP 认证的资料初审及日常监督管理工作。

第二节　自检

GMP 自检是指制药企业内部对药品生产实施 GMP 的检查，是企业执行 GMP 中一项重要的质量活动，在 ISO9001 中称为"内部审核"、"内部审计"。实质上也是对企业完善生产质量管理体系的自我检查，通过 GMP 自检，发现企业执行 GMP 时存在缺陷项目，并通过实施纠正和预防措施来进一步提高 GMP 执行的持续性、符合性、有效性或通过自检进行持续改进。GMP 自检作为《药品生产质量管理规范》中规定的条款之一，是企业内部管理的一种重要的管理手段，自检的目的是检查和评价企业在生产和质量管理方面是否符合《药品生产质量管理规范》的要求。通过内部自检建立起自我改进的管理机制，是促使各职能部门能更有效执行 GMP 的重要手段，保证制药企业的生产质量管理体系能够持续地保持有效性，并不断改进和完善。应当由企业指定人员进行独立、系统、全面的自检，也可由外部人员或专家进行独立的质量审计。

一、自检小组的组建

企业实施 GMP 自检的第一个环节是组建自检小组，应该选择合适的质量管理技术人员进入自检小组，因此，组建自检小组的关键在于选择自检人员。自检人员是实际进行审核的执行者，为保证审核的有效性和客观性，必须选择符合要求的质量审核人员。从事自检工作的人员是指具备相应的知识、经验、技能和素质，通过培训并经过授权的人员。自检人员的学历要求由企业自定，一般应具有相应专业的大学本科学历，对法律或相关法规熟知，具备良好的口头表达和写作能力，能够清楚明确地表达审核过程中发生的问题，进行相关地交流，表达自己的意见。

自检人员还应具有相关工作经验，熟悉 GMP 的实施过程和要求，熟悉企业的基本概况，熟悉药品生产的工序控制和质量管理的基本要求，最好具有相关质量管理和质量审核经验，以便于开展工作。应具有在审核过程中主持审核会议，策划审核实施，对发现的质量体系问题进行分析指导的常识和技能。还应具有良好的自身素质，良好的沟通能力，诚实、正直、坚持原则。能仔细检查信息，当被出示与观点相反的证据时能真实改变原观点，不受外界或其他因素干扰。

自检人员应经过定期考核和培训。除此以外，自检人员应与被检查部门无直接责任关系，以保证检查结果的客观性。在自检人员中还应该选择合适的人员担任自检小组组长。自检小组组长应该是经过培训，并经企业负责人授权的人员，具备一定的管理、组织、协调、指挥能力、有处理自检中出现的各种问题的能力，具有相应的专业能力和广泛的相关技术知识，具有对企业执行 GMP 的符合性、有效性做出判断的能力。

二、自检人员的职责

自检小组组长负责组建自检小组，获取实现自检所需的背景资料，负责制定自检日程计划分配自检任务；指导编制自检检查表，检查自检准备情况，主持现场检查，对自检过程有效性实施控制;与受检查部门领导沟通,组织编写自检不符合报告及自检报告,组织跟踪自检。

自检小组成员服从自检小组长的领导,支持自检小组长开展工作,在自检小组长指导下分工编制自检工作文件,完成分工范围内的现场自检任务,做好自检记录。收集、分析有关自检证据,进行组内交流。编写不符合报告,参与编制自检报告。参加纠正措施的跟踪验证,管理有关的各种文件、记录。

三、自检项目

1. 人员

在实施 GMP 的过程中,组织机构是组织保证,人员是执行主体,培训是重要环节,这是实施 GMP 的先决条件之一。企业必须建立适合自身实际的组织机构,明确各部门的职能及各岗位的职责,并配备专业、学历、经验符合相应岗位要求,经培训考核合格的人员,为顺利实施 GMP 做好组织与人员方面的保障。

因此,在进行质量体系内部审计时重点检查以下内容:组织机构设置是否合理,部门职能、岗位职责是否明确,是否按组织机构配备相应的人员,各岗位的人员素质是否符合规范要求,各级人员是否进行了相关培训并建立培训档案。

2. 厂房和设施

厂房和设施是实施 GMP 管理最根本的条件之一,厂房的位置、设计、建筑、改建、养护及设施的选型、安装、运行(使用)、维护保养等都应能满足工艺生产的要求,为避免产生交叉污染、混淆、差错以及灰尘、污垢的产生与聚集,厂房的布局、设计与设施的选型、安装等都应使产生差错的危险减到最低限度,并应考虑便于清洁和养护。

因此,在进行质量体系内部审计时应重点检查:厂区总体布局是否合理,生产厂房设计、布局是否满足工艺要求,是否有足够的面积和空间,生产操作互相不影响,有防止外界异物进入的设施,洁净区,照度、温度、湿度是否符合要求,操作间有相应防止交叉污染的设施及措施,储存区面积与空间与生产规模相适应,各状态物料存放能防止交叉污染与差错,检验区与生产区分开。

3. 设备

药品生产企业必须具备与其生产品种、规模相适应、性能可靠的生产设备。这些生产设备是实施 GMP 规范管理、生产出质量稳定均一药品的物质基础。没有符合工艺要求、性能稳定的生产设备,产品质量就得不到有效、可靠保障。企业选择的设备必须满足生产技术要求,使用时不污染药品,也不污染环境,有利于清洗、消毒或灭菌,并能满足设备验证的需要。设备的材质、内部结构必须满足生产需要,同时必须建立设备使用、维护保养、清洗、校验、验证的管理程序,并配备专职或兼职的设备管理人员对设备进行科学管理,确保设备能始终如一地满足生产需要,符合 GMP 规范要求。因此,在进行质量保证体系内部审计时重点检查设备的设计、选型、安装、水系统、设备(管道)的标识、维护保养。

4. 物料

物料是药品生产的物质基础,无质量合格的物料就不可能生产出符合质量标准的产品,而不规范的物料管理必然引起物料混淆、差错和交叉污染。药品生产是物料流转的过程,涉及企业生产、质量管理的所有部门。物料管理必须建立规范的物料管理系统,使物料流向清晰、具有可追溯性,并需制订物料管理制度,使物料的接收、检验、存放、发放使用有章可循,加强物料的仓储管理,保障物料质量。因此,在进行质量保证体系内部审计时,应重点检查物料是否符合相关的质量标准,主要原辅料供应商是否经过质量审计,是否从经审计批准的供应商处采购物料,是否建立物料的采购、储存、发放、使用的管理制度。实际的物料管理工作中是否执行相关的管理制度,物料是否按批进行验收、检验、储存,是否根据性质合理存放。各种状态(待验、合格、不合格)物料是否严格管理,各种特殊物料(麻醉药品、精神药品、毒性药品、毒性药材、贵细药材、易燃易爆等危险品)的采购、验收、储存、发放、使用及标识是否执行国家有关规定,物料是否规定使用期限及复验。药品标签、使用说明书等印刷性包装材料是否与国家药品监督管理部门批准文件一致,印刷性包装材料印刷前是否经质量管理部门审核,保管、发放、使用、销毁是否执行相关制度。

5. 环境和卫生

药品生产企业的生产环境、设施设备、人员的卫生对药品质量有很大的影响,若生产的环境、设施设备、人员的卫生达不到标准,易污染药品,从而影响药品质量。对药品产生的污染是影响药品质量的主要因素之一。为了保证整个生产过程严格执行卫生制度(标准),防止对药品产生污染,必须建立卫生管理制度及系列的清洁规程(厂房设施清洁规程、设备清洁规程、人员清洁规程等),明确生产环境、设备和人员的清洁卫生要求,并掌握清洁、消毒的验证方法,才能确保药品的质量。

6. 验证及再验证程序

验证及再验证可以降低企业成本,减少质量问题。因此,应对验证及再验证过程进行检查。主要检查企业是否进行药品生产验证,是否根据验证对象建立验证小组,提出验证项目、制定验证方案,并组织实施。药品生产过程的验证内容是否包括空气净化系统、工艺用水系统、生产工艺及其变更、设备清洗、主要原辅材料变更,生产一定周期后是否进行再验证。验证工作完成后是否写出验证报告,由验证工作负责人审核、批准。验证过程中的数据和分析内容是否以文件形式归档保存,验证文件是否包括验证方案、验证报告、评价和建议、批准人等。

7. 文件

检查企业是否有生产管理、质量管理的各项制度和记录,企业是否有不合格药品管理、物料退库和报废、紧急情况处理等制度和记录,是否有环境、厂房、设备、人员等卫生管理制度和记录,是否有对人员进行本规范和专业技术等培训的制度和记录,企业是否制定产品生产管理文件,是否制定产品质量管理文件;是否建立文件的起草、修订、审查、批准、撤销、印制及保管的管理制度。分发、使用的文件是否为批准的现行文本,文件的制定是否符合规定。是否有生产工艺规程、岗位操作法或标准操作规程,是否任意更改,如需要更改时是否按规定程序执行。

8. 生产管理

检查关于 GMP 对生产工艺规程、岗位操作法和 SOP 的执行情况,批生产记录、批包装记录、批检查记录、清场记录的记录方法等内容。

9. 质量管理

检查质量管理部门是否行制定质量管理和检验人员职责的职责。质量管理部门是否会同有关部门对主要物料供应商的质量体系进行评估。

10. 产品销售与回收

产品销售与回收、产品销售与回收管理是质量管理的不可缺少部分,是生产过程质量管理的延伸,建立完善的销售记录及回收管理程序,能保证在紧急情况时将产品从销售市场顺利收回,避免对患者造成不必要的伤害及对企业造成不必要的损失。因此,在进行质量保证体系内部审计时,应重点检查销售记录是否及时建立,销售记录的项目是否全面,销售记录的保存是否符合规定,药品回收管理文件及记录的内容是否制定合理,对回收产品的处理是否符合规定。

11. 投诉与不良反应报告

检查是否建立药品不良反应监测报告制度,是否指定专门机构或人员负责药品不良反应监测报告工作。对用户的药品质量投诉和药品不良反应,是否有详细记录和调查处理。对药品不良反应是否及时向当地药品监督管理部门报告,药品生产出现重大质量问题时,是否及时向当地药品监督管理部门报告。

12. 上次自检提出的质量改进建议的执行情况

检查上次自检发现问题改进、纠正落实情况,是否记录。

四、自检的程序

自检程序一般分为五个阶段:自检准备、实施自检、自检记录总结分析、提出自检报告、自检跟踪检查。

1. 自检准备

由自检小组组长组织开会讨论,确定自检计划。自检计划的内容包括:自检的目的,自检的依据,自检小组组成与分工,自检的范围、内容、时间安排、要求等。

2. 自检的实施

按照预定的计划实施自检,自检员依据自检计划进行现场检查,并记录检查发现,检查中发现的缺陷项目客观描述,并让受检查部门负责人签字确认。

3. 自检记录分析总结

自检完成后,对自检过程的记录进行分析、汇总,按部门、按类别进行总结、分析。

4. 编制呈送自检报告

自检报告的内容包括:报告名称、报告人、报告日期、自检结果的简要概述及主要问题、自检的项目及结论、主要存在的问题、改进建议。自检报告一般应在两个工作日内呈送企业负责人和质量管理负责人,必要时抄送有关部门。

5. 自检跟踪检查

有关部门提出并实施纠正整改措施,纠正整改措施的跟踪确认由自检员进行。

第三节 GMP 的申报与认证

药品 GMP 认证是国家依法对药品生产企业(车间)和药品品种实施药品 GMP 监督检查并取得认可的一种制度,是国际药品贸易和药品监督管理的重要内容,也是确保药品质量稳定性、安全性和有效性的一种科学的、先进的管理手段。

GMP 认证的可以为企业生产出合格药品提供有效保证,提高企业的科学管理水平,促进技术进步,增强竞争能力,加快我国医药事业走向世界的步伐,真正实现与国际接轨。

国家药品监督管理局负责全国药品 GMP 认证工作,负责制定、修订药品 GMP,药品 GMP 认证检查评定标准,负责设立国家药品 GMP 认证检查员库及其管理工作,负责生产注射剂、放射性药品、规定的生物制品的企业认证工作,负责进口药品 GMP 认证和国际药品贸易中药品 GMP 互认工作。省、自治区、直辖市药品监督管理局负责本辖区内,生产注射剂、放射性药品、规定的生物制品的企业药品 GMP 认证的初审工作。负责除上述品种、剂型以外的其他药品生产企业 GMP 认证工作,负责本行政区域内药品 GMP 认证日常监督管理及跟踪检查工作。

考点链接

国务院药监部门负责药品 GMP 认证工作主要包括的是:
A. 中药片剂　　B. 放射性药品　　C. 国家规定的生物制品
D. 注射剂　　　E. 新药

解析:国家药品监督管理局负责生产注射剂、放射性药品、规定的生物制品的企业认证工作。省、自治区、直辖市药品监督管理局负责本辖区内,生产注射剂、放射性药品、规定的生物制品的企业药品 GMP 认证的初审工作。负责除上述品种、剂型以外的其他药品生产企业 GMP 认证工作。故此题正确答案为 BCD。

一、认证的法律依据

药品生产企业必须按照国务院药品监督管理部门依据本法制定的《药品生产质量管理规范》组织生产。药品监督管理部门按照规定对药品生产企业是否符合《药品生产质量管理规范》的要求进行认证。对认证合格的,发给认证证书。《药品生产质量管理规范》的具体实施办法、实施步骤由国务院药品监督管理部门规定。

药品监督管理部门违反规定对不符合《药品生产质量管理规范》《药品经营质量管理规范》的企业发给符合有关规范的认证证书的,或者对取得认证证书的企业未按照规定履行跟踪检查的职责,对不符合认证条件的企业未依法责令其改正或者撤销其认证证书的,由其上级主管机关或者监察机关责令收回违法发给的证书,撤销药品批准证明文件,对直接负责的主管人员和其他直接责任人员依法给予行政处分,构成犯罪的,依法追究刑事责任。

药品的生产企业未按照规定实施《药品生产质量管理规范》的,给予警告,责令限期改正。逾期不改正的,责令停产、停业整顿,并处五千元以上二万元以下的罚款,情节严重的,吊销《药品生产许可证》。

二、GMP 认证的资料申报

根据《药品 GMP 认证管理办法》规定,申请药品 GMP 认证的药品生产企业,应按规定填报《药品 GMP 认证申请书》,并报送以下资料:

①《药品生产企业许可证》和《营业执照》(复印件);②药品生产管理和质量管理自查情况(包括企业概况、GMP 实施情况及培训情况);③药品生产企业(车间)的负责人、检验人员文化程度登记表,高、中、初级技术人员的比例情况表;④药品生产企业(车间)生产的组织机构图(包括各组织部门的功能及相互关系,部门负责人);⑤药品生产企业(车间)生产的所有剂型和品种表;⑥药品生产企业(车间)的环境条件、仓储及总平面布置图;⑦药品生产车间概况及工艺布局平面图(包括更衣室、盥洗间、人流和物料通道、气闸等,并标明空气洁净度等级);⑧所

生剂型或品种工艺流程图,并注明主要过程控制点;⑨药品生产企业(车间)的关键工序、主要设备验证情况和检验仪器、仪表校验情况;⑩药品生产企业(车间)生产管理、质量管理文件目录。

新开办的药品生产企业(车间)申请 GMP 认证,除报送②~⑩项规定的资料外,还须报送开办药品生产企业(车间)批准产项文件和拟生产的品种或剂型 3 批生产记录。

三、GMP 认证申报注意事项

(1)**《药品 GMP 认证申请书》** 申请书中各项目应填写完整,企业名称、注册地址、生产地址与《药品生产许可证》上的内容一致,英文填写完整。

(2)**《药品生产许可证》和营业执照复印件** 应在有效期内,《药品生产许可证》和营业执照相关内容应一致,《营业执照》应有年检章。

(3)**药品生产管理和质量管理自查情况** 应提供前次缺陷项目整改情况,企业应充分证明前次缺陷项目已全部整改到位,到期重新申请认证的企业应提供原《药品 GMP 证书》。5 年到期重新申请认证的,应写明前次认证后企业的软、硬件条件变化情况。

(4)**企业组织机构图** 应提供质量管理、生产管理组织机构图,与企业总体组织机构图内容一致。

(5)**人员情况** 应写明管理人员在申请认证企业中承担的职务,药学及相关专业技术人员登记表、工程技术人员登记表、技术工人登记表应有姓名、学历、毕业院校、专业、职称、职务、所在部门、岗位、从业年限等内容。

(6)**生产品种情况** 应申报此次认证生产线上的所有品种。企业名称和生产地址发生变更,企业所有品种应进行相应的药品注册补充申请,待取得补充申请批件后再进行 GMP 认证申请。

(7)**企业布置平面图** 企业周边环境图应提供示意图,标明周围道路、相邻单位名称。企业总平面布置图应注明所有车间位置、名称或车间编号,并注明申请认证车间位置、名称或车间编号。质量检验场所平面图需注明各功能间名称,微生物限度检测室、阳性菌室、无菌室、生物效价检测室应注明平面布置及洁净级别。

(8)**生产车间概况** 应提供洁净车间的风管布置平面图,明确标识送风口、回风口和排风口。设备安装平面图不同于车间平面图,应标明各个功能间内设备安放位置(示意位置)、数量和设备名称(不用标设备型号)。原料药涉及合成步骤的,应分别提供合成设备平面图和精制设备平面图。

(9)**工艺流程图** 主要控制点与控制项目内容应与工艺流程图内容保持一致。申请认证的每个剂型均应提供工艺流程图,一个剂型多品种的,应提供生产工艺最复杂品种的工艺流程图。中药制剂涉及前处理和提取的,应提供中药前处理及提取的工艺流程图。原料药涉及合成步骤的,应提供合成工艺流程图。

(10)**验证情况** 验证情况表上应写明验证名称、验证时间和验证周期。设备验证情况内容应与企业自述和设备平面图内容一致,共用设备的清洗验证在实际生产控制中非常重要,尤其是原料药共用生产线的情况,一定要保证设备清洗效果,避免污染和交叉污染。应提供有资质单位(例如,省食品药品检验所)近期出具的洁净室检测报告。

(11)**检验仪器、仪表、量具、衡器校验情况** 校验情况一览表上应包括名称、型号、校验日期、校验周期、校验结果和校验单位等内容。

（12）企业符合消防和环保要求的证明文件　企业应提供有效的消防、环保文件，文件应涵盖待认证车间，必要的情况下，企业可以就有关情况进行说明，充分证明待认证车间通过了消防、环保验收。

（13）其他资料　因故未生产的常年生产品种可以暂不进行委托生产，但企业应提供相关情况说明。如有委托检验，应提供委托检验协议书和省局备案批文。

第四节　GMP 认证检查

一、GMP 认证程序

GMP 认证工作分为四个阶段：认证申请与材料审查、指定现场检查方案、现场检查、审批与发证。

（一）认证申请和资料审查阶段

申请单位须向所在省、自治区、直辖市药品监督管理部门报送《药品 GMP 认证申请书》，并按《药品 GMP 认证管理办法》的规定同时报送有关资料。省、自治区、直辖市药品监督管理部门应在收到申请资料之日起 20 个工作日内，对申请材料进行初审，并将初审意见及申请材料报送国家药品监督管理局安全监管司。认证申请资料经局安全监管司受理、形式审查后，转交局认证中心。局认证中心接到申请资料后，对申请资料进行技术审查。局认证中心应在申请资料接到之日起 20 个工作日内提出审查意见，并书面通知申请单位。

（二）制定现场检查方案

对通过资料审查的单位，应制定现场检查方案，并在资料审查通过之日起 20 个工作日内组织现场检查。检查方案的内容应包括日程安排、检查项目、检查组成员及分工等。在资料审查中发现并需要核实的问题应列入检查范围。医药局认证中心负责将现场检查通知书发至被检查单位，并抄送其所在地省级药品监督管理部门、检查组成员所在单位和局安全监管司。检查组一般不超过 3 人，检查组成员须是国家药品监督管理局药品 GMP 检查员。在检查组组成时，检查员应回避本辖区药品 GMP 认证的检查工作。

（三）现场检查阶段

(1)现场检查实行组长负责制。

(2)省级药品监督管理部门可选派一名负责药品生产监督管理的人员作为观察员参加辖区药品 GMP 认证现场检查。

(3)医药局认证中心负责组织 GMP 认证现场检查，并根据被检查单位情况派员参加，监督、协调检查方案的实施，协助组长草拟检查报告。

(4)首次会议内容包括：介绍检查组成员；声明检查注意事项；确认检查范围；落实检查日程；确定检查陪同人员等。检查陪同人员必须是企业负责人或生产、质量管理部门负责人，熟悉药品生产全过程，并能准确解答检查组提出的有关问题。

(5)检查组须严格按照检查方案对检查项目进行调查取证。

(6)综合评定检查组须按照检查评定标准对检查发现的缺陷项目进行评定，作出综合评定结果,拟定现场检查的报告。评定汇总期间,被检查单位应回避。

(7)检查报告须检查组全体人员签字,并附缺陷项目、尚需完善的方面、检查员记录、有异议问题的意见及相关资料等。

(8)末次会议检查组宣读综合评定结果,被检查单位可安排有关人员参加。

(9)被检查单位可就检查发现的缺陷项目及评定结果提出不同意见及作适当的解释、说明。如有争议的问题,必要时须核实。

(10)检查中发现的不合格项目及提出的尚需完善的方面,须经检查组全体成员及被检单位负责人签字后,双方各执一份。

(11)如有不能达成共识的问题,检查组须做好记录,经检查组全体成员及被检单位负责人签字后,双方各执一份。

(12)检查报告的审核局认证中心须在接到检查组提交的现场检查报告及相关资料之日起20个工作日内,提出审核意见,送国家药品监督管理局安全监管司。

(四)审批与发证阶段

经局安全监管司审核后报局领导审批。国家药品监督管理局在收到局认证中心审核意见之日起20个工作日内,作出是否批准的决定。

对审批结果为"合格"的药品生产企业(车间),由国家药品监督管理局颁发《药品GMP证书》,并予以公告。

二、GMP认证现场检查的内容

(一)实件

实件主要是指人员一类的检查,检查的重点:人员的学历、资历以及是否具有部门负责人的授权书,人员的健康证明,人员的培训计划与记录,现场人员的问题回答等。

1. 部门负责人的授权书

作为企业法人不具备药学等相关专业的学历人士,应当授权与具备相关专业学历、资历的部门负责人,主要是质量部门、生产部门或者技术研发部门等。授权书一般要求具体的记载授权某人负责或者分管的部门以及岗位职责、职权等内容,以及相关的年限要求等。

2. 人员的健康证明文件

容易忽视的人员是采购人员与设备维修人员,主要从现场人员的姓名中进行随机挑选检查。

3. 人员的培训与记录

主要是培训计划(包括年度计划),要求具体的培训人员、培训内容(包括培训教案、培训人员的资历、培训时间、考核方式或者考核档案、对培训不合格人员的措施等)。一般要求提供培训教案以及考核试题与处理措施等文字资料。

4. 现场人员的回答

主要考察GMP文件的培训情况,实际上是上一问题的延续。考察方式主要有现场询问与现场操作。现场询问涉及程序文件、岗位操作SOP以及对GMP的内容。考察现场操作,主要集中在公用系统工程方面,纯水、空调、空压等方面。特别是纯水,要求操作人员不仅会现场取样操作,而且还要能够回答出现场提问,如整个水处理系统有多少取样点,取样抽验的频次,如何清洗消毒等等,要求现场操作人员对整个纯水处理系统的设备附件、取样点,特别是回水口等关键部件以及检验操作必须相当熟悉。空调操作人员主要涉及一些回风段,初效、中效、高效过滤器的清洗或者更换周期,以及判断处理方法,消毒时间与频率等。

(二)硬件

对于硬件设施,卫生是第一位的。

(1)**厂房** 防止蚊蝇鼠虫的措施,如挡鼠板、灭蝇灯、门帘、门条、粘鼠板等。

(2)**压差计、温湿度计** 主要检查效期以及检定标志等。

(3)**操作间的门** 检查人员会检查带有负压要求的操作间的门的开启方向。如果在设计施工中出现的问题,造成既存事实,则在向检查官员进行汇报时予以承认或者指出,求得谅解。

(4)**直排风口** 检查人员会现场查阅关于直排封口的清洁消毒程序文件,或者现场询问。

(5)**公卫间** 检查消毒剂的名称、标志以及效期问题,考察清洁用具的使用途径及分类。

(6)**地漏** 检查人员会就现场清洁消毒与地漏的实施情况进行对照,必要时会检查消毒剂的配制记录,同时也有要求现场人员进行清洁消毒操作示范的先例。

(7)**洗手池** 检查人员会检查下接水管有无沉降弯管等设置。

(8)**中间站** 检查是否划分区域管理,随机检查账、卡、物的记录是否与现场标志相符。

(9)**管道** 管道的颜色标志、流向以及内容物的标志要求,落水管道的标志。

(10)**库房** 检查是否划分区域,以及温湿度计、阴凉库的空调设置。

(11)**质检室** 检查要求微生物检验室的物料传递方向与接种方向,灭菌柜的设置,毒性药品或者试剂的存放设置。

(12)**厂区环境** 垃圾以及煤场的堆放,露天堆放是否有遮盖,是否有花卉存在等。

(三)软件

软件是检查的重点,检查的方式可以穿插于硬件巡检之中,但是又单独存在。

(1)**程序文件** 包括各种操作的 SOP。

(2)**生产原始记录** 主要审查原料、辅料、剩余物料的处理是否有交接,上下数据或者部门是否衔接一致。物料平衡与有限度要求的(如收率,工艺控制条件等)会加以复核。必要时,会调阅质量部门的检验报告。

(3)**库房** 查阅说明书的领头或者尾数是否账、卡、物相符,必要时会亲自点数复核。

(4)**原料、辅料以及包装材料的出入库记录** 检查方式同上。

(5)**现场物料的取样** 询问取样数量以及如何取样,检查取样的代表性问题。

(6)**成品的出入库记录** 检查方式同上,便于追踪检查。

(7)**质量部门** 检查仪器间的温湿度记录,检查现场有无必要的检验仪器设备与使用记录,检查现场有无报告数据或者检验数据,检查现场试剂的标配标示与配制时间、记录。

(8)**验证文件** 纯水、空调、空压等公用系统中,重点是前两者,重中之重是纯水的回水口取样。

(9)**清洁验证** 主要检查验证的过程叙述,重点是检查项目以及判断标准,其中又以检测方法最为重要。清洁剂与消毒剂的选型应当注意标明其级别以及使用部分的残留验证,否则会遭遇麻烦。

(10)**生产工艺验证** 注意数据的吻合性,不仅工序之间,同样适用于库房、质量部门。

学习小结

GMP自检是指制药企业内部对药品生产实施GMP的检查,是企业执行GMP中一项重要的质量活动,也是对企业完善生产质量管理体系的自我检查。通过GMP自检,发现企业执行GMP时存在缺陷项目,并通过实施纠正和预防措施来进一步提高GMP执行的持续性、符合性、有效性或通过自检进行持续改进。自检程序一般分为五个阶段:自检准备、实施自检、自检记录总结分析、提出自检报告、自检跟踪检查。GMP认证工作分为四个阶段:认证申请与材料审查、指定现场检查方案、现场检查、审批与发证。GMP认证现场检查实件、硬件、软件。

目标检测

一、选择题

1. 由国家和省级药品监督管理部门负责认证的是_____。
   A. GAP　　　　　B. GLP　　　　　C. GCP　　　　　D. GMP　　　　　E. GSP

2. GMP认证不用提供的资料有_____。
   A.《药品生产企业许可证》　　　　B.《营业执照》
   C. 药品生产企业(车间)生产的组织机构图
   D. 药品生产企业(车间)生产的所有剂型和品种表
   E. 工作人员的学历证书

3. 国务院药监部门负责药品GMP认证工作不包括的是_____。
   A. 中药片剂　　　B. 放射性药品　　　C. 国家规定的生物制品　　　D. 注射剂

二、简答题

1. GMP认证现场检查的内容有哪些?
2. 试讨论GMP认证检查中的问题。

第十一章 产品销售与收回管理

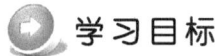 学习目标

【知识要求】
1. 掌握产品销售与收回的管理程序。
2. 熟悉产品收回中有质量问题产品的处理关键。
3. 了解产品销售与收回的记录要求。

【能力要求】
能综合运用本章知识分析问题,找出问题产生的原因及解决对策。

产品销售与收回管理是质量管理不可缺少的部分,是生产过程质量管理的延伸。建立完善的销售记录及收回管理程序,能保证在紧急情况时将产品从销售市场顺利收回,既能避免对患者造成不必要的伤害,也能避免对企业造成不必要的损失。

第一节 我国 GMP 对销售管理的基本要求

一、我国 GMP 对销售管理的基本要求

每批成品均应有销售记录。根据销售记录能追查每批药品的售出情况,必要时应能及时全部追回。销售记录内容应包括:品名、剂型、批号、规格、数量、收货单位和地址、发货日期等。

销售记录应保存至药品有效期后一年,未规定有效期的药品,其销售记录应保存三年。

药品生产企业应建立药品退货和收回的书面程序,并有记录。药品退货和收回记录内容应包括:品名、批号、规格、数量、退货和收回单位及地址、退货和收回原因及日期、处理意见等。

因质量原因退货和收回的药品制剂,应在质量管理部门监督下销毁,涉及其他批号时,应同时处理。

二、生产企业进行 GMP 认证中对销售管理的要求

生产企业的每批药品是否有销售记录,追查每批药品的售出情况,必要时能及时全部追回;销售记录是否保存至药品有效期后一年,未规定有效期的药品,销售记录是否保存三年;是否建立药品退货和收回的书面程序,并有记录,各项记录是否归档保存。

因质量原因退货和收回的药品,是否在质量管理部门监督下销毁,涉及其他批号时,是否同时处理。

知识链接

美国CGMP对销售管理的要求：
- 销售规程应建立药品销售的书面程序，包括：先进先出；收回标准程序。
- 销售记录应包括：商品名称、剂型、收货人的姓名及地址、装运日期和数量、批号。
- 退回的药品应建立退回药品的书面规程。
- 退回的药品应销毁，除非检验证明其符合必需的质量标准。

第二节 产品销售及服务

一、产品销售

药品销售过程质量管理的目的是保证能追查到每批药品的出厂情况，在必要时能及时收回售出的药品。药品销售过程管理的主要工作涉及以下几个方面：药品的入库验收、储存养护、出库发运、药品销售和销售记录管理。

我国GMP（2010年修订）中第一百零八条规定：物料和产品应当根据其性质有序分批贮存和周转，发放及发运应当符合先进先出和近效期先出的原则。

（一）出库发运

发运指企业将产品发送到经销商或用户的一系列操作，包括配货、运输等。

药品出库应遵循"先产先出"、"近期先出"、"按批号"发放的原则，严格执行填写批销售记录和质量核对等出库验发的制度和规程。对于麻醉药品、精神药品、医疗用毒性药品、放射性药品及贵细药品的出库应建立双人核对制度。

接收、发放和发运区域应当能够保护物料、产品免受外界天气（如雨、雪）的影响。

药品出库发运的一般程序：检查"出库单"，审核药品名称、剂型、规格、产品批号、数量、包装规格、收货地点、收货单位、开票人员签名等，确认无误后方可发货。发货时应根据"提货单"的内容，在合格区内找出应发品种的批号与货位，进行核对发放，清点库存产品情况，及时填写货位卡及做好相关记录。我国GMP（2010年修订）第二百九十六条明确规定：药品发运的零头包装只限两个批号为一个合箱，合箱外应当标明全部批号，并建立合箱记录。

药品发运时应由发货人与提货人按"提货单"逐件清点产品，并检查产品的外包装、捆扎打包情况以及包装内有无异常响声和液体渗漏等，签字交接。发运后，及时填写"批销售记录"及账册，保证账、卡、物相符。

药品出库应做好药品质量跟踪记录，以保证能快速、准确地进行质量跟踪。记录应保存至药品有效期后一年，但不得少于三年。

药品出库时，应按发货或配送凭证对实物进行质量检查和数量、项目的核对。如发现以下问题应停止发货或配送，并报有关部门处理：药品包装内有异常响动和液体渗漏；外包装出现破损、封口不牢、衬垫不实、封条严重损坏等现象；包装标识模糊不清或脱落；药品已超出有效期。

我国GMP（2010年修订）第二百九十五条中规定：每批产品均应当有发运记录。根据发运记录,应当能够追查每批产品的销售情况,必要时应当能够及时全部追回,发运记录内容应当包括:产品名称、规格、批号、数量、收货单位和地址、联系方式、发货日期、运输方式等。第二百九十七条规定:发运记录应当至少保存至药品有效期后一年。

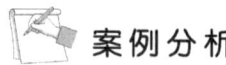
案例分析

某药厂药品发运操作规程

(1)发货申请:由业务员填写《发货申请表》传真回公司。

(2)公司认真审核《发货申请表》。

(3)市场部内勤负责核实上笔发货流向数量是否平衡,资质是否符合要求,核实无误后在《发货申请表》签字,交财务部。

(4)财务部负责核实货款是否到位,核实无误后开具《产品发货单》,产品发货单一式五联,除白联留存财务部外,另外四联交储运人员。储运人员留存一联,其余3联交库房。

(5)库房发货。

(6)发货结束后将应由市场部留存的《产品发货单》交到市场部存档。

(7)及时将有关材料整理归档。

(二)药品销售

药品生产企业不得在未经药品监督管理部门核准的地址现货销售药品,不得销售受委托生产的药品或者他人生产的药品。药品生产企业对其药品购销行为负责,对其销售人员或设立的办事机构以本企业名义从事的药品购销行为承担法律责任。药品生产企业不得在经药品监督管理部门核准的地址以外的场所储存或者现货销售药品。

1. 药品销售人员及其管理

这里所指的药品销售人员是指药品生产企业中直接从事药品批发业务的工作人员,这些员工应具有高中(含)以上的文化程度,且应经岗位培训和地市级(含)以上药品监督管理部门考试合格后取得岗位合格证书,方可上岗。

(1)**销售人员素质要求** 要拥有丰富的产品知识、医药学知识、心理学和社会学知识、管理学和营销学知识、经济学和市场学等知识;熟练的销售技巧等;热情、诚恳、耐心、忠实可靠的服务态度等。

(2)**销售人员工作规范** 掌握法律法规和方针政策,药品销售对象必须为具有合法营业执照、药品经营许可证、GSP认证证书的合法药品经营企业。制订销售计划,根据市场提供的信息及各业务网点的需求情况,由市场部制定年、季度、月销售计划及回款计划,主要内容包括:品种名称、规格、数量、价格、金额等。按市场需求和必备药品目录备足货源,保持合理库存。加强药品宣传,做好展销的有关工作。接待客户热情、诚恳、耐心、周到,并注意礼貌用语,做到来函来人进货一个样,新老客户一个样,进货数量大小一个样,工作忙闲服务态度一个样。认真贯彻价格政策,根据具体的生产成本合理制定药品价格,钱款结算及时,正确无误。认真贯彻"及时、准确、安全、经济"的运输原则,积极组织药品发运,提高运输质量。

(3)**药品销售人员质量责任** 严格执行证照审核制度,不得向证照不全非法药品生产经营单位销售药品。销售药品要正确介绍其性质、性能、用途、注意事项等,对用户负责。严格执行

"先进先销、近期先销"的原则,对长时间不动销、少动销或效期近的药品应采取积极措施并及时向主管部门反映汇报。销售特殊药品必须依照有关规定办理,做到手续完备。接到质量问题的通知单后,要立即停止销售,依据处理程序及时办理,严禁出售有质量问题的药品。及时上报有关药品不良反应的情况。

(4)销售人员的素质培养　目前,我国药品生产企业都很重视销售工作,药品销售人员的队伍也不断壮大,特别是一些大型的国际制药公司更是注重销售人员的素质培养,它不仅决定了 GMP 和国家有关药品管理法律法规的执行好坏,也更决定了企业营销的成败。对于生产企业而言,做好售前宣传、售后服务及相关信息搜集工作很大程度上依赖于销售人员。成功企业的营销队伍一般都具有专业化、高素质的突出特点,销售人员善于解答用户提出的问题和搜集对企业有价值的信息,有利于推动企业的发展。

专业化、高素质的销售人员需要企业来培养,不仅要培养他们的推销技巧,更重要的是培养他们的医药专业知识及与产品有关的法律、法规知识,使他们真正成为企业的对外形象代言人。特别是在每个首营品种销售前,要深入详细地向人员介绍该药品的适用范围、禁忌证、不良反应和处理方法等。营销人员的专业素质也可以说是一个企业生存发展的关键,企业对营销人员的考核不能仅重视经济指标,还应重视其专业素质提高,以及其搜集和反馈的信息在企业生存与发展中所起的作用。

2. 药品销售

制药企业要发展,就要着眼未来,制定营销战略,不断开发新产品,不断开发新市场,将经营与销售的策略以文件化形式确定下来,并不断健全完善。制药企业的市场营销要根据国内外市场的实际,制定经营与销售策略。经营战略是用来指导企业行为的一系列规则。企业经营战略要达到的目标,是企业现在和将来经营成败的衡量准则。经营战略也包含指导企业发展与其外部环境关系的规则,包括企业开发何种产品和技术,产品在何处销售,销售给谁,通过何种手段取得竞争的优势等。企业销售代表到各医疗单位或中间商联系或洽谈业务,应事先准备充分,了解对方的规模(包括床位数、历年习惯用药的计划品种、数量、金额、收治患者类别)、中间商需求情况、临床常规用药、突发性急救药品供应和时令性用药供应保障问题。

企业的市场经营要着眼于国内外市场的实际制定经营与销售策略,同时要为产品参与市场竞争营造良好的销售环境。一方面在开发已有客户,在已有市场上下大工夫;另一方面也要立足长远,放眼未来,"放长线钓大鱼",在培育和开发潜在客户、潜在市场上不断蓄势。

考点链接

药品退货和收回的记录内容包括:
A. 退货和收回单位、原因、日期
B. 品名、批号、规格、数量
C. 退货和收回单位的地址
D. 处理意见
E. 品名、批号、规格、数量,退货和收回单位及地址,退货和收回原因及日期,处理意见

解析:《药品生产质量管理规范》第一百三十六条规定:企业应当建立药品退货的操作规程,并有相应的记录,内容至少应当包括:产品名称、批号、规格、数量、退货单位及地址、退货原

因及日期、最终处理意见。同一产品同一批号不同渠道的退货应当分别记录、存放和处理。故此题正确答案为E。

(三)销售记录的管理

按照GMP的要求,每批产品均应有批销售记录。而实行药品销售记录管理的目的,就是要求能根据销售记录追查到每批药品的售出情况,便于质量追踪,必要时应能及时全部追回售出的药品。逐步利用计算机进行销售全过程的管理,所有销售管理方面的记录都可储存于计算机内。

1. 批销售记录的内容

批销售记录的主要内容包括:药品名称、剂型、规格、批号、生产日期和有效期、包装规格和数量、收货单位、收货地址、电话号码、传真或电子邮件、发货人和发货日期、检验报告单号和合同单号、提货凭证号、运输方式或发货方式等。

2. 销售记录的管理

销售记录是销售工作的重要文件,其管理的要点:应由专人、专柜保管,防止遗失,记录材料要保存至药品有效期后1年,若未规定有效期的保存3年。销售记录要方便查阅,同时应规定查阅人的资格,因工作需要必须经过领导批准方可查阅,办理查阅登记,阅后查阅人要在有关登记表上签字。每年销售记录保存人应列出超过保存期的"销售记录明细表"报请销售部门和质量管理部门负责人批准后方可销毁,销毁时应有监销、签字手续。

3. 销售客户档案管理

药品生产企业应按照依法批准的经营方式和经营范围从事药品的经营活动,只能销售本企业生产的药品,不得超范围经营。

药品生产企业应依据有关法律、法规和规章,将药品销售给具有合法资格的单位,不得将药品销售给无药品生产许可证、药品经营许可证、医疗机构执业许可证的单位和个人以及乡村中的个体行医人员、诊所和城镇中的个体行医人员、个体诊所,不得在非法药品市场或其他集贸市场销售本企业的产品,不得将处方药销售给非处方药经营单位,不得销售更改产品批号或有效期的药品,不得销售说明书和标签不符合规定及违反药品批准文号管理规定的药品。因此,在销售药品时,要对销售对象进行资格确认。药品销售客户必须具备下列条件:药品生产企业必须持有在有效期内的药品生产许可证和营业执照,药品经营企业必须持有在有效期内的符合经营范围的药品经营许可证和营业执照,医疗单位必须持有卫生行政部门颁发的在有效期内的医疗机构执业许可证。

客户档案的内容包括:编号、单位名称、地址、邮编、电话、传真、产品批号、证照编号、证照有效期、法人代表、经营方式、经营范围、注册资金、经济体制、每年经营业绩、重点经营品种、付款方式、退货情况及信誉度等级等。

(四)特殊药品的销售管理

所谓特殊药品就是指在使用时如果处理不当,会给人体造成巨大伤害的药品,必须对其经营使用进行严格的监督管理。我国GMP(2010年修订)第一百三十条规定:麻醉药品、精神药品、医疗用毒性药品(包括药材)、放射性药品、药品类易制毒化学品及易燃、易爆和其他危险品的验收、贮存、管理应当执行国家有关的规定。

1. 特殊药品的分类

根据有关规定,特殊药品一般分为以下四类:

(1) **医疗用毒性药品** 是指毒性剧烈,治疗剂量和中毒剂量相近,使用不当会致人中毒或死亡的药品。此类药品包括毒性中药 27 种[(砒石红砒、白砒)、水银、生马钱子、生川乌、生草乌、生白附子、生附子、生半夏、生南星、生巴豆、斑蝥、青娘虫、红娘子、生甘遂、生狼毒、生藤黄、生千金子、生天仙子、闹羊花、雪上一枝蒿、白降丹、蟾酥、洋金花、红粉、轻粉、雄黄]和毒性西药品种 13 种(去乙酰毛花苷丙、阿托品、洋地黄毒苷、氢溴酸后马托品、三氧化二砷、毛果芸香碱、升汞、水杨酸毒扁豆碱、亚砷酸钾、氢溴酸东莨菪碱、士的宁、亚砷酸注射液、A 型肉毒毒素及其制剂)。

(2) **麻醉药品** 是指连续使用后易产生生理依赖性,能成瘾癖的药品。麻醉药品共 121 种,品种范围包括:阿片类、可卡因类、大麻类及药品监督管理部门指定其他易成瘾癖的药品、药用植物及其制剂。

(3) **精神药品** 是指直接作用于中枢神经系统,使之兴奋或抑制,连续使用能产生依赖性的药品。依据精神药品使人体产生的依赖性和危害人体健康的程度分为两类:一类精神药品(52 种)和二类精神药品(78 种)。

(4) **放射性药品** 是指用于临床诊断或治疗的放射性元素制剂或者其标记药物。放射性药品包括裂变制品、加速器制品、放射性同位素发生器及其配套药盒、放射性免疫分析药盒等。

2. **特殊药品的管理**

国家针对麻醉药品、精神药品、医疗毒性药品和放射性药品实行特殊管理政策。具体规定了麻醉药品、精神药品、医疗毒性药品和放射性药品的种植和生产、供应、运输、进出口、使用,并列出了各种特殊药品的品种。进口、出口麻醉药品和国家规定范围内的精神药品,必须持有国务院药品监督管理部门核发的"进口准许证"和"出口准许证"。

生产特殊药品的企业要建立特殊药品的管理制度,对于特殊管理药品的验发要实行双人验发制度,特殊管理药品包装的标签或说明书上必须印有规定的标识和警示说明,特殊管理药品的贮存要专库或专柜存放双人双锁保管,专账记录,账物相符。

放射性药品是一类特殊药品,它释放出的射线具有穿透性,当其通过人体时,可与组织发生电离作用,因此对它的质量要求比一般药品更需严加监督检查,以保证达到诊断与治疗的目的又不使正常组织受到损害。所谓放射性药品标准管理即指药检机构根据国家制定的标准对药品质量进行监督检查。

二、产品服务

从广义上说,药品的售后服务内容比较广泛,主要是以用户访问、征求意见、退货处理等方式进行,但从质量保证方面说,还应包括售后质量投诉、成品质量检查、售后药物安全性评价等。

此外,我国政府应当加强对药品服务的管理力度,尽快出台规范药品服务的有关法规、标准和制度,而不仅仅是停留在舆论和会议上,或是不具有可操作性的指导意见上。应尽快建立对农村人口的医药保障制度,改善药品使用上的公平性;多设立非处方药的销售点,并加强对处方药品销售的准入和监管,从而改善药品使用的可及性。同时,应当积极推进计算机网络化技术在药品管理中的应用,在药品的供应中引入第三方物流管理模式,有利于医药分开管理,提高药品供应质量,降低药品成本。

(一)销售服务

首先是人员的素质要求。应具有非常丰富的医药专业知识和司法、金融、经贸、市场研究等专业知识;能全面介绍药品知识,正确回答医务人员或患者用药咨询;能正确预测市场前景,指导经营,优化销售渠道;具有药品政策和法律知识。

企业在销售服务上还要注重兑现承诺,不管是本企业的二、三级经销商,还是医疗单位或用药的患者,他们都迫切需要保证药品供应及时,安全有效而相对价廉,并负责因质量问题而包退、包换、包赔,甚至负责因质量问题而引起的刑事诉讼责任问题。

企业销售人员应正确介绍药品,不得虚假夸大和误导消费者。药品营销宣传应严格执行国家有关广告管理的法律、法规,宣传的内容必须以国家药品监督管理部门批准的药品使用说明书为准。

(二)处理质量投诉

药品生产企业应做好药品质量信息的反馈工作,重视用户对药品质量的投诉,建立用户投诉记录档案,做好意见反馈和处理,定期汇总分析,提出改进意见,防止类似事情再发生,并借此改进、提高药品质量。药品生产企业既不能回避,更不能敷衍了事。尤其是药品生产企业公布的监督电话热线和其他可以咨询的联系方式更不能仅仅流于形式,要派专门人员接待这种途径的质量投诉,及时给予处理和回复。药品质量投诉处理的好坏关系到企业的声誉,处理得好有利于企业更好地改进工作,提升企业形象。处理得不好,可能会损坏企业在消费者或用户中的信誉,影响企业的经济效益。

1. 建立用户质量投诉的管理制度

企业要建立用户质量投诉的管理制度。药品生产企业应该设立专门的机构或人员处理药品质量投诉问题,该机构或人员应具有相应的药学、医学专业素质,能够了解药品的质量特性和合理用药的知识,同时该人员应具备良好的协调和处理问题的能力,对于用户或消费者的过激言语和强硬行为应具有随机应变的能力。有关药品质量的所有书面和口头投诉的处理方法都应制订书面的处理程序,对不合格药品的投诉的审查以及是否进行调查提出意见,审查确定投诉所反映问题的严重程度等。药品生产企业处理药品质量投诉的人员应当查清质量问题的原因和根源,对于来自企业销售部门的投诉,应做好详细记录,按照企业内部制度的规定安排专人调查处理。对于来自患者或患者家属的投诉,除应做好相应记录和填好相应表格外,还应做好患者或家属的安抚工作,制定相应的补救措施。对于患者或家属的书面投诉,应采取相应的方式给予及时答复。对于来自医生等专业人士的质量投诉,除做好相应记录外,还应向报告的医生表示感谢,并表示希望他给予继续的关注。

2. 用户投诉的调查

调查的目的有两个:一是通过调查可以查清原因,明确质量责任;二是属于产品本身的质量问题,通过查明原因,通知生产部门采取改进措施,防止再发生,并借此改进、提高药品质量。

3. 产品质量投诉问题的处理

发现产品质量问题,属于产品本身的质量问题,一定要根据实际情况,按照有关规定,承担应该承担的质量责任,造成经济损失的还应负责赔偿实际的经济损失。属于用户储运或保管不当而造成的质量问题,也要热情地给予技术上的指导和帮助,及时帮助解决,并写出明确的

第十一章 产品销售与收回管理

处理报告。一份好的调查报告,应当完整、准确、清晰地反映投诉的真实情况,使非投诉的报告人员通过阅读调查报告就能对投诉的整个情况一目了然。

4. 建立用户投诉档案

企业还要建立用户投诉档案。用户关于质量的来电、来访,必须登记备案,及时回复处理,并将投诉的时间、问题、内容、调查过程及处理结果等记录在案。每个投诉事件均应有书面记录,保存在用户投诉档案内。有关药品投诉的书面记录保存至药品有效期后1年。

用户投诉记录内容包括:药品名称、剂型、规格、产品批号,投诉人姓名、投诉的内容和性质以及对投诉的答复处理。如果进行调查,投诉记录应包括调查结果及采取的措施。如果不进行调查,则应有认为不必进行调查的原因,并要求有对此做出决定的负责人签字。

5. 药品生产企业的投诉管理规程

(1)**投诉信息接收** 行政部、市场部、质量部接收的电话、信件等或企业网上收集的投诉材料,任何人员收到投诉后均应及时登记并转交给质量部。

(2)**投诉处理** 详细记录投诉人反映的问题、涉及品种、批号、购买地点、联系方式、提出的要求等。由质量部具体负责,并调查确定原因。

(3)**投诉记录的保管** 投诉记录在质量部保存,保存至药品有效期后一年。应定期检查投诉记录以便及时发现问题,以及可能需要从市场召回的特殊问题或重复出现的问题。

(三)用户访问

每次访问应事先做好充分准备,明确访问目的,拟订调查提纲,组织好访问人员,注重工作效果,并做好访问记录,建立用户访问工作档案。根据不同的用户,酌情使用函电征询、上门访问、书面调查、邀请用户座谈和利用会议调研等方式,广泛征求收集用户对药品质量、工作质量、服务质量的评价意见,建立药品质量、质量管理的征询意见书。

药品质量、质量管理征询意见书的格式,可以按有关规范要求的内容进行制定。其内容包括:

(1)**药品质量方面的意见** 包括药品的外观、包装质量、内在质量,被征询意见的单位或个人列出的具体品名、规格、数量、批号、厂名、产地、进货日期、具体质量情况。

(2)**工作质量方面的意见** 包括药品供应情况、运输、问题处理、服务态度等。

(3)**建议与要求** 用户的建议与要求是从实践中来的,在一定程度上反映了企业存在的问题。企业对用户反映的意见和提出的问题必须跟踪了解,研究整改措施,做到件件有交待,桩桩有答复。按照全面质量管理的理论与实践,对来自客户的意见要认真研究对待,找出问题的症结,提出解决问题的办法,认真解决。

(四)建立药品回收服务制度

药品从研究、生产、流通、使用到过期、回收、处理是药品从"生"到"死"的全过程。药品作为特殊商品,对其管理应贯穿始终,而不能仅停留在前半段。药品生产企业作为回收药品定点回收单位,可提升企业在消费者心目中的形象,进而促进其长远发展,提高了企业的积极性。同时,借鉴其他国家的药品回收经验将生产者责任制度引入过期药品回收管理中,全面体现"谁生产谁负责"的原则,通过立法明确规定生产者和销售者有限度的承担过期药品回收的工作和费用。引导药品生产企业建立"企业在使用资源的同时有责任保护资源"的理念,药品生产企业应该对其生产的药品质量及售后服务(包括过期回收处理)负全责,政府在审批企业生产资质的同时,应将其对产品回收、资源再利用、危废品处理的权力一并纳入审批范围,实现产品全过程的监督管理。

(五)增强技术服务意识

药品生产企业应设专职人员开展技术服务工作,定期开展技术服务,指导合理用药,进行产品调研征询意见,收集产品信息及需求,作好产品开发和改进。

 知识链接

我国医药企业在市场营销中存在的问题主要有以下几点:①研发能力受限制,仿制药仍占据主导地位,形成不了有明显特色的品牌,竞争力不强;②通过 GMP 的成本高昂,运营成本大幅度提高。产品生产成本提高,从而促使药品价格提高,市场竞争力减弱;③面临医药行业产能整体过剩的严峻考验,多数企业的想法都是向银行贷来资金困难,又是建车间,又是买设备,何不多建几条生产线? 这种想法导致 GMP 改造后的企业生产能力较大幅度提高导致产能过剩;④促销手段单一,营销人才面临很大危机。

第三节 产品退货及收回

药品销售至市场中,由于各种原因需要退回药品生产企业,药品生产企业就要对已流入市场的药品进行退货和收回处理。而退货和收回措施则是药品生产企业产品售后工作的重要内容之一,也是生产制造全过程质量管理的最后环节。

一、产品退货

退回产品指销售至市场的产品,由于各种原因退回企业的产品。我国 GMP(2010 年修订)第一百三十六条规定:企业应当建立药品退货的操作规程,并有相应的记录,内容至少应当包括:产品名称、批号、规格、数量、退货单位及地址、退货原因及日期、最终处理意见。同一产品同一批号不同渠道的退货应当分别记录、存放和处理。

(一)产品退货原则

产品退货分为质量原因和非质量原因两种情况,其退货的原则为:产品一经售出,无正当理由,一律不准退货。非质量原因的退货必须经过严格的审批,销售人员无权批准退货,销售部门负责人无权批准自己经手销售产品的退货,超过一定数额的退货应由主管销售的企业领导人审批,数额较大的应由企业领导人审批。非质量原因的药品超过有效期的不退,零箱不退,间接客户不退。产品质量原因的商品由于是客户原因造成的产品质量变化不退,无法清点接受的不退,混有假药的不退。

(二)产品退货的程序

(1)仓库验收员、经营部门经办人、质量管理部门质监员三方到场进行预接收。退回产品到库应先置收货区,进行预接收。

(2)由仓库验收员、销售部门经办人和质量管理部门质监员凭"退货单"、"退货通知单",核对退货产品的品名、规格、批号、包装规格和数量,检查"退货通知单"是否按规定经过审批,批准人是否已签字,检查是否符合退货原则,检查外包装的完整性和封口的严密性,放置退货区,悬挂黄色标志。

(3)质量管理部门要根据销售记录,观察留样结果,了解该批产品的质量情况。财务部门查阅退回产品的发货发票,了解退回产品的收款情况,并将核查结果报主管领导批准,再将结果通知销售部门、质量管理部门、仓库和财务部门。

(4)由仓库管理员填写"退货产品登记表"并请验,再由销售部门给客户换货或由财务部门给客户退款,并办理相关手续。

(5)预接收与核查各项目中,有一项不符合要求的拒收。接收的退回产品应移至不合格品区,按不合格品处理。然后由销售部门通知客户确认后,再通知质量管理部门和财务部门。

(三)退回产品的处理

我国GMP(2010年修订)第二百九十四条规定:因质量原因退货和召回的产品,均应当按照规定监督销毁,有证据证明退货产品质量未受影响的除外。

第一百三十七条规定:只有经检查、检验和调查,有证据证明退货质量未受影响,且经质量管理部门根据操作规程评价后,方可考虑将退货重新包装、重新发运销售。评价考虑的因素至少应当包括药品的性质、所需的贮存条件、药品的现状、历史以及发运与出现之间的间隔时间等因素。不符合贮存和运输要求的退货,应当在质量管理部门监督下予以销毁。对退货质量存有怀疑时,不得重新发运。

对退货进行回收处理的,回收后的产品应当符合预定的质量标准。退货处理的过程和结果应当有相应记录。具体措施:

①经检验确认内在质量符合质量标准,且外包装完整无损、无污染的非质量原因退回的产品,由质量管理部门批准,可以入库再销售,但应在货位卡及销售记录上说明。②非质量原因退回的产品,经检验确认内在质量符合质量标准的,但外包装陈旧且捆扎不严等,不宜于市场销售的,经质量管理部门批准,进行更换包装处理。由生产部门负责更换包装,但一定要沿用原来批号,在原批号后加上符号或数字即按返工批号管理,以示与原批号区别。更换包装后,经质量管理部门检验,发检验报告单及成品放行审核单,方可入库销售,但应在销售记录上注明。③因质量原因退货和收回的药品制剂,应在药品监督管理部门监督下销毁,做好销毁记录。④因质量原因退货的原料药,根据生产部门提出的处理意见,重新处理并能达到企业内控标准要求的,应有详细的重新加工处理方案,由质量部门负责人批准,实施重新加工。若无重新加工处理价值的,应按制剂销毁的办法处理。

(四)产品退货记录

产品退货记录内容包括:涉及产品名称、剂型、规格、批号、包装规格和数量,退货单位的地址、电话、传真,退货原因及退货日期,处理意见等。

1. 退货的核对接收

销售部门收到退货产品后,通知库管员、QA一起核对产品名称、批号、数量等。确认为已过有效期的药品,移入不合格品库,挂红色"不合格"牌。有效期内产品移入退货品库,挂黄色"待检"牌。QA填写"药品退货记录",交质量部负责人组织质量评估及确认。

2. 质量评估及确认

因运输过程造成破损,经检验没有波及内包装,可在 QA 监督下更换包装,发给原单位。因发货、订货错误或经济原因引起的在有效期内产品经评价及检验,合格后可以重新发运销售。评价及确认后在"产品退货记录"最终处理意见栏签注意见。

3. 退回产品的处理

重新包装按包装操作规程执行,销毁的药品按销毁管理规程执行。同一产品同一批号不同渠道的退货应分别记录、存放和处理,任何退货处理均应有"退回药品处理记录"。

二、产品收回

产品收回(或召回)是指在药品流通环节中,药品生产企业从经销商、医院、药店及患者等处将药品收回的过程。

(一)产品收回的原则

我国 GMP(2010 年修订)第二百九十三条规定:企业应当建立产品召回系统,必要时可迅速、有效地从市场召回任何一批存在安全隐患的产品。第二百九十八条规定:应当制定召回操作规程,确保召回工作的有效性。第三百条规定:召回应当能够随时启动,并迅速实施。

企业已经发现或有证据表明市场销售的产品有质量问题时,就要迅速采取退货或换货的措施,收回已售出的产品。

根据药品安全隐患的严重程度,药品收回分为三级。一级召回:使用该药品可能引起严重健康危害的。二级召回:使用该药品可能引起暂时的或者可逆的健康危害的。三级召回:使用该药品一般不会引起健康危害,但由于其他原因需要收回的。

三级召回,采用一般情况产品收回方式;一级召回和二级召回,采用紧急情况产品收回方式。

(二)一般情况产品召回程序

使用该药品一般不会引起健康危害,但由于其他原因需要收回的三级召回,采用一般情况产品召回方式。由企业主管质量领导指定一人负责产品收回工作,此人要求独立于销售部门之外,负责产品收回及协调工作。

我国 GMP(2010 年修订)第二百九十九条中规定:药品生产企业应当指定专人负责组织协调召回工作,并配备足够数量的人员。产品召回负责人应当独立于销售和市场部门;如产品召回负责人不是质量受权人,则应当向质量受权人通报召回处理情况。

收回工作负责人接到产品收回决定后,应迅速调阅销售记录,做出调查评估报告和制定收回计划。我国 GMP(2010 年修订)第三百零二条中规定:产品召回负责人应当能够迅速查阅到药品发运记录。

调查评估报告应当包括以下内容:收回药品的具体情况(包括产品名称、规格、批号、包装规格和数量等基本信息)、实施收回的原因、调查评估结果、收回分级。

收回计划应当包括以下内容:药品生产销售情况及拟收回的数量;收回措施的具体内容,包括实施的组织、范围和时限等;收回信息的公布途径与范围;收回单位名称、地址、电话(或传真)、联系人;收回的预期结果;药品收回后的处理措施;联系人的姓名及联系方式。必须 72 天内通知该批销售记录中的收货单位,并转发到该批产品售往的每个药品批发单位、医院、药店直至每个患者,同时向所在地省、自治区、直辖市药品监督管理部门报告。

将收回计划通知销售部门及有关人员,立即实施收回计划,7日内应当将调查评估报告和收回计划提交给所在地省、自治区、直辖市药品监督管理部门备案。药品生产企业对上报的收回计划进行变更的,应当及时报药品监督管理部门备案。

执行人员(部门)对收回工作情况及异常情况,统计收回差额及收回率等随时向主管领导报告,且每7天向所在地省、自治区、直辖市药品监督管理部门报告药品收回进展情况。我国GMP(2010年修订)第三百零一条中规定:因产品存在安全隐患决定从市场召回的,应当立即向当地药品监督管理部门报告。

收回的产品按有关"退货产品接受工作程序"进行入库及管理。我国GMP(2010年修订)第三百零三条中明确规定:已召回的产品应当有标识,并单独、妥善贮存,等待最终处理决定。最后要做好产品收回的各项记录。

(三)紧急情况药品召回程序

使用该药品可能引起严重健康危害的一级收回和使用该药品可能引起暂时的或者可逆的健康危害的二级收回采用紧急情况产品收回程序。

(1)经批准立即进行产品紧急收回,同时成立由企业主管质量的领导、质量管理部门和销售部门负责人组成的专门小组,负责紧急收回全过程的决策和异常情况处理。

(2)成立由销售部门为主,质量管理部门和仓储部门参加的工作小组,负责实施产品紧急收回工作。

(3)紧急收回决定下达后要在24小时内准备如下资料:产品名称、规格、剂型、批号、包装规格和数量、产品批销售记录;产品停止使用说明或停止销售说明,内容包括紧急收回原因,可能造成的医疗后果,建议采取的补救措施或预防措施,立即停止销售、使用的通知;做出调查评估报告和制定收回计划。

(4)调查评估报告应当包括以下内容:收回药品的具体情况,包括产品名称规格、批号、包装规格和数量等基本信息;实施收回的原因;调查评估结果;收回分级。

收回计划应当包括以下内容:收回单位名称、地址、电话(或传真)、联系人;药品生产销售情况及拟收回的数量;收回措施的具体内容:包括实施的组织、范围和时限等;收回信息的公布途径与范围;收回的预期结果;药品收回后的处理措施;联系人的姓名及联系方式。

(5)收回计划通知到销售部门及有关人员,立即实施收回计划,一级收回在1日内,三级收回在3日内应当将调查评估报告和收回计划提交给所在地省、自治区、直辖市药品监督管理部门备案。一级收回在24小时内,二级收回在48小时内通知该批销售记录中的收货单位,并转发到该批产品售往的每个药品批发单位、医院、药店直至每个患者,同时向所在地省、自治区、直辖市药品监督管理部门报告。药品生产企业对上报的收回计划进行变更的,应当及时报药品监督管理部门备案。

(6)在紧急收回过程中,专门小组应24小时留有值班人员,处理随时可能发生的问题,要注意收回率,收回数量与规定的差额。随时向主管领导报告收回工作的进展情况,且一级收回每日,二级收回每3日向所在地省、自治区、直辖市药品监督管理部门报告药品收回进展情况。

(7)收回的产品按"退货产品接受工作程序"进行入库管理。

(8)详细记录紧急收回过程中每个阶段所采取的措施、结果和时间,并整理归档,存入产品质量档案。

(9)领导小组根据收回情况决定是否紧急收回工作结束,如果可以结束,应以书面形式宣布并通知有关部门,同时呈报当地药品监督管理部门。

企业一旦决定收回产品,除立即执行收回管理制度,启动收回程序等和产品收回有关的工作外,还应做好以下有关工作:首先应立即报告当地药品监督管理部门,然后对因质量问题退货和收回的药品制剂,分析是否涉及其他批号,决定是否立即实施收回,分析质量问题产品的原因,采取必要的预防措施,防止再发生,对有严重质量问题的产品和生产车间还应立即停产整顿。

(四)产品收回记录

药品生产企业对收回药品的处理应当有详细的记录,并向药品生产企业所在地省、自治区、直辖市药品监督管理部门报告。产品收回记录内容包括:涉及产品名称、剂型、规格、批号、包装规格和数量,收回单位的地址、电话、传真、收回原因及日期,处理意见等。

我国 GMP(2010 年修订)第三百零四条中明确规定:召回的进展过程应当有记录,并有最终报告。产品发运数量、已召回数量以及数量平衡情况应当在报告中予以说明。

三、产品退货和收回后销毁管理规程

(一)以下物料属于销毁的范畴

①库存物料检验不合格又不能退货的、复检不合格的物料、已到有效期的物料、产品;②生产中报废的包材等物料;③生产中出现的无法重新加工或返工的不合格品;④留样考察品已到储存期的样品;⑤各种文件、记录到保存期需要销毁的等。

(二)销毁后处理

①销毁后由所有销毁人员在《销毁记录》上签字;②不合格物料和产品《销毁审批单》和《销毁记录》由质量部归档,保存至销毁日后三年。

 知识链接

WHO 的 GMP(1992 年)有关产品收回的具体条文如下:
- 原则:应有一个能及时、有效地从市场上收回已知或怀疑有缺陷产品的系统。
- 应指定一人负责执行和协调收回,并有足够的人员处理与紧急程度相适应的回收的各个方面。此人应独立于销售和经营机构。如此人不是授权人,任何收回工作应告知后者。
- 任何收回活动的组织都应有书面规程,定期检查和更新。
- 由于产品有缺陷或环境产品有缺陷而需要收回,应将此意图迅速通知该产品各经销国的主管当局。
- 负责收回的人(们)应能立即拿到销售记录,同时,销售记录应收载批发商和直接供货的顾客(包括出口产品的临床试验样品和医疗样品的接收人)的详细资料,以便有效的收回。
- 收回过程的进展应予记录,并发出包括该品的发货量和回收量之间的一致性的最后报告。
- 应不间断的评价回收安排的有效性。
- 当收回的产品等待处理时,应发布将这些产品贮存在一个安全隔离区的指令。

学习小结

本章主要包括以下内容：我国 GMP 对销售管理的基本要求；产品销售及服务，具体包括普通药品的销售管理、特殊药品的销售管理和产品服务；产品退货及收回包含药品销售中的退货管理、产品收回（一般召回程序和紧急情况下的召回程序）、产品退货和收回后销毁管理规程。学习方法以理解记忆为主，同时要紧密结合 GMP 的有关认证材料将理论与实践有机结合起来，应与药品管理法、GSP 等法规结合起来学习。

目标检测

一、选择题

1. 药品销售记录应保存至药品有效期后_____。
   A. 1 年　　　B. 2 年　　　C. 3 年　　　D. 4 年　　　E. 5 年
2. 未规定有效期的药品，其销售记录应保存_____。
   A. 1 年　　　B. 2 年　　　C. 3 年　　　D. 4 年　　　E. 5 年
3. 药品生产企业只能销售_____。
   A. 任何药品生产企业生产的药品　　　B. 个人承包的药品生产企业生产的药品
   C. 合资企业生产的药品　　　D. 本企业生产的药品
   E. 转销经营、批发企业的药品
4. 中药材专业市场只能销售_____。
   A. 化学药品　　　B. 中药饮片　　　C. 生物制品　　　D. 中成药　　　E. 中药材
5. 经销进口药品的国内销售代理商必须_____。
   A. 向卫生部备案，备案事项如有变更，必须办理变更手续
   B. 向国家药品监督管理局备案，备案事项如有变更，必须办理变更手续
   C. 向国家发展计划委员会备案　　　D. 向社会劳动和社会保障部备案
   E. 向国家技术监督局备案
6. 药品销售人员对其他企业的药品购销活动_____。
   A. 可以兼职　　　B. 不得兼职　　　C. 可以过问　　　D. 当顾问
   E. 可以单品种指导
7. 对有伪造药品购销或购进记录行为的药品经营的将处以_____。
   A. 警告　　　B. 警告或者并处以两千元至三万元的罚款
   C. 两千元至三万元的罚款　　　D. 两千元至二万元的罚款
   E. 一千元至一万元的罚款
8. 药品退货和收回的记录内容包括_____。
   A. 处理意见
   B. 品名、批号、规格、数量，退货和收回单位及地址，退货和收回原因及日期，处理意见
   C. 退货和收回单位、原因、日期
   D. 品名、批号、规格、数量
   E. 退货和收回单位及地址

9. 药品生产企业可将药品销售给_____。
   A. 无《药品生产企业许可证》的单位 B. 无《药品经营企业许可证》的单位
   C. 无《医疗机构执业许可证》的单位 D. 有《医疗执业许可证》的个体诊所
   E. 具有《药品生产(经营)许可证》和营业执照的单位

二、简答题

1. 药品销售人员工作规范是什么？
2. 特殊药品如何管理？
3. 紧急情况药品召回程序是什么？

下 篇

实训指导

实训一　生产区域设备的清洁卫生消毒

实训目标

【熟悉】通过对生产区设备的清洁,熟悉一般生产区设备和洁净区设备清洁的基本内容及清洁步骤;清洁剂、消毒剂的使用要求。

【了解】生产区设备清洁效果评价。

一、实训准备

(1)清洁剂:洗洁精和水(饮用水、热水、纯化水)。
(2)消毒剂:0.1%苯扎氯铵溶液、75%乙醇溶液,每个月交替使用。
(3)清洁工具:软布、毛刷、洁净不脱落纤维的抹布、清洗机。
(4)每4人一组操作。

二、实训内容及步骤

(一)一般生产区设备清洁

1. 一般生产区设备清洁的内容

一般生产区设备的清洁内容为清洁、干燥等,清洁方式分为在线清洁、移动清洁。移动清洁又可分为整机移动清洁和拆卸式移动清洁,在清洁区进行清洁。采用拆卸冲洗、高压水枪清洗、手工擦拭和移动式清洗机自动清洗等。

2. 一般生产区设备清洁步骤

确定需清洁污染物性质和类型→清除所有前一批次残留的标识、印记→预冲洗→清洗剂清洗→冲洗→目检→干燥→记录、标识→正确存储。

(二)洁净区设备清洁

1. 洁净区设备清洁的内容

洁净区设备的清洁内容一般为清洁、消毒、灭菌、干燥等,清洁方式分为在线清洁、移动清洁。移动清洁又可分为整机移动清洁和拆卸式移动清洁,应在专用的清洁区进行清洁、消毒、灭菌。采用拆卸冲洗、高压水枪清洗、手工擦拭和移动式清洗机自动清洗等。

2. 洁净区设备清洁步骤

确定需清洁的污染物性质和类型→清除所有前一批次残留的标识、印记→预冲洗→清洗剂清洗→冲洗、消毒(灭菌)→检查→干燥→记录、标识→正确存储。

三、实训注意事项

1. 清洗过程轻拿轻放,小心砸伤脚、挤伤手或滑倒,注意安全。

2. 清洁结束时,将水、电、汽全部关闭。
3. 清洁过程严格按照相应的清洗规程进行清洗。
4. 清洁用水管使用完毕后,悬挂在指定位置,保持水管两端向下。

 实训思考与测试

(一)实训思考

生产完毕,盛放无菌产品的容器具清洗后需不需要灭菌?如需灭菌需不需要注明灭菌日期和失效期?

(二)实训测试

学生应能描述不同生产区设备的清洁使用的清洁剂、消毒剂、清洁工具和清洁步骤,会对洁净区使用的容器具正确操作清洁。

实训二 物料的接收

 实训目标

【掌握】 填写物料接收的相关记录；按程序和要求接收物料。

【了解】 物料接收的相关内容；GMP 对物料的接收规程。

一、基础知识

(一)物料的接收方式

物料的接收过程一般包括：物料(原料药、辅料、包装材料、特殊药)的初验、物料的清洁、物料的编号、请验取样、物料的入库及物料的拒收等。

(二)物料的接收规程

一般根据所接收物料的种类不同首先进行初验，如考察运输车辆的状态及物料外包装的标记和完整性，核对品名、规格、批号、数量、每一件的重量，检查是否附有《产品合格证》、《产品检验报告书》及进口物料的口岸药品检验所出具的检验报告书等。其次，对物料的外包装按照《物料入库前清洁规程》进行清洁，按照《物料分类编码管理规程》分别编号并填写《物料出入库分类账》，登记《货位卡》，挂上待验标志，开具《请验单》，同时填写《物料请验单》报送 QA 仓库检查员待取样检验。然后，物料入库，根据不同的品种类别按照《物料储存管理规程》对物料分别堆垛码放，并且建立相应的状态标记和库存货位卡。另外，对出现到货物料与订货单或订货合同不相符，外包装无明显标记，精神类原料药无国家规定的特殊药品标记，难以区分，外包装出现水渍、受潮、鼠咬等现象，无检验报告书或合格证，外包装破损或封口不严密等情况的物料，仓库管理员要予以拒收并填写《物料接受异常情况报告单》报 QA 决定处理。

二、实训过程——物料的接收

(一)要求

(1)知道物料的接收规程。

(2)分组操作。

(二)准备工作

(1)物料出入库分类账。

(2)货位卡。

(3)物料接收异常情况报告单。

(4)洁净的垫仓板。

(三)操作过程

1. 物料的初验

（1）**原料药** 原料药的采购运输应尽量使用封闭货车,若无法使用封闭的货车则应用苫布将药品覆盖严密。进厂的原料药在其每一个外包装上均应有明显的标记,标明品名、批准文号、规格、批号、重量、生产单位。精神类原料药的外包装上还应有国家规定的"精神药品"标记。进厂的原料药要由仓库管理员核对品名、规格、批号、数量及每一件重量,应与订货单和订货合同一致。精神类原料药的接收至少要有两名人员负责。进厂原料药必须附有《产品合格证》及《产品检验报告书》。进口原料药必须附有口岸药品检验所出具的检验报告书。药品的外包装应完整,无破损、受潮、水渍、霉变、鼠咬等现象。

（2）**辅料** 进厂的辅料要由仓库管理员进行核对,应与订货单或订货合同一致,并附有产品合格证及检验报告书。外包装应完整,无破损、受潮、水渍、霉变、鼠咬等现象。固体辅料必须使用双层包装,封口要严密。在每一个包件上要有明显的标记,标明品名、规格、批号、重量、生产单位。液体辅料的容器封口要严密,无浸出或漏液现象,并贴有明显的标记,标明品名、规格、批号、重量、生产单位。

（3）**包装材料** 进厂的包装材料要由仓库管理员进行核对,应与订货单和订货合同一致,且供货方必须是批准的合格供应商,并附有产品合格证及检验报告单。包装材料的外包装袋(箱)应完整,无破损、受潮、水渍、霉变、鼠咬等现象。对于碰震易碎的包装材料(安瓿、玻璃瓶)的外包装袋(箱)必须印有包装储运标志。内包装材料(直接接触药品的包装材料)必须用双层包装。内、外包装开口处要密封。外包装处要有标签,标明内容物名称、规格、数量、生产单位。

（4）**特殊药** 贵重药品应逐件检查,其外包装应完好无破损,无启封痕迹。易燃、易爆品应用低温、阻燃容器包装,外包装应完好、无渗漏。

2. 物料的清洁

进厂的所有物料在入库前必须对其外包装进行清洁,清洁按照《物料入库前清洁规程》执行。清洁后的物料应置于洁净的垫仓板上。

3. 物料的编号

所有进厂的物料均要按照《物料分类编码管理规程》分别编号,并填写在相应的货位卡等文件中,并填写《物料出入库分类账》。

4. 请验、取样

经过初验、清洁、编号的物料要由仓库管理员及时填写请验单,报送 QA 仓库检查员,QA 仓库检查员接到请验单后立即准备取样,取样时按照《取样管理规程》及各取样 SOP 进行。

5. 物料的入库

原料、辅料、包装材料要按照品种类别分别码放。标签、说明书要按照品种、规格、分类专柜存放。入库的物料要实行状态标记管理,物料的状态标记应随物料的不同状态及时更换。入库后的物料必须建立库存货位卡。物料入库的堆垛码放要按照《物料储存管理规程》执行。

6. 物料的拒收

凡出现下列情况之一者由仓库管理员填写《物料接受异常情况报告单》报 QA 决定处理:到货物料与订货单或订货合同不相符的,物料的外包装无明显标记,精神类原料药无国家规定的特殊药品标记,难以区分的,物料外包装出现水渍、受潮、鼠咬等现象,物料无检验报告书或合格证,物料外包装破损或封口不严密,物料异常情况处理必须由 QA 检查员审核确认后执行。

(四)注意事项

(1)认真核对订货单或订货合同是否一致。
(2)认真检查产品合格证及检验报告书。
(3)认真检查物料的外观。
(4)货位卡填写内容真正做到全面而真实。
(5)所用的垫仓板一定保证是洁净的。
(6)物料的接收必须做到账、卡、物一致。
(7)切实做到:未收到原料、辅料及包装材料检验合格报告书,不得发放使用。

物料接收记录

接收日期		物料名称			
物料规格		批号		件数	

物料接收情况:

1.接收物料的类别:	原料( )辅料( )包装材料( )
2.物料采用的运输方式:	封闭货车( )苫布严密覆盖( )
3.物料的外包装有无明显标记?	有( )无( )
4.进厂物料与订货单、订货合同是否相符?	是( )否( )
5.物料是否附有检验报告书及合格证?	是( )否( )
6.物料的外包装是否符合规定?	是( )否( )
7.物料的外包装有无异常?	有( )无( )
8.是否进行物料外包装的清洁?	是( )否( )
9.对进厂物料是否进行统一编号?	是( )否( )
10.是否填写物料入库总账及分类账?	是( )否( )
11.是否填写请验单?	是( )否( )
12.物料入库是否分类码放?	是( )否( )
13.入库物料是否有状态标记?	是( )否( )
14.物料的堆垛码放是否符合规定要求?	是( )否( )

原料称量记录:

记录人	接收人员

物料接收异常情况报告单

报告日期		物料名称				仓库管理员填写
物料规格		物料批号		件数		
异常情况：						
报告人：						

物料入库总账

物料类别：

页码：

物料编号	进货日期	物料名称	供货单位	货运数量			收货人	采购人	备注
				规格	件数	总量			

物料出入库分类总账

物料类别：		物料名称：		规格：	单位：			账页：	
年	物料编号	进货批号	领料单号	来源去向	收入量	发出量	结存数量	备注	
月 日									

收料请验单

采购订单号			收料请验单流水编号		
物料名称		物料编号		到货状态	
实收数量		件数		包装规格	
供应商名称		收货日期		生产商批号	
是否有供应商检验报告			包装形式		
备注					
接收人签字： 日期：			复核人签字： 日期：		

 实训思考与测试

物料早交会增加仓储成本，迟交则会影响生产进度，打乱生产计划，为了避免这种不良现象的发生，必须对物料的接收实施哪些有效的控制？

实训三　人员洗手、手消毒操作

 实训目标

【掌握】　正确使用洗手、消毒设施；按洗手、手消毒的标准操作程序进行洗手、手消毒。

一、实训准备

(1)不锈钢洗手池、自动感应式干手器、自动感应式手消毒器(或者喷壶、消毒液盆)。

(2)洗手液或液体肥皂。

(3)配制好的手消毒液：75%乙醇或 0.1%苯扎溴铵。

(4)实训场地：实训中心的缓冲间。

二、实训内容及步骤

(1)检查自动感应式干手器、自动感应式手消毒器的电源是否插好。

(2)摘下手表、戒指等饰品。

(3)用水润湿双手，使用适量的液体肥皂或洗手液，双手相互揉搓，直至产生很多泡沫，清洁每一手指和手指之间，并注意除去手掌心的油脂，剔除指甲内污垢(必要时刷子刷指甲)，将泡沫擦至手腕。

(4)用大量流动温水冲尽泡沫上所附着的所有污垢、皮屑和细菌，仔细检查手的各部位(手背、指甲、手掌)，并对可能遗留的污渍重新清洗。

(5)将手伸到自动感应式干手器的风口下，进行手的干燥。

(6)采用自动感应式手消毒器消毒：将干燥的手伸到自动感应式手消毒器的下口处，接住适量的消毒液，注意让手的各部位均有一定量的消毒液，进行手的消毒。采用喷壶：用干燥的双手交替用装有消毒液的喷壶将消毒液喷到手上，注意消毒液要遍布手的各部分。采用消毒液盆：将干燥的双手手心向下放入装有消毒液的盆中，浸泡少许时间。注意消毒液要浸没双手的手背。

(7)将双手自然晾干或用干手器吹干。

三、实训注意事项

(1)尽量采用洗手液或液体肥皂，不要使用固体肥皂。这是因为固体肥皂很容易传播污染，已为含菌量的检测证实。即使液体肥皂也应做含菌量的检测，不符合要求的不能使用。液体肥皂或洗涤剂应置于洗手池上方专用的装置里。

(2)洗净的手不要再碰水龙头等物件。洗手要适度，即控制好洗手的时间，一般控制在

10~15分钟为宜。

(3)使用0.1%苯扎溴铵作为手消毒液时,手消毒前,一定要把手上的液体肥皂或洗手液完全冲净。

(4)用消毒液盆进行手消毒时,要注意定期更换新配的消毒液。

(5)除此之外,洗手时要仔细检查每只手的手心、手背,视其是否有划痕、抓痕、溃疡或感染等。如有,应立即报告工段长。因为这些部位的细菌繁殖十分迅速,可以成为工作区域受污染的主要原因。

实训思考与测试

1. 工作中,何时进行洗手?
2. 为什么要控制好洗手的时间?
3. 为什么洗手应使用液体肥皂或洗涤剂,而不能使用固体肥皂?

实训四　人员进出洁净区

 实训目标

【掌握】　会使用人员净化设施;会正确穿戴不同洁净区的工作服;能正确进出不同级别的洁净区。

一、实训准备

(1)洁净工作服、洗手液、手消毒液。

(2)实训场地:实训中心的一更、二更和缓冲间。

二、实训内容及步骤

(一)实训内容

模拟人员由一般生产区进出洁净区的行为,学习 GMP 中对进入洁净区的人员的相应规定。

(二)步骤

1. 进出 C 级和 D 级洁净区

(1)**人员进入洁净区的程序**　包括以下几个步骤。

1)更鞋:在更鞋室的鞋柜处,脱下自己的鞋,放在指定的放置员工自备鞋的位置;穿上车间的工作鞋;注意自备鞋和车间的鞋不能混放在一个位置,并注意不能穿车间的鞋走出车间。

2)脱外衣:换好鞋后,进入一更,将外衣等脱下,放在更衣柜中。

3)洗手:按照实训三的洗手程序,洗净双手。

4)穿洁净工作服:将手洗净干燥后,进入二更,从更衣柜中取出洁净的洁净工作服,穿好,注意用帽子将头发全部包住,不要露在工作服的帽子外面。

5)手消毒:按照实训三的手消毒程序,进行双手的消毒。

6)经过缓冲间,进入洁净区。

(2)**人员出洁净区的程序**　包括以下几个步骤。

1)脱洁净工作服:在二更将洁净工作服脱下,放在更衣柜中(或悬挂);如果是工作结束,洁净服需要洗涤时,应放在指定的位置,便于收集洗涤。

2)洗手:将手洗净,必要时,使用洗手液或液体肥皂。

3)穿外衣:在一更穿好自己的外衣。

4)更鞋:在更鞋处脱下车间的工作鞋,放在更鞋室的内侧(车间一侧),在更鞋室的外侧穿上自己的鞋。

2. 进出 B 级和 A 级无菌区

(1)人员进入无菌区的程序 包括以下几个步骤。

1)更鞋:在更鞋室的鞋柜处脱下自己的鞋,放在指定的放置员工自备鞋的位置;穿上车间的工作鞋;注意自备鞋和车间的鞋不能混放在一个位置,并注意不能穿车间的鞋走出车间。

2)脱内外衣:换好鞋后,进入一更,将外衣、内衣等脱下,放在更衣柜中。

3)洗手、手消毒:按照实训三的洗手、手消毒程序,洗净双手并进行手消毒。

4)穿无菌工作服、戴无菌口罩、穿无菌工作鞋:将手洗净干燥后,进入二更,从更衣柜中取出洁净的内外无菌工作服,穿好;戴好无菌口罩,注意将口鼻完全遮住;再穿好无菌鞋套,扎紧。注意用帽子将头发全部包住,不要露在工作服的帽子外面。

5)手消毒:按照实训三的手消毒程序,再次进行双手的消毒。必要时,戴好无菌手套,并扎紧。

6)经过缓冲间,必要时经过空气吹淋室,进入洁净区。

(2)人员出无菌区的程序 包括以下几个步骤。

1)脱无菌工作服:在二更将无菌内外工作服、无菌鞋脱下,放在更衣柜中(或悬挂),一次性的无菌口罩和手套丢弃在废物桶内;如果是工作结束,无菌服、无菌鞋需要洗涤时,应放在指定的位置,便于收集洗涤。

2)洗手:将手洗净,必要时,使用洗手液或液体肥皂。

3)穿内外衣:在一更穿好自己的内外衣。

4)更鞋:在更鞋处脱下车间的工作鞋,放在更鞋室的内侧(车间一侧),在更鞋室的外侧穿上自己的鞋。

三、实训注意事项

(1)人员进入洁净区,换鞋时,鞋柜两侧不同洁净程度区域的鞋不能混穿,生产区域以外的鞋不能穿到生产区,生产区域的工作鞋不能穿到换鞋室外。若外来参观人员需要穿着鞋套时,穿着鞋套的脚需落在鞋柜内侧,以保证生产区域免受污染。

(2)根据不同洁净级别的要求穿戴不同的工作服和防护服,并只能在本区域穿戴,不得出离指定区域。如需离开时,应按更衣要求进行净化后方可再进入。

(3)人员进出更衣室时,要注意随手关门;或者是更衣室的门设置闭门器,门会自动关闭;更好的方法是实现连锁,更衣室的门无法同时打开。

(4)洁净区不得设置厕所。

 实训思考与测试

1. 人员出洁净区时为什么要在二更脱洁净工作服?是否合理?
2. 洁净区缓冲间有什么作用?

实训五 物料进入洁净区

 实训目标

【掌握】 会使用物料净化设施;能将物料正确送入不同洁净区。

一、实训准备

(1)淀粉包、糊精包、抹布、75%药用乙醇、洁净塑料袋。
(2)检查传递柜(窗)的状态正常完好。
(3)实训场地:实训中心的物料入口。

二、实训内容及步骤

(一)实训内容

模拟物料由一般生产区进出洁净区的行为,学习 GMP 中对进入洁净区的物料的相应规定。

(二)步骤

1. 物料进入非无菌的洁净区

(1)将物料在外包装处理室脱去外包装或将包装物用抹布擦拭干净。
(2)将脱去外包装或擦拭干净的物料放入洁净塑料袋中,放入缓冲间或传递柜(窗)中,打开传递柜(窗)中的紫外线灯开关,放置约半小时。
(3)人员按洁净区人员净化的程序进入洁净区内。
(4)从缓冲间的洁净区一侧打开门,取出物料。或者关闭传递柜(窗)中的紫外线灯开关,从洁净区的传递柜(窗)一侧打开门,取出物料。

2. 物料进入无菌区

(1)将物料在外包装处理室脱去外包装或将包装物用抹布擦拭干净。
(2)将脱去外包装或擦拭干净的物料放入洁净塑料袋中,放入传递柜(窗)中,打开传递柜(窗)中的紫外线灯开关,放置约半小时。
(3)人员按无菌区人员净化的程序进入无菌区内。
(4)关闭传递柜(窗)中的紫外线灯开关,从无菌区的传递柜(窗)一侧打开门,取出物料。
(5)再用75%药用乙醇擦拭消毒外包装。

三、实训注意事项

(1)传递柜(窗)的材质应为不锈钢。

(2)缓冲间、传递柜(窗)的门应为连锁装置。

(3)缓冲间应有洗手和烘干设备。水龙头应按最大班人数每10人设一个。水龙头开启方式以不直接用手为宜。

(4)传递柜(窗)内应安装有紫外线灯,更好的设施是采用气闸式,传递柜(窗)内有风机和高效过滤器。

(5)原辅料与内包装材料宜分开从各自的物流入口进入洁净区,并存放在靠近使用区的地方。

实训思考与测试

1. 缓冲室能否存放物料？
2. 为何缓冲室或传递窗的前后门不能同时打开？

实训六　压片机清洗和消毒

 实训目标

【掌握】　能按照压片机的清洁规程进行压片机的清洗和消毒;能判断清洁效果。

一、实训准备

(1)压片机清洁规程。
(2)清洁抹布、毛刷、吸尘器、95%乙醇、75%药用乙醇。
(3)实训场地:实训中心压片室、洗涤室。

二、实训内容及步骤

1. 清洁地点

就地清洁,能移动的物品移到工器具洗涤间清洁。

2. 清洁工具

清洁抹布、毛刷、吸尘器。

3. 清洁剂

饮用水、纯化水、95%乙醇。

4. 消毒剂

75%乙醇。

5. 清洁消毒方法

(1)**卸零件**　包括以下步骤。

1)卸下加料斗。

2)卸下出片系统(出片装置和出药机构)。

3)卸上冲杆:打开上冲尾部护盖,取出上冲杆。

4)卸下冲杆:打开左护板,取出下冲头挡块,逐个取下下冲杆。取完后,仍把挡块放回原处。

5)卸中模:将中模的紧固销钉全部拧松,然后用专用工具把中模向上推出,取出。

6)以上小零件放在专用小车上,推至工器具洗涤间清洗,注意防止小零件丢失。

(2)**清洁**　包括压片机、压片机的冲压模具、出片系统和加料斗、压片机整体外表面及上、下冲头的清洁。

1)压片机清洁:用吸尘器吸去压片机内外粉尘以及地面上粉尘,用揩布揩去上冲凸轮导轨上油污,用沾有95%乙醇溶液的尼龙毛刷清除上冲凸轮导轨及上冲导轨孔,清除油污,然后用干揩布揩干净,做到导轨上、导孔内无污、无尘。清洁中模孔及下冲导轨,用干净揩布把压片机上半部的压片室(四扇视窗以内部分)揩干净,做到无油污、无粉尘。

2)压片机的冲压模具(上冲、中模、下冲)的清洁:把压片机上拆下来的上冲、中模、下冲按编号顺序安放在垫有橡皮的小推车上,用揩布把冲模上的油污揩净,用蘸有95%乙醇的干净揩布再次清洁冲模,揩净残留的油污,使冲模表面无油污、清洁光亮。清洁后,检查上冲、下冲的冲头及中模孔内壁磨损情况,把冲模用润滑油润滑,存放在冲模盒子内,交保管员保管、登记。

3)出片系统和加料斗清洁:出片系统可用湿布揩净后,再用75%乙醇揩拭进行消毒。不用水冲洗,避免电器部分受潮而损坏。加料斗可用饮用水冲净,纯化水过两遍吹干。

4)压片机整体外表面清洁:用湿揩布从压片机顶部开始自上而下反复揩拭,做到无粉尘、干净、干燥。注意压片机下部、地面有否油污,可用沾有95%乙醇液揩去。

5)用75%乙醇擦拭消毒上冲、下冲头部。

(3)清洁工具的清洁　清洁工具使用后应及时做清洁处理,并存放于指定位置备用。

(4)清洁效果评价　包括以下两个方面。

1)目检确认,设备各表面洁净无粉尘、粉垢,无可见异物及上次生产遗留物。

2)用洁净的绢布擦拭任意部位,应无尘迹和脱落物。

三、实训注意事项

(1)在上冲、下冲清洁过程中,必须注意不要相互碰撞或与其他物体碰撞,以避免上冲、下冲的冲头受损伤。

(2)发现冲头损坏,必须报告车间主管,查清原因。不能再使用的冲模经批准后必须销毁。

(3)压片机冲模为压片机的关键零部件,直接影响素片质量,必须小心轻放,加倍注意。

 实训思考与测试

药品生产要求生产操作的设备、容器、工具等均应保持清洁,有清洁、保养制度,并应定期用微生物学方法检查。其清洁规程的主要内容应包括哪些?

实训七　称重记录

 实训目标

【掌握】　通过实训能理解文件管理对记录的基本要求,能正确、规范的填写记录。

一、实训准备

(1)托盘电子秤若干台、小铲子、中性笔、标签(标签印有名称、规格、批号等信息)。
(2)分装好的淀粉包若干份、分装用的小袋。

二、实训内容及步骤

(一)实训内容

本实训是对物料的称量,根据实训称量记录表完成称量任务,每2人为一组,本实训内容是定量称取物料500g、1 000g的各五份,如实准确的记录入表格。

(二)步骤

(1)电子秤的校准清洁。
(2)分别定量称取物料装入小袋。
(3)编号,贴标签。
(4)完成称量记录,称量记录样表。

称量记录表

(文件编码)＿＿＿＿＿

品　　名				来料批号	
来　　源				编　　码	
数　　量		规　　格		进库日期	
称　量　记　录					
序　号	称量日期	称取数量(g)	称量人	复核人	备　注

三、实训注意事项

在实训时应注意遵守实训室的基本要求,按照规定的实训进行,有条件的尽量在模拟的实训车间进行。

(1)托盘电子秤在使用前应当清洁校正。

(2)在称取物料时,应按照相应的称量操作的标准操作规程称量,如果是粉体物料,应注意做好防尘措施,戴防尘口罩或面具。

(3)在称量时还应注意小心称量,防止浪费。

(4)每次称量后的清洁工作。

(5)称量时还要注意物料包的清洁。

(6)在实训过程中保持安静。

实训思考与测试

在称量操作过程中,请按照托盘电子秤的称量操作规程进行称量操作。如何才能尽可能准确、迅速的称量,在称量中如何减少浪费,减少反复加减物料?

实训八　抄写 SOP

 实训目标

【了解】　通过抄写标准操作规程,了解标准操作规程的文件编写方法。

一、实训准备

(1)压片机的操作说明书。
(2)企业的压片标准操作规程文件。
(3)旋转式压片机。

二、实训内容及步骤

(一)实训内容

[操作名称]　ZP35A 旋转式压片机标准操作规程。
[编写依据]　生产工艺规程。
[目的]　规范压片的标准操作。
[适用范围]　压片操作。
[责任]　车间技术员、质管员负责操作过程的监督和检查;工序负责人负责指导操作工正确实施本规程;操作工有按本规程正确操作的责任。

××××　制药厂操作标准——生产管理

文件名称	ZP35A 旋转式压片机标准操作规程	编　码	SOP-JS-012-00	
		页　数		实施日期
制 订 人		审 核 人		批 准 人
制订日期		审核日期		批准日期
制订部门	生产部	分发部门	生产车间	

(二)步骤

1. 准备过程

(1)按生产指令的要求进行上、下冲和冲模的准备,挑选合格的冲和冲模,用干净的抹布将冲及冲模擦拭干净,再用干净的布蘸取 75% 乙醇擦拭冲及冲模一遍。

(2)检查设备零部件和生产用具是否齐全,用干净布蘸 75% 乙醇擦拭与药品接触的生产工具、设备零部件一遍。

(3)凭生产指令到车间中间仓领取颗粒。

(4)按《生产过程状态标志管理规定》和《设备状态标志管理制度》的规定,分别填写生产场所状态标志牌和设备状态标志卡,标明生产的品名、批号。

2．操作过程

(1)将颗粒加入料斗内,并在生产过程中定时地补加。

(2)将压力调节、速度调节、充填调节、片厚调节等调节装置调至零,启动主机速度调至低速运行,进行压力、充填量和片厚调节,调至与生产指令相符的片重,检查崩解时限、片重差异、脆碎度、外观等项目,各项指标均符合内控标准后,调整压片机速度进行压片操作。

(3)中间产品用内衬塑料胶袋的胶箱盛放,每个胶箱内外均附有标签,标签上注明:品名、规格、批号、毛重、皮重、净重、万片数、生产日期、操作人等。

3．结束过程

(1)生产结束,关闭电源,停止机器运行。

(2)中间产品交车间中间仓存放,并做好中间产品的交接手续。

(3)按《清场管理制度》的要求做好清场工作。

(4)按《ZP35A 旋转式压片机清洁标准操作规程》的要求进行设备清洁。

(5)做好生产记录和清场记录。

4．操作结果的评价

(1)中间产品的片重用电子天平检查,片重差异必须符合内控标准要求。

(2)中间产品的崩解时限用智能崩解仪测定,崩解时限必须符合内控标准要求。

(3)中间产品的脆碎度用片剂脆碎度检查仪检查,脆碎度必须符合内控标准要求。

(4)中间产品的外观质量,应符合质量标准要求。

5．操作过程中的安全事项与注意事项

(1)开机前,必须关好外围罩壳。需要打开外围罩壳时,必须先停机,以免发生意外。

(2)对压力调节、速度调节、充项调节、片厚调节等装置进行调节时,必须缓慢地进行,切忌迅速地大幅调节,以免造成停机或故障。

(3)当机器出现异常噪音、振动或各调节装置电气失灵时,必须立即停机,检查并排除故障后,方可继续开机生产。

三、实训注意事项

在抄写本 SOP 时,应当对压片机的工作原理和使用注意事项进行复习。在抄写过程中应当仔细认真。抄写内容包括表头内容。有条件的可以实际按照操作规程进行实际操作。

 实训思考与测试

在抄写标准操作规程时,注意思考如何将操作说明书的内容编写成标准操作规程。

实训九　生产用具的清洗、消毒

 实训目标

【掌握】　生产用具的清洗和消毒简单过程。

一、实训准备

对生产清洗过程可能涉及的生产用具的了解。

二、实训内容及步骤

(一)清洗和消毒的定义

(1)**清洗**　按 GMP 要求,对各种可与水接触的设备及其部件、容器、管道、小器具等的内、外表面用清洗剂及各种生产用水进行清洁,使其符合相关要求的过程。

(2)**消毒**　用化学的、物理的或其他的方式对物品进行处理,杀灭微生物或抑制微生物在其上的繁殖和生长,使微生物种类及数量控制在要求范围内的一种方式。按 GMP 要求,设备及其部件、容器、管道、小工器具等应定期进行消毒,以避免微生物的污染。

(二)清洗的设备及容器种类

在清洗室清洗的设备、容器的种类:生产过程中使用的各种周转容器和小器具,如移动罐、不锈钢桶、搅拌桨、铲子、取样器、刮刀等,其中各设备的筛网需拆除单独清洗。需拆卸移送到清洗室清洗的所有设备部件、零件等,如:压片机/胶囊机部件、手阀等。

(三)设备、容器的一般清洗流程

(1)清除设备、容器上的标签(应尽量避免设备表面造成划伤)。

(2)用雾状自来水将设备内外表面喷湿。

(3)对已浸湿的设备,用高压自来水冲洗内外表面,此时应注意弯头、凹槽、缝隙的冲洗。

(4)使用清洗剂擦洗设备、容器内外表面。

(5)用高压自来水冲洗设备、容器内外表面,此时应注意弯头、凹槽、缝隙的冲洗。

(6)使用 80℃水冲洗设备、容器内表面。

(7)目检已清洗设备、部件的内外表面,应无任何污渍、纤维、色斑、残余物料等。若目检不符合要求,须按上述程序重新清洗。

(8)将可烘干的设备、容器送入烘箱内干燥,干燥温度不低于 100℃,运行时间不低于 1 小时。(注意:整个烘干流程结束后才能开启烘箱门拿取已烘干物品)。

(9)可烘干的设备、容器等出烘箱后在清洁设备存放区定置存放,放置时须进行目检,设备、托盘、容器内外表面应无物料、纤维、水渍等残留。若不符合要求,重新按以上程序清洗一遍。确认符合要求后放置清洗卡或粘贴清洗标签。

(10)塑料、橡胶、有机玻璃材质的设备部件、模具、器具等不能放入烘箱中高温烘干的,清洗完毕用压缩空气吹干后,用75%酒精擦拭内外表面一遍(或转移至烘房中40~50℃干燥),然后转移到存放区放置,放置时须进行目检,设备、容器、部件等内外表面应无物料、纤维、水渍等残留(若不符合要求,重新按以上程序清洗一遍),确认符合要求后放置清洗卡或粘贴清洗标签(注:包装线用塑料容器不粘贴清洗有效期标签)。

三、实训注意事项

要明确清洁验证在生产控制过程中的不可替代性,清洗和消毒操作的基础是生产中的清洁验证,根据清洁验证的结果确定具体清洗和消毒的要求。

清洁验证的目的是证实清洁规程的有效性,是为了证明可以对设备的产品、清洁剂和微生物残留始终如一地清洁到一个可接受的限度,以避免污染和交叉污染。因此,凡是与药品直接接触的设备、容器具、药液管路系统等原则上均应经过清洁验证。显然,清洁验证是考证是否因清洁不彻底而造成污染和交叉污染的有效手段。除非清洁方式发生了改变,清洁规程的有效性应重新得到验证。

以下问题需要在清洗和消毒规程确定过程中确定:①清洗、消毒方法是否经过验证;②清洗、消毒方法验证是否综合考虑设备使用情况、所使用的清洁剂、取样方法和位置、残留物的性质和限度、残留物检验方法的灵敏度等因素;③验证数据是否用于审核清洗过程,是否将残余物清除到可接受的程度。

 实训思考与测试

请描述清洁规程应当包括的要点。

实训十　填写质量管理文件

 实训目标

【掌握】　质量管理记录的填写要求及方法。

一、实训准备

记录是为所有完成的活动和达到的结果提供客观证据的文件,目的是确保产品的可追踪性。质量管理记录有很多种,通常包括以下几种。

(1)批质量管理记录　对原辅料、包装材料、半成品(或中间体)和成品的检验,是质量管理的重要职能之一。每种物料的质量判定等操作都要有相应的记录,批质量管理记录内容包括:请验单、取样记录、取样单、增补取样申请单、检验记录、检验报告单、物料处理(合格/不合格)、物料销毁记录、状态标志、批中间控制记录、批记录审核记录、成品审核放行单等。

(2)质量审计记录　审计是对生产过程、工程和维修、工艺及质量管理功能的正式检查或审查,其目的在于保证企业生产的各个方面既符合企业内部管理要求又符合 GMP 规定。质量管理部门负责企业的质量审计工作。药品生产企业的质量审计一般有下列三种类型:企业内部的质量审计(自检),对外部供货厂家和合同生产厂家的质量审计,药品监督管理部门对企业的质量审计(GMP 的认证)等。

(3)稳定性试验记录　每种药物均有稳定性试验支持的有效期,每种产品必须设计、制定并执行稳定性试验方案。只要生产处方或其他影响稳定性的因素发生改变,就应当重新制定稳定性试验计划并予以执行。

(4)投诉、退货处理报告　投诉的处理是质量管理部门的职责之一。投诉是用户对产品不满意的表示,投诉的全部资料均应予以合理保存并定期总结,由此发生的情况均须书面记载,以便查询。有时由于产品质量本身或其他原因使得企业希望将产品从批发商库房、药房货架甚至从患者手中收回,对收回的原因、决定、实施情况、回收药品数量、批号、处理情况,以及应吸取的教训均应有详细的记载。药品生产企业应建立药品退货和收回的书面程序,并有记录。

实训前准备好需要学生练习填写的一些记录样本,对学生进行训练。

二、实训内容及步骤

(一)记录的填写要求

(1)内容真实,记录及时,不得超前记录和回忆记录。

(2)字迹清晰,不得用铅笔或圆珠笔填写。

(3)品名不得简写。

(4)按表格内容填写齐全,不得留有空格,如无内容填写时要用"—"表示,以证明不是填写疏忽。内容与上项相同时应重复抄写,不得用"、"或"同上"表示。

(5)与其他管理相关的记录应做到一致性、连贯性。

(6)不得撕毁或任意涂改文件,需要更改时不得用涂改液,应划去后在旁边重写,签名并标明日期。

(7)操作者、复核者均应填全姓名,不得只写姓或名。

(8)填写日期一律横写,并不得简写。如2008年12月10日,不得写成"08","10/12"或"12/10"。

(二)记录填写实例

物料质量监控检查记录范例:

×××公司
物料质量监控检查记录

编号:SMP11-××(y)-01

品名	氧氟沙星		编号	××××××
包装	25kg/桶		数量	3
代码	××××		批号	20110913
供货单位	××××××有限公司		产地	浙江××××
监控项目	标准			结果 符合打"√",否则打"×"
定点采购	供货方为企业批准的定点供应商			√
包装	外包装应无破损、受潮、混杂、污染,有符合规定的外包装标志			√
初检记录	记录完整,有供货商出具的检验报告书			√
取样	符合取样标准操作规程			√
检验	符合检验标准操作规程,有物料放行许可证及物料入库单			√
贮存	1.分库或分区贮存,货位正确,有状态标志			√
	2.库内卫生清洁			√
	3.物料贮存状态标志正确,每件贴有合格证或不合格证			√
	4.贮存区温度应控制在0~30℃之间,相对湿度在45%~75%之间(需阴凉存放的,温度在20℃以下)			√
	5.有防虫、防鼠、防霉变等设施			×
发放	执行先进先出、近期先出原则,物料发放符合物料发放管理规程,且记录完整			√
备注	防鼠措施不当,需改进			
监控员	张小莉		检查日期	2011年11月9日

三、实训注意事项

质量管理记录填写内容一定要及时、真实、客观,填写的字迹不要过于潦草。

 实训思考与测试

质量管理文件的填写应做到哪些要求,填写人员应该是什么样的人群,文件填写后还需不需要做些什么?

实训十一　模拟药品生产企业 GMP 认证现场检查

 实训目标

【掌握】 GMP 认证检查的程序。
【熟悉】 药品 GMP 认证检查评定标准。

一、实训准备

建立实训组,每个实训组由 6 人组成,其中 3 人为检查组成员,另 3 人为企业代表。实训组成员学习《药品 GMP 认证检查评定标准》,制定 GMP 认证现场检查的方案。

二、实训内容及步骤

模拟对一家药品生产企业进行 GMP 认证现场检查,学习 GMP 对现场检查的相应规定。现场检查按《药品 GMP 认证检查评定标准》进行。

扮演检查组的 3 人中选出一人为组长,负责检查的重点人员的学历、资历以及是否具有部门负责人的授权书,人员的健康证明,人员的培训计划与记录,现场人员的问题回答等。一组员负责检查硬件,如厂房、库房、质检室、厂区环境。另一组员乙负责软件的检查,如程序文件、生产原始记录等。

扮演企业代表的 3 人也应作相应的分工每人负责的项目与检查组成员负责的项目相对应,回答检查组成员的提问。最后检查组进行讨论决定企业是否能通过 GMP 认证。

三、实训注意事项

按《药品 GMP 认证检查评定标准》逐项检查,对易出现问题的项要重点检查。

 实训思考与测试

学生撰写一份实训报告,思考实训发现的问题及解决方法等项目。

附录一 药品生产流程图

一、片剂生产流程图

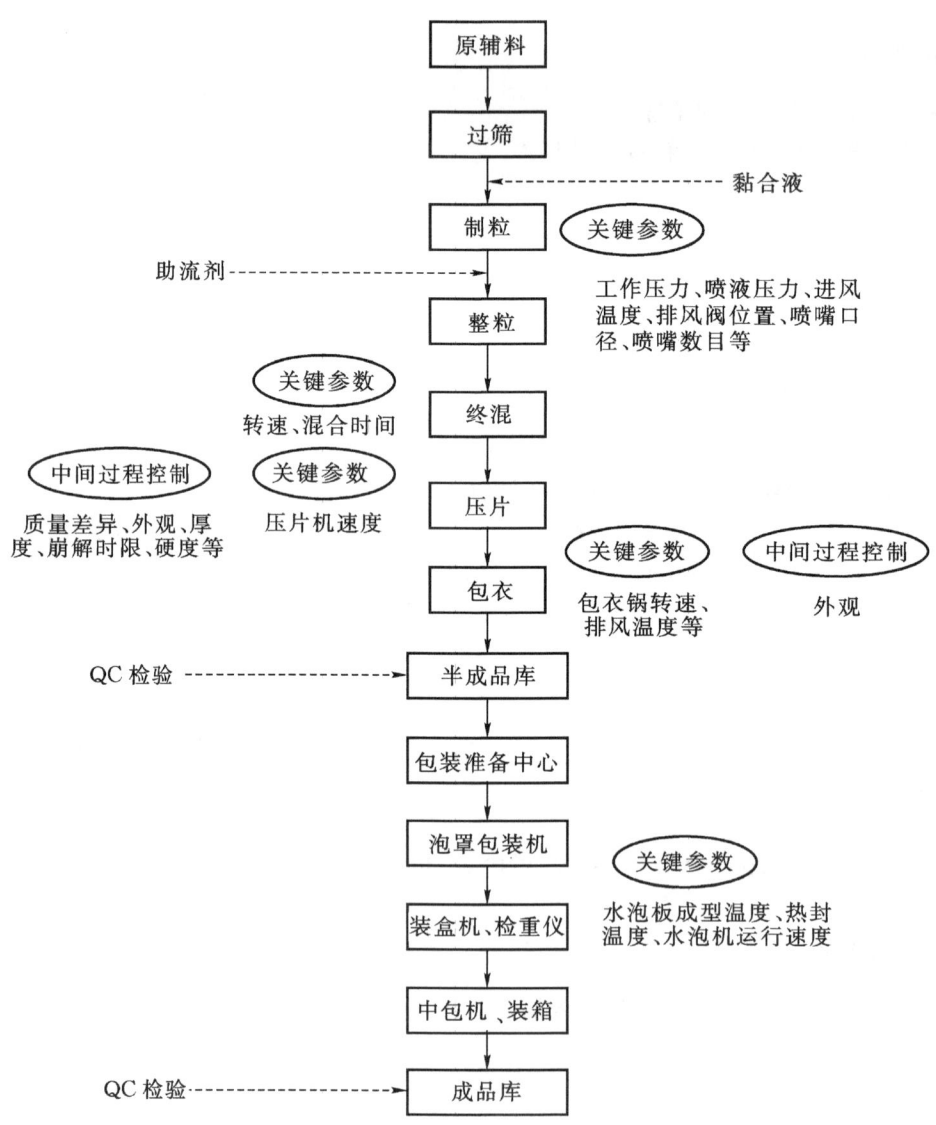

二、胶囊剂生产流程图

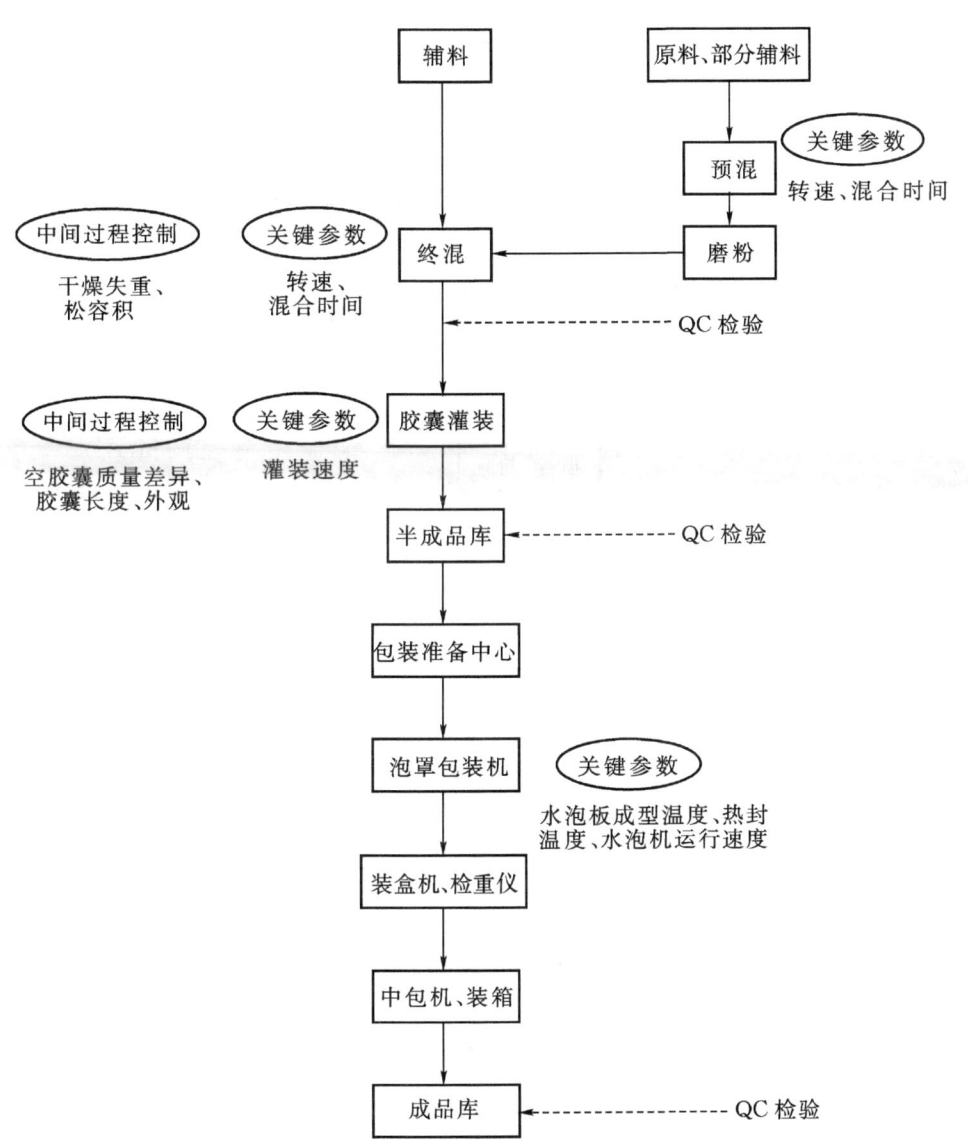

三、乳膏剂生产流程图

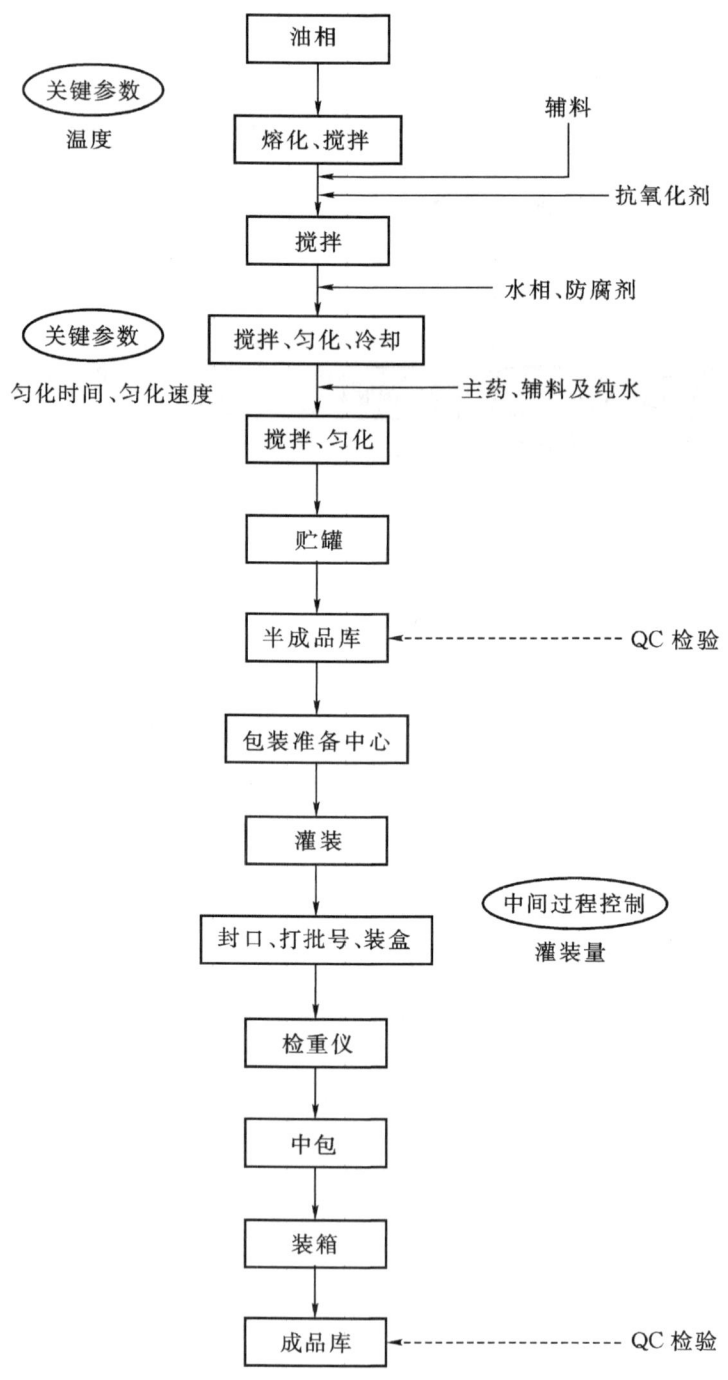

四、洗剂生产流程图

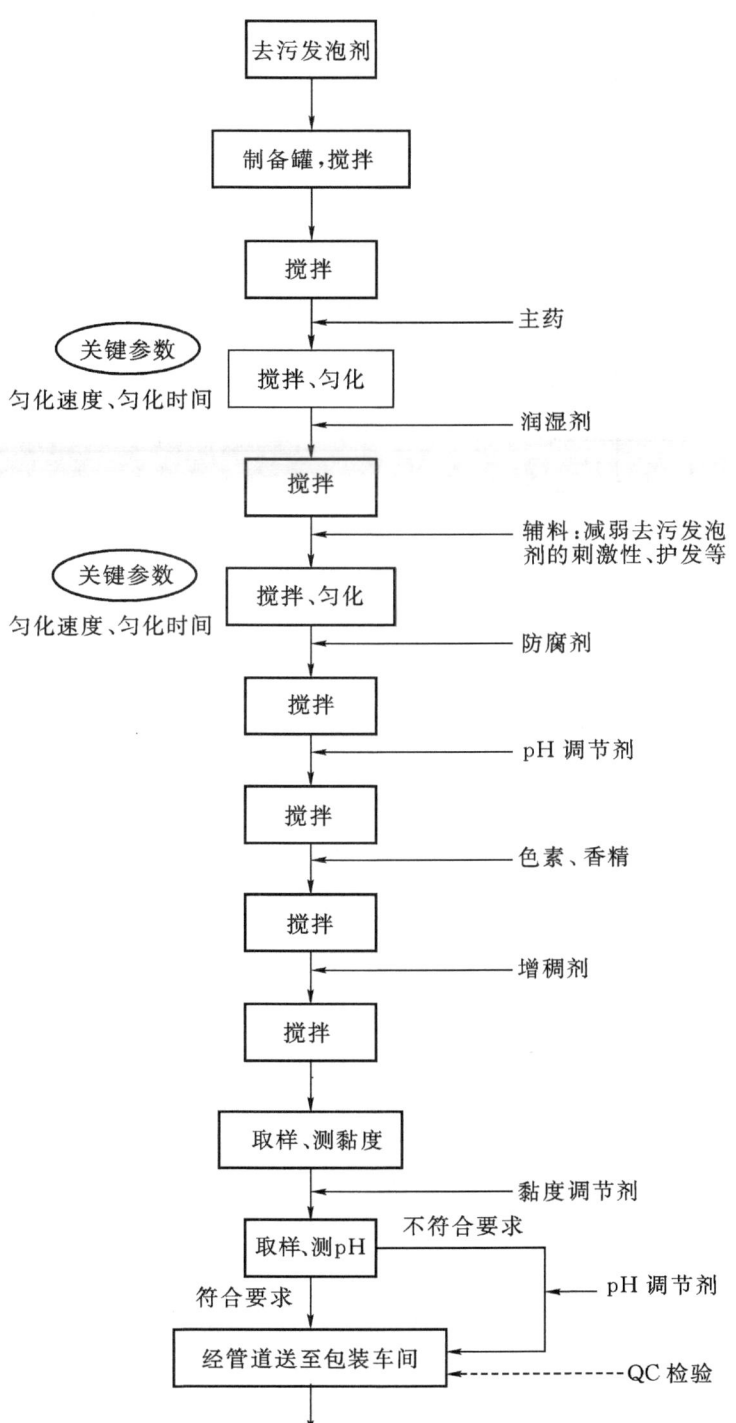

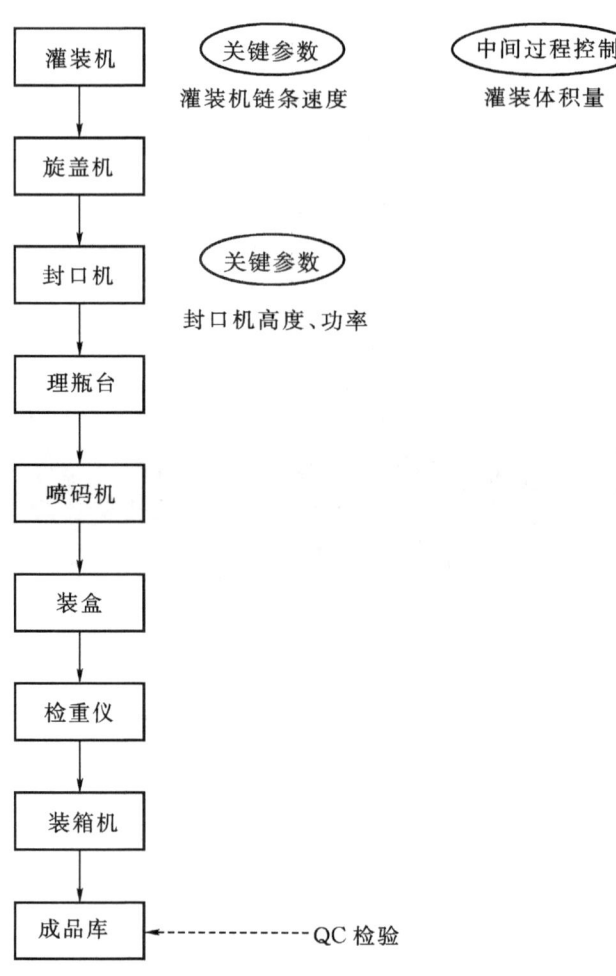

五、混悬剂生产流程图

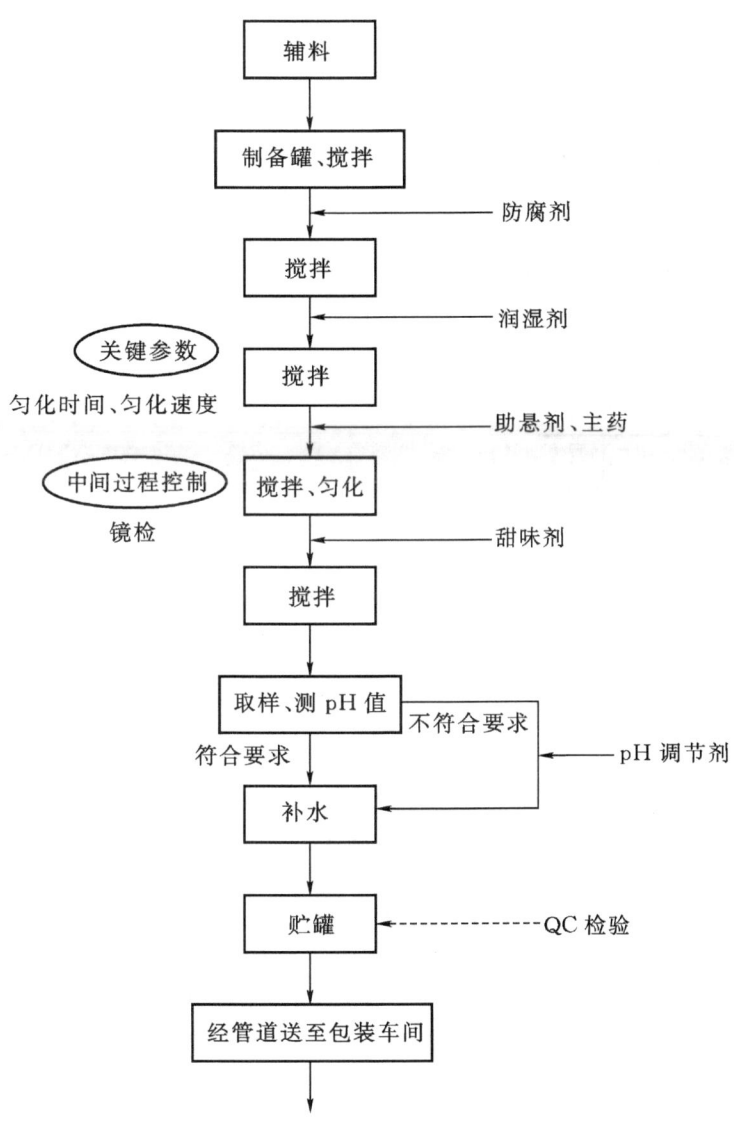

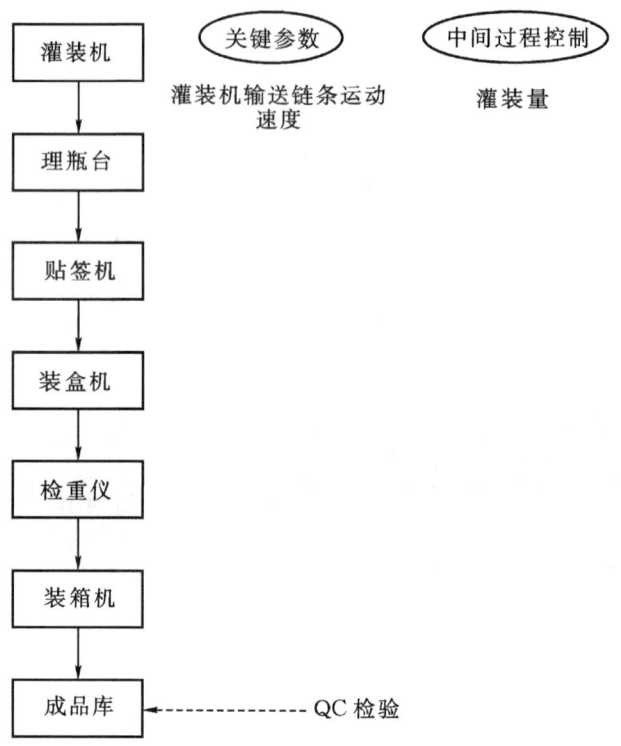

六、栓剂生产流程图

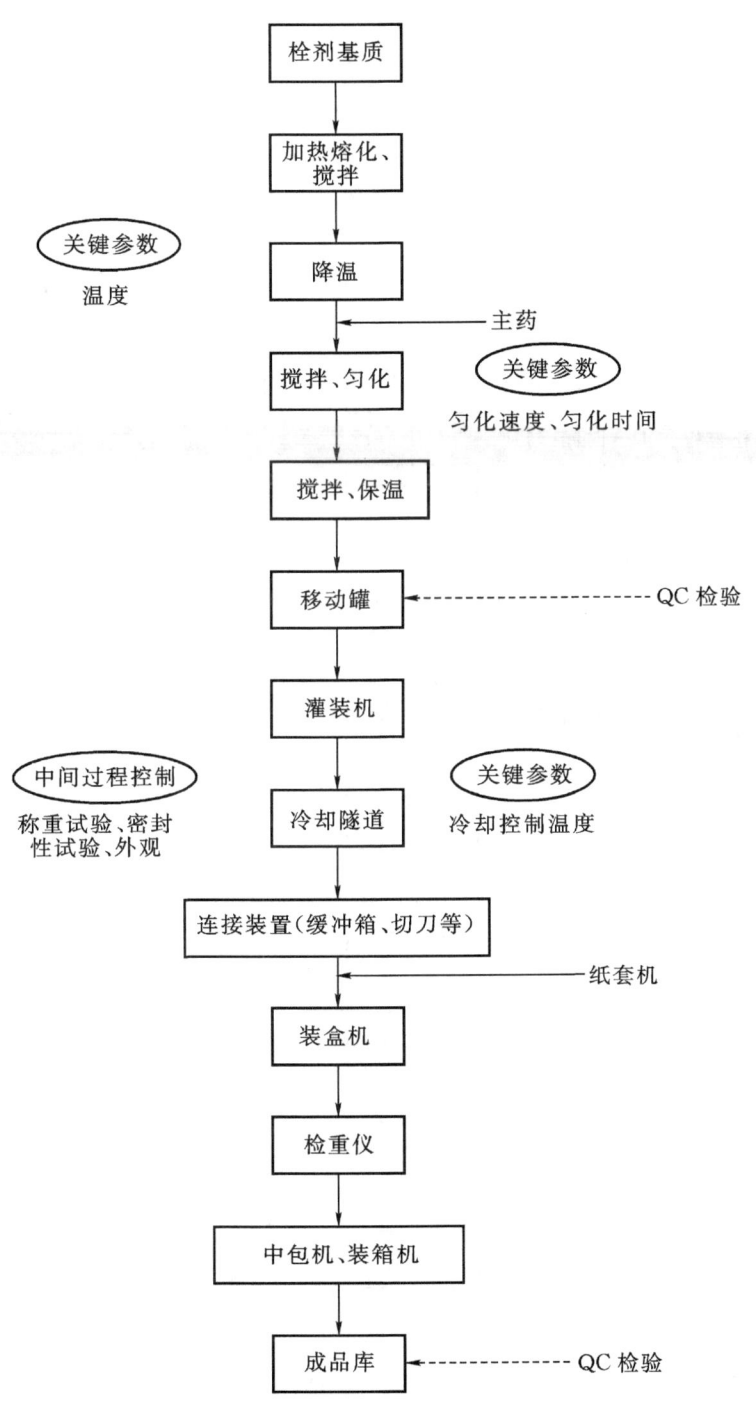

七、散剂生产流程图

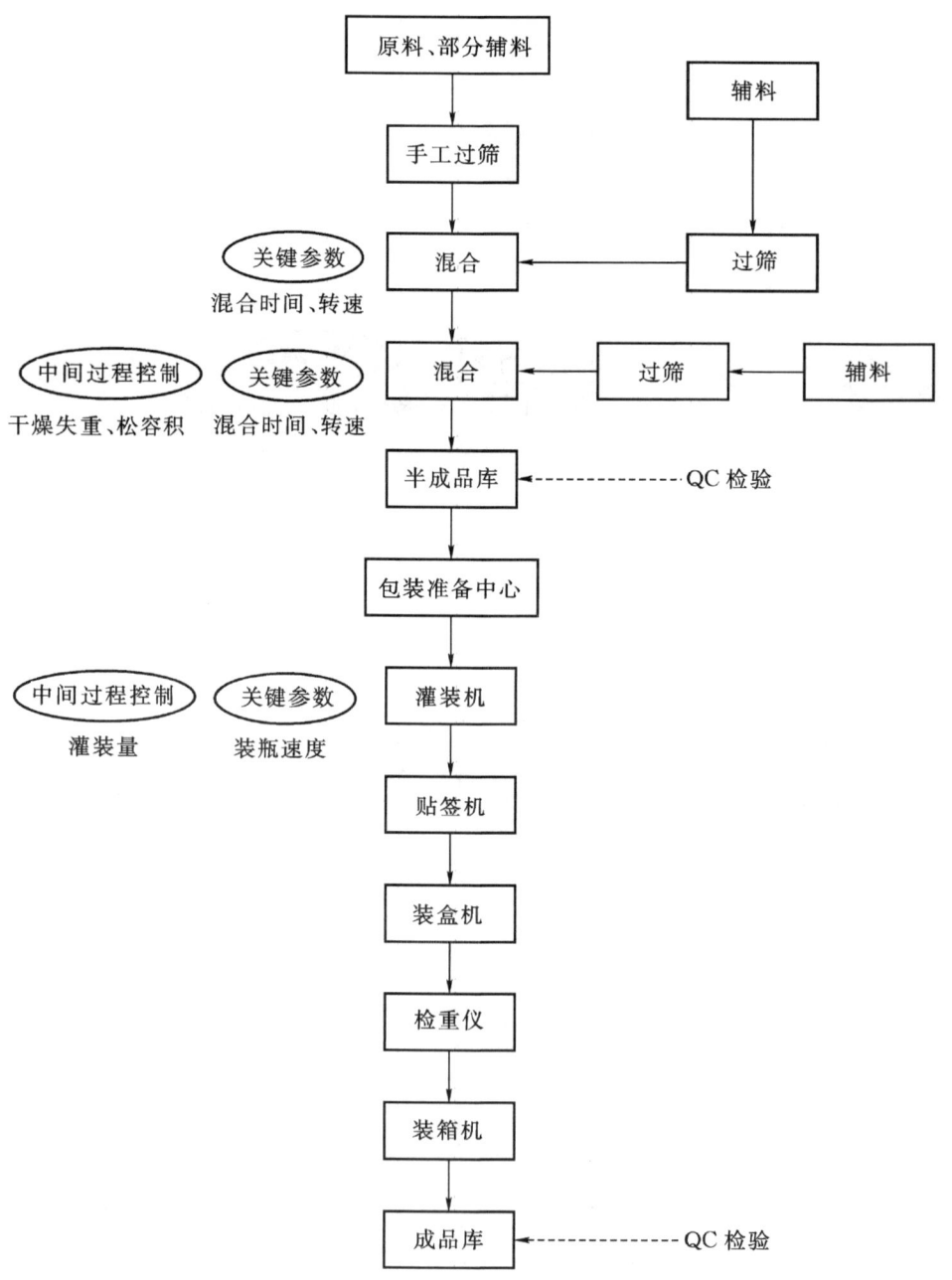

附录二　药品生产质量管理规范

(2010年修订)(卫生部令第79号)

第一章　总　则

第一条　为规范药品生产质量管理,根据《中华人民共和国药品管理法》、《中华人民共和国药品管理法实施条例》,制定本规范。

第二条　企业应当建立药品质量管理体系。该体系应当涵盖影响药品质量的所有因素,包括确保药品质量符合预定用途的有组织、有计划的全部活动。

第三条　本规范作为质量管理体系的一部分,是药品生产管理和质量控制的基本要求,旨在最大限度地降低药品生产过程中污染、交叉污染以及混淆、差错等风险,确保持续稳定地生产出符合预定用途和注册要求的药品。

第四条　企业应当严格执行本规范,坚持诚实守信,禁止任何虚假、欺骗行为。

第二章　质量管理

第一节　原　则

第五条　企业应当建立符合药品质量管理要求的质量目标,将药品注册的有关安全、有效和质量可控的所有要求,系统地贯彻到药品生产、控制及产品放行、贮存、发运的全过程中,确保所生产的药品符合预定用途和注册要求。

第六条　企业高层管理人员应当确保实现既定的质量目标,不同层次的人员以及供应商、经销商应当共同参与并承担各自的责任。

第七条　企业应当配备足够的、符合要求的人员、厂房、设施和设备,为实现质量目标提供必要的条件。

第二节　质量保证

第八条　质量保证是质量管理体系的一部分。企业必须建立质量保证系统,同时建立完整的文件体系,以保证系统有效运行。

第九条　质量保证系统应当确保:

(一)药品的设计与研发体现本规范的要求;

(二)生产管理和质量控制活动符合本规范的要求;

(三)管理职责明确;

(四)采购和使用的原辅料和包装材料正确无误;

(五)中间产品得到有效控制;

(六)确认、验证的实施;
(七)严格按照规程进行生产、检查、检验和复核;
(八)每批产品经质量受权人批准后方可放行;
(九)在贮存、发运和随后的各种操作过程中有保证药品质量的适当措施;
(十)按照自检操作规程,定期检查评估质量保证系统的有效性和适用性。

第十条 药品生产质量管理的基本要求:
(一)制定生产工艺,系统地回顾并证明其可持续稳定地生产出符合要求的产品;
(二)生产工艺及其重大变更均经过验证;
(三)配备所需的资源,至少包括:
1. 具有适当的资质并经培训合格的人员;
2. 足够的厂房和空间;
3. 适用的设备和维修保障;
4. 正确的原辅料、包装材料和标签;
5. 经批准的工艺规程和操作规程;适当的贮运条件;
(四)应当使用准确、易懂的语言制定操作规程;
(五)操作人员经过培训,能够按照操作规程正确操作;
(六)生产全过程应当有记录,偏差均经过调查并记录;
(七)批记录和发运记录应当能够追溯批产品的完整历史,并妥善保存、便于查阅;
(八)降低药品发运过程中的质量风险;
(九)建立药品召回系统,确保能够召回任何一批已发运销售的产品;
(十)调查导致药品投诉和质量缺陷的原因,并采取措施,防止类似质量缺陷再次发生。

第三节 质量控制

第十一条 质量控制包括相应的组织机构、文件系统以及取样、检验等,确保物料或产品在放行前完成必要的检验,确认其质量符合要求。

第十二条 质量控制的基本要求:
(一)应当配备适当的设施、设备、仪器和经过培训的人员,有效、可靠地完成所有质量控制的相关活动;
(二)应当有批准的操作规程,用于原辅料、包装材料、中间产品、待包装产品和成品的取样、检查、检验以及产品的稳定性考察,必要时进行环境监测,以确保符合本规范的要求;
(三)由经授权的人员按照规定的方法对原辅料、包装材料、中间产品、待包装产品和成品取样;
(四)检验方法应当经过验证或确认;
(五)取样、检查、检验应当有记录,偏差应当经过调查并记录;
(六)物料、中间产品、待包装产品和成品必须按照质量标准进行检查和检验,并有记录;
(七)物料和最终包装的成品应当有足够的留样,以备必要的检查或检验;除最终包装容器过大的成品外,成品的留样包装应当与最终包装相同。

第四节 质量风险管理

第十三条 质量风险管理是在整个产品生命周期中采用前瞻或回顾的方式,对质量风险进行评估、控制、沟通、审核的系统过程。

第十四条　应当根据科学知识及经验对质量风险进行评估,以保证产品质量。

第十五条　质量风险管理过程所采用的方法、措施、形式及形成的文件应当与存在风险的级别相适应。

第三章　机构与人员

第一节　原　　则

第十六条　企业应当建立与药品生产相适应的管理机构,并有组织机构图。

企业应当设立独立的质量管理部门,履行质量保证和质量控制的职责。质量管理部门可以分别设立质量保证部门和质量控制部门。

第十七条　质量管理部门应当参与所有与质量有关的活动,负责审核所有与本规范有关的文件。质量管理部门人员不得将职责委托给其他部门的人员。

第十八条　企业应当配备足够数量并具有适当资质(含学历、培训和实践经验)的管理和操作人员,应当明确规定每个部门和每个岗位的职责。岗位职责不得遗漏,交叉的职责应当有明确规定。每个人所承担的职责不应当过多。

所有人员应当明确并理解自己的职责,熟悉与其职责相关的要求,并接受必要的培训,包括上岗前培训和继续培训。

第十九条　职责通常不得委托给他人。确需委托的,其职责可委托给具有相当资质的指定人员。

第二节　关键人员

第二十条　关键人员应当为企业的全职人员,至少应当包括企业负责人、生产管理负责人、质量管理负责人和质量受权人。

质量管理负责人和生产管理负责人不得互相兼任。质量管理负责人和质量受权人可以兼任。应当制定操作规程确保质量受权人独立履行职责,不受企业负责人和其他人员的干扰。

第二十一条　企业负责人

企业负责人是药品质量的主要责任人,全面负责企业日常管理。为确保企业实现质量目标并按照本规范要求生产药品,企业负责人应当负责提供必要的资源,合理计划、组织和协调,保证质量管理部门独立履行其职责。

第二十二条　生产管理负责人

(一)资质

生产管理负责人应当至少具有药学或相关专业本科学历(或中级专业技术职称或执业药师资格),具有至少三年从事药品生产和质量管理的实践经验,其中至少有一年的药品生产管理经验,接受过与所生产产品相关的专业知识培训。

(二)主要职责

1. 确保药品按照批准的工艺规程生产、贮存,以保证药品质量;
2. 确保严格执行与生产操作相关的各种操作规程;
3. 确保批生产记录和批包装记录经过指定人员审核并送交质量管理部门;
4. 确保厂房和设备的维护保养,以保持其良好的运行状态;

5. 确保完成各种必要的验证工作;

6. 确保生产相关人员经过必要的上岗前培训和继续培训,并根据实际需要调整培训内容。

第二十三条　质量管理负责人

(一)资质

质量管理负责人应当至少具有药学或相关专业本科学历(或中级专业技术职称或执业药师资格),具有至少五年从事药品生产和质量管理的实践经验,其中至少一年的药品质量管理经验,接受过与所生产产品相关的专业知识培训。

(二)主要职责

1. 确保原辅料、包装材料、中间产品、待包装产品和成品符合经注册批准的要求和质量标准;

2. 确保在产品放行前完成对批记录的审核;

3. 确保完成所有必要的检验;

4. 批准质量标准、取样方法、检验方法和其他质量管理的操作规程;

5. 审核和批准所有与质量有关的变更;

6. 确保所有重大偏差和检验结果超标已经过调查并得到及时处理;

7. 批准并监督委托检验;

8. 监督厂房和设备的维护,以保持其良好的运行状态;

9. 确保完成各种必要的确认或验证工作,审核和批准确认或验证方案和报告;

10. 确保完成自检;

11. 评估和批准物料供应商;

12. 确保所有与产品质量有关的投诉已经过调查,并得到及时、正确的处理;

13. 确保完成产品的持续稳定性考察计划,提供稳定性考察的数据;

14. 确保完成产品质量回顾分析;

15. 确保质量控制和质量保证人员都已经过必要的上岗前培训和继续培训,并根据实际需要调整培训内容。

第二十四条　生产管理负责人和质量管理负责人通常有下列共同的职责:

(一)审核和批准产品的工艺规程、操作规程等文件;

(二)监督厂区卫生状况;

(三)确保关键设备经过确认;

(四)确保完成生产工艺验证;

(五)确保企业所有相关人员都已经过必要的上岗前培训和继续培训,并根据实际需要调整培训内容;

(六)批准并监督委托生产;

(七)确定和监控物料和产品的贮存条件;

(八)保存记录;

(九)监督本规范执行状况;

(十)监控影响产品质量的因素。

第二十五条　质量受权人

(一)资质

质量受权人应当至少具有药学或相关专业本科学历(或中级专业技术职称或执业药师资格),具有至少五年从事药品生产和质量管理的实践经验,从事过药品生产过程控制和质量检验工作。

质量受权人应当具有必要的专业理论知识,并经过与产品放行有关的培训,方能独立履行其职责。

(二)主要职责

1. 参与企业质量体系建立、内部自检、外部质量审计、验证以及药品不良反应报告、产品召回等质量管理活动;

2. 承担产品放行的职责,确保每批已放行产品的生产、检验均符合相关法规、药品注册要求和质量标准;

3. 在产品放行前,质量受权人必须按照上述第2项的要求出具产品放行审核记录,并纳入批记录。

第三节 培 训

第二十六条 企业应当指定部门或专人负责培训管理工作,应当有经生产管理负责人或质量管理负责人审核或批准的培训方案或计划,培训记录应当予以保存。

第二十七条 与药品生产、质量有关的所有人员都应当经过培训,培训的内容应当与岗位的要求相适应。除进行本规范理论和实践的培训外,还应当有相关法规、相应岗位的职责、技能的培训,并定期评估培训的实际效果。

第二十八条 高风险操作区(如:高活性、高毒性、传染性、高致敏性物料的生产区)的工作人员应当接受专门的培训。

第四节 人员卫生

第二十九条 所有人员都应当接受卫生要求的培训,企业应当建立人员卫生操作规程,最大限度地降低人员对药品生产造成污染的风险。

第三十条 人员卫生操作规程应当包括与健康、卫生习惯及人员着装相关的内容。生产区和质量控制区的人员应当正确理解相关的人员卫生操作规程。企业应当采取措施确保人员卫生操作规程的执行。

第三十一条 企业应当对人员健康进行管理,并建立健康档案。直接接触药品的生产人员上岗前应当接受健康检查,以后每年至少进行一次健康检查。

第三十二条 企业应当采取适当措施,避免体表有伤口、患有传染病或其他可能污染药品疾病的人员从事直接接触药品的生产。

第三十三条 参观人员和未经培训的人员不得进入生产区和质量控制区,特殊情况确需进入的,应当事先对个人卫生、更衣等事项进行指导。

第三十四条 任何进入生产区的人员均应当按照规定更衣。工作服的选材、式样及穿戴方式应当与所从事的工作和空气洁净度级别要求相适应。

第三十五条 进入洁净生产区的人员不得化妆和佩带饰物。

第三十六条 生产区、仓储区应当禁止吸烟和饮食,禁止存放食品、饮料、香烟和个人用药品等非生产用物品。

第三十七条 操作人员应当避免裸手直接接触药品、与药品直接接触的包装材料和设备表面。

第四章 厂房与设施

第一节 原 则

第三十八条 厂房的选址、设计、布局、建造、改造和维护必须符合药品生产要求,应当能够最大限度地避免污染、交叉污染、混淆和差错,便于清洁、操作和维护。

第三十九条 应当根据厂房及生产防护措施综合考虑选址,厂房所处的环境应当能够最大限度地降低物料或产品遭受污染的风险。

第四十条 企业应当有整洁的生产环境;厂区的地面、路面及运输等不应当对药品的生产造成污染;生产、行政、生活和辅助区的总体布局应当合理,不得互相妨碍;厂区和厂房内的人、物流走向应当合理。

第四十一条 应当对厂房进行适当维护,并确保维修活动不影响药品的质量。应当按照详细的书面操作规程对厂房进行清洁或必要的消毒。

第四十二条 厂房应当有适当的照明、温度、湿度和通风,确保生产和贮存的产品质量以及相关设备性能不会直接或间接地受到影响。

第四十三条 厂房、设施的设计和安装应当能够有效防止昆虫或其他动物进入。应当采取必要的措施,避免所使用的灭鼠药、杀虫剂、烟熏剂等对设备、物料、产品造成污染。

第四十四条 应当采取适当措施,防止未经批准人员的进入。生产、贮存和质量控制区不应当作为非本区工作人员的直接通道。

第四十五条 应当保存厂房、公用设施、固定管道建造或改造后的竣工图纸。

第二节 生产区

第四十六条 为降低污染和交叉污染的风险,厂房、生产设施和设备应当根据所生产药品的特性、工艺流程及相应洁净度级别要求合理设计、布局和使用,并符合下列要求:

(一)应当综合考虑药品的特性、工艺和预定用途等因素,确定厂房、生产设施和设备多产品共用的可行性,并有相应评估报告;

(二)生产特殊性质的药品,如高致敏性药品(如青霉素类)或生物制品(如卡介苗或其他用活性微生物制备而成的药品),必须采用专用和独立的厂房、生产设施和设备。青霉素类药品产尘量大的操作区域应当保持相对负压,排至室外的废气应当经过净化处理并符合要求,排风口应当远离其他空气净化系统的进风口;

(三)生产β-内酰胺结构类药品、性激素类避孕药品必须使用专用设施(如独立的空气净化系统)和设备,并与其他药品生产区严格分开;

(四)生产某些激素类、细胞毒性类、高活性化学药品应当使用专用设施(如独立的空气净化系统)和设备;特殊情况下,如采取特别防护措施并经过必要的验证,上述药品制剂则可通过阶段性生产方式共用同一生产设施和设备;

(五)用于上述第(二)、(三)、(四)项的空气净化系统,其排风应当经过净化处理;

(六)药品生产厂房不得用于生产对药品质量有不利影响的非药用产品。

第四十七条 生产区和贮存区应当有足够的空间,确保有序地存放设备、物料、中间产品、待包装产品和成品,避免不同产品或物料的混淆、交叉污染,避免生产或质量控制操作发生遗漏或差错。

第四十八条 应当根据药品品种、生产操作要求及外部环境状况等配置空调净化系统,使生产区有效通风,并有温度、湿度控制和空气净化过滤,保证药品的生产环境符合要求。

洁净区与非洁净区之间、不同级别洁净区之间的压差应当不低于10帕斯卡。必要时,相同洁净度级别的不同功能区域(操作间)之间也应当保持适当的压差梯度。

口服液体和固体制剂、腔道用药(含直肠用药)、表皮外用药品等非无菌制剂生产的暴露工序区域及其直接接触药品的包装材料最终处理的暴露工序区域,应当参照"无菌药品"附录中D级洁净区的要求设置,企业可根据产品的标准和特性对该区域采取适当的微生物监控措施。

第四十九条 洁净区的内表面(墙壁、地面、天棚)应当平整光滑、无裂缝、接口严密、无颗粒物脱落,避免积尘,便于有效清洁,必要时应当进行消毒。

第五十条 各种管道、照明设施、风口和其他公用设施的设计和安装应当避免出现不易清洁的部位,应当尽可能在生产区外部对其进行维护。

第五十一条 排水设施应当大小适宜,并安装防止倒灌的装置。应当尽可能避免明沟排水;不可避免时,明沟宜浅,以方便清洁和消毒。

第五十二条 制剂的原辅料称量通常应当在专门设计的称量室内进行。

第五十三条 产尘操作间(如干燥物料或产品的取样、称量、混合、包装等操作间)应当保持相对负压或采取专门的措施,防止粉尘扩散、避免交叉污染并便于清洁。

第五十四条 用于药品包装的厂房或区域应当合理设计和布局,以避免混淆或交叉污染。如同一区域内有数条包装线,应当有隔离措施。

第五十五条 生产区应当有适度的照明,目视操作区域的照明应当满足操作要求。

第五十六条 生产区内可设中间控制区域,但中间控制操作不得给药品带来质量风险。

第三节 仓储区

第五十七条 仓储区应当有足够的空间,确保有序存放待验、合格、不合格、退货或召回的原辅料、包装材料、中间产品、待包装产品和成品等各类物料和产品。

第五十八条 仓储区的设计和建造应当确保良好的仓储条件,并有通风和照明设施。仓储区应当能够满足物料或产品的贮存条件(如温湿度、避光)和安全贮存的要求,并进行检查和监控。

第五十九条 高活性的物料或产品以及印刷包装材料应当贮存于安全的区域。

第六十条 接收、发放和发运区域应当能够保护物料、产品免受外界天气(如雨、雪)的影响。接收区的布局和设施应当能够确保到货物料在进入仓储区前可对外包装进行必要的清洁。

第六十一条 如采用单独的隔离区域贮存待验物料,待验区应当有醒目的标识,且只限于经批准的人员出入。

不合格、退货或召回的物料或产品应当隔离存放。

如果采用其他方法替代物理隔离,则该方法应当具有同等的安全性。

第六十二条 通常应当有单独的物料取样区。取样区的空气洁净度级别应当与生产要求一致。如在其他区域或采用其他方式取样,应当能够防止污染或交叉污染。

第四节　质量控制区

第六十三条　质量控制实验室通常应当与生产区分开。生物检定、微生物和放射性同位素的实验室还应当彼此分开。

第六十四条　实验室的设计应当确保其适用于预定的用途,并能够避免混淆和交叉污染,应当有足够的区域用于样品处置、留样和稳定性考察样品的存放以及记录的保存。

第六十五条　必要时,应当设置专门的仪器室,使灵敏度高的仪器免受静电、震动、潮湿或其他外界因素的干扰。

第六十六条　处理生物样品或放射性样品等特殊物品的实验室应当符合国家的有关要求。

第六十七条　实验动物房应当与其他区域严格分开,其设计、建造应当符合国家有关规定,并设有独立的空气处理设施以及动物的专用通道。

第五节　辅助区

第六十八条　休息室的设置不应当对生产区、仓储区和质量控制区造成不良影响。

第六十九条　更衣室和盥洗室应当方便人员进出,并与使用人数相适应。盥洗室不得与生产区和仓储区直接相通。

第七十条　维修间应当尽可能远离生产区。存放在洁净区内的维修用备件和工具,应当放置在专门的房间或工具柜中。

第五章　设　备

第一节　原　则

第七十一条　设备的设计、选型、安装、改造和维护必须符合预定用途,应当尽可能降低产生污染、交叉污染、混淆和差错的风险,便于操作、清洁、维护,以及必要时进行的消毒或灭菌。

第七十二条　应当建立设备使用、清洁、维护和维修的操作规程,并保存相应的操作记录。

第七十三条　应当建立并保存设备采购、安装、确认的文件和记录。

第二节　设计和安装

第七十四条　生产设备不得对药品质量产生任何不利影响。与药品直接接触的生产设备表面应当平整、光洁、易清洗或消毒、耐腐蚀,不得与药品发生化学反应、吸附药品或向药品中释放物质。

第七十五条　应当配备有适当量程和精度的衡器、量具、仪器和仪表。

第七十六条　应当选择适当的清洗、清洁设备,并防止这类设备成为污染源。

第七十七条　设备所用的润滑剂、冷却剂等不得对药品或容器造成污染,应当尽可能使用食用级或级别相当的润滑剂。

第七十八条　生产用模具的采购、验收、保管、维护、发放及报废应当制定相应操作规程,设专人专柜保管,并有相应记录。

第三节　维护和维修

第七十九条　设备的维护和维修不得影响产品质量。

第八十条　应当制定设备的预防性维护计划和操作规程,设备的维护和维修应当有相应的记录。

第八十一条　经改造或重大维修的设备应当进行再确认,符合要求后方可用于生产。

第四节　使用和清洁

第八十二条　主要生产和检验设备都应当有明确的操作规程。

第八十三条　生产设备应当在确认的参数范围内使用。

第八十四条　应当按照详细规定的操作规程清洁生产设备。

生产设备清洁的操作规程应当规定具体而完整的清洁方法、清洁用设备或工具、清洁剂的名称和配制方法、去除前一批次标识的方法、保护已清洁设备在使用前免受污染的方法、已清洁设备最长的保存时限、使用前检查设备清洁状况的方法,使操作者能以可重现的、有效的方式对各类设备进行清洁。

如需拆装设备,还应当规定设备拆装的顺序和方法;如需对设备消毒或灭菌,还应当规定消毒或灭菌的具体方法、消毒剂的名称和配制方法。必要时,还应当规定设备生产结束至清洁前所允许的最长间隔时限。

第八十五条　已清洁的生产设备应当在清洁、干燥的条件下存放。

第八十六条　用于药品生产或检验的设备和仪器,应当有使用日志,记录内容包括使用、清洁、维护和维修情况以及日期、时间、所生产及检验的药品名称、规格和批号等。

第八十七条　生产设备应当有明显的状态标识,标明设备编号和内容物(如名称、规格、批号);没有内容物的应当标明清洁状态。

第八十八条　不合格的设备如有可能应当搬出生产和质量控制区,未搬出前,应当有醒目的状态标识。

第八十九条　主要固定管道应当标明内容物名称和流向。

第五节　校　准

第九十条　应当按照操作规程和校准计划定期对生产和检验用衡器、量具、仪表、记录和控制设备以及仪器进行校准和检查,并保存相关记录。校准的量程范围应当涵盖实际生产和检验的使用范围。

第九十一条　应当确保生产和检验使用的关键衡器、量具、仪表、记录和控制设备以及仪器经过校准,所得出的数据准确、可靠。

第九十二条　应当使用计量标准器具进行校准,且所用计量标准器具应当符合国家有关规定。校准记录应当标明所用计量标准器具的名称、编号、校准有效期和计量合格证明编号,确保记录的可追溯性。

第九十三条　衡器、量具、仪表、用于记录和控制的设备以及仪器应当有明显的标识,标明其校准有效期。

第九十四条　不得使用未经校准、超过校准有效期、失准的衡器、量具、仪表以及用于记录和控制的设备、仪器。

第九十五条　在生产、包装、仓储过程中使用自动或电子设备的,应当按照操作规程定期进行校准和检查,确保其操作功能正常。校准和检查应当有相应的记录。

第六节　制药用水

第九十六条　制药用水应当适合其用途,并符合《中华人民共和国药典》的质量标准及相关要求。制药用水至少应当采用饮用水。

第九十七条 水处理设备及其输送系统的设计、安装、运行和维护应当确保制药用水达到设定的质量标准。水处理设备的运行不得超出其设计能力。

第九十八条 纯化水、注射用水储罐和输送管道所用材料应当无毒、耐腐蚀;储罐的通气口应当安装不脱落纤维的疏水性除菌滤器;管道的设计和安装应当避免死角、盲管。

第九十九条 纯化水、注射用水的制备、贮存和分配应当能够防止微生物的滋生。纯化水可采用循环,注射用水可采用 70℃ 以上保温循环。

第一百条 应当对制药用水及原水的水质进行定期监测,并有相应的记录。

第一百零一条 应当按照操作规程对纯化水、注射用水管道进行清洗消毒,并有相关记录。发现制药用水微生物污染达到警戒限度、纠偏限度时应当按照操作规程处理。

第六章 物料与产品

第一节 原 则

第一百零二条 药品生产所用的原辅料、与药品直接接触的包装材料应当符合相应的质量标准。药品上直接印字所用油墨应当符合食用标准要求。

进口原辅料应当符合国家相关的进口管理规定。

第一百零三条 应当建立物料和产品的操作规程,确保物料和产品的正确接收、贮存、发放、使用和发运,防止污染、交叉污染、混淆和差错。

物料和产品的处理应当按照操作规程或工艺规程执行,并有记录。

第一百零四条 物料供应商的确定及变更应当进行质量评估,并经质量管理部门批准后方可采购。

第一百零五条 物料和产品的运输应当能够满足其保证质量的要求,对运输有特殊要求的,其运输条件应当予以确认。

第一百零六条 原辅料、与药品直接接触的包装材料和印刷包装材料的接收应当有操作规程,所有到货物料均应当检查,以确保与订单一致,并确认供应商已经质量管理部门批准。

物料的外包装应当有标签,并注明规定的信息。必要时,还应当进行清洁,发现外包装损坏或其他可能影响物料质量的问题,应当向质量管理部门报告并进行调查和记录。

每次接收均应当有记录,内容包括:

(一)交货单和包装容器上所注物料的名称;

(二)企业内部所用物料名称和(或)代码;

(三)接收日期;

(四)供应商和生产商(如不同)的名称;

(五)供应商和生产商(如不同)标识的批号;

(六)接收总量和包装容器数量;

(七)接收后企业指定的批号或流水号;

(八)有关说明(如包装状况)。

第一百零七条 物料接收和成品生产后应当及时按照待验管理,直至放行。

第一百零八条 物料和产品应当根据其性质有序分批贮存和周转,发放及发运应当符合先进先出和近效期先出的原则。

第一百零九条　使用计算机化仓储管理的,应当有相应的操作规程,防止因系统故障、停机等特殊情况而造成物料和产品的混淆和差错。

使用完全计算机化仓储管理系统进行识别的,物料、产品等相关信息可不必以书面可读的方式标出。

第二节　原辅料

第一百一十条　应当制定相应的操作规程,采取核对或检验等适当措施,确认每一包装内的原辅料正确无误。

第一百一十一条　一次接收数个批次的物料,应当按批取样、检验、放行。

第一百一十二条　仓储区内的原辅料应当有适当的标识,并至少标明下述内容：

（一）指定的物料名称和企业内部的物料代码；
（二）企业接收时设定的批号；
（三）物料质量状态（如待验、合格、不合格、已取样）；
（四）有效期或复验期。

第一百一十三条　只有经质量管理部门批准放行并在有效期或复验期内的原辅料方可使用。

第一百一十四条　原辅料应当按照有效期或复验期贮存。贮存期内,如发现对质量有不良影响的特殊情况,应当进行复验。

第一百一十五条　应当由指定人员按照操作规程进行配料,核对物料后,精确称量或计量,并作好标识。

第一百一十六条　配制的每一物料及其重量或体积应当由他人独立进行复核,并有复核记录。

第一百一十七条　用于同一批药品生产的所有配料应当集中存放,并作好标识。

第三节　中间产品和待包装产品

第一百一十八条　中间产品和待包装产品应当在适当的条件下贮存。

第一百一十九条　中间产品和待包装产品应当有明确的标识,并至少标明下述内容：

（一）产品名称和企业内部的产品代码；
（二）产品批号；
（三）数量或重量（如毛重、净重等）；
（四）生产工序（必要时）；
（五）产品质量状态（必要时,如待验、合格、不合格、已取样）。

第四节　包装材料

第一百二十条　与药品直接接触的包装材料和印刷包装材料的管理和控制要求与原辅料相同。

第一百二十一条　包装材料应当由专人按照操作规程发放,并采取措施避免混淆和差错,确保用于药品生产的包装材料正确无误。

第一百二十二条　应当建立印刷包装材料设计、审核、批准的操作规程,确保印刷包装材料印制的内容与药品监督管理部门核准的一致,并建立专门的文档,保存经签名批准的印刷包装材料原版实样。

第一百二十三条　印刷包装材料的版本变更时,应当采取措施,确保产品所用印刷包装材料的版本正确无误。宜收回作废的旧版印刷模版并予以销毁。

第一百二十四条　印刷包装材料应当设置专门区域妥善存放,未经批准人员不得进入。切割式标签或其他散装印刷包装材料应当分别置于密闭容器内储运,以防混淆。

第一百二十五条　印刷包装材料应当由专人保管,并按照操作规程和需求量发放。

第一百二十六条　每批或每次发放的与药品直接接触的包装材料或印刷包装材料,均应当有识别标志,标明所用产品的名称和批号。

第一百二十七条　过期或废弃的印刷包装材料应当予以销毁并记录。

第五节　成　品

第一百二十八条　成品放行前应当待验贮存。

第一百二十九条　成品的贮存条件应当符合药品注册批准的要求。

第六节　特殊管理的物料和产品

第一百三十条　麻醉药品、精神药品、医疗用毒性药品(包括药材)、放射性药品、药品类易制毒化学品及易燃、易爆和其他危险品的验收、贮存、管理应当执行国家有关的规定。

第七节　其　他

第一百三十一条　不合格的物料、中间产品、待包装产品和成品的每个包装容器上均应当有清晰醒目的标志,并在隔离区内妥善保存。

第一百三十二条　不合格的物料、中间产品、待包装产品和成品的处理应当经质量管理负责人批准,并有记录。

第一百三十三条　产品回收需经预先批准,并对相关的质量风险进行充分评估,根据评估结论决定是否回收。回收应当按照预定的操作规程进行,并有相应记录。回收处理后的产品应当按照回收处理中最早批次产品的生产日期确定有效期。

第一百三十四条　制剂产品不得进行重新加工。不合格的制剂中间产品、待包装产品和成品一般不得进行返工。只有不影响产品质量、符合相应质量标准,且根据预定、经批准的操作规程以及对相关风险充分评估后,才允许返工处理。返工应当有相应记录。

第一百三十五条　对返工或重新加工或回收合并后生产的成品,质量管理部门应当考虑需要进行额外相关项目的检验和稳定性考察。

第一百三十六条　企业应当建立药品退货的操作规程,并有相应的记录,内容至少应当包括:产品名称、批号、规格、数量、退货单位及地址、退货原因及日期、最终处理意见。

同一产品同一批号不同渠道的退货应当分别记录、存放和处理。

第一百三十七条　只有经检查、检验和调查,有证据证明退货质量未受影响,且经质量管理部门根据操作规程评价后,方可考虑将退货重新包装、重新发运销售。评价考虑的因素至少应当包括药品的性质、所需的贮存条件、药品的现状、历史,以及发运与退货之间的间隔时间等因素。不符合贮存和运输要求的退货,应当在质量管理部门监督下予以销毁。对退货质量存有怀疑时,不得重新发运。

对退货进行回收处理的,回收后的产品应当符合预定的质量标准和第一百三十三条的要求。

退货处理的过程和结果应当有相应记录。

第七章 确认与验证

第一百三十八条 企业应当确定需要进行的确认或验证工作,以证明有关操作的关键要素能够得到有效控制。确认或验证的范围和程度应当经过风险评估来确定。

第一百三十九条 企业的厂房、设施、设备和检验仪器应当经过确认,应当采用经过验证的生产工艺、操作规程和检验方法进行生产、操作和检验,并保持持续的验证状态。

第一百四十条 应当建立确认与验证的文件和记录,并能以文件和记录证明达到以下预定的目标:

(一)设计确认应当证明厂房、设施、设备的设计符合预定用途和本规范要求;

(二)安装确认应当证明厂房、设施、设备的建造和安装符合设计标准;

(三)运行确认应当证明厂房、设施、设备的运行符合设计标准;

(四)性能确认应当证明厂房、设施、设备在正常操作方法和工艺条件下能够持续符合标准;

(五)工艺验证应当证明一个生产工艺按照规定的工艺参数能够持续生产出符合预定用途和注册要求的产品。

第一百四十一条 采用新的生产处方或生产工艺前,应当验证其常规生产的适用性。生产工艺在使用规定的原辅料和设备条件下,应当能够始终生产出符合预定用途和注册要求的产品。

第一百四十二条 当影响产品质量的主要因素,如原辅料、与药品直接接触的包装材料、生产设备、生产环境(或厂房)、生产工艺、检验方法等发生变更时,应当进行确认或验证。必要时,还应当经药品监督管理部门批准。

第一百四十三条 清洁方法应当经过验证,证实其清洁的效果,以有效防止污染和交叉污染。清洁验证应当综合考虑设备使用情况、所使用的清洁剂和消毒剂、取样方法和位置以及相应的取样回收率、残留物的性质和限度、残留物检验方法的灵敏度等因素。

第一百四十四条 确认和验证不是一次性的行为。首次确认或验证后,应当根据产品质量回顾分析情况进行再确认或再验证。关键的生产工艺和操作规程应当定期进行再验证,确保其能够达到预期结果。

第一百四十五条 企业应当制定验证总计划,以文件形式说明确认与验证工作的关键信息。

第一百四十六条 验证总计划或其他相关文件中应当作出规定,确保厂房、设施、设备、检验仪器、生产工艺、操作规程和检验方法等能够保持持续稳定。

第一百四十七条 应当根据确认或验证的对象制定确认或验证方案,并经审核、批准。确认或验证方案应当明确职责。

第一百四十八条 确认或验证应当按照预先确定和批准的方案实施,并有记录。确认或验证工作完成后,应当写出报告,并经审核、批准。确认或验证的结果和结论(包括评价和建议)应当有记录并存档。

第一百四十九条 应当根据验证的结果确认工艺规程和操作规程。

第八章　文件管理

第一节　原　则

第一百五十条　文件是质量保证系统的基本要素。企业必须有内容正确的书面质量标准、生产处方和工艺规程、操作规程以及记录等文件。

第一百五十一条　企业应当建立文件管理的操作规程，系统地设计、制定、审核、批准和发放文件。与本规范有关的文件应当经质量管理部门的审核。

第一百五十二条　文件的内容应当与药品生产许可、药品注册等相关要求一致，并有助于追溯每批产品的历史情况。

第一百五十三条　文件的起草、修订、审核、批准、替换或撤销、复制、保管和销毁等应当按照操作规程管理，并有相应的文件分发、撤销、复制、销毁记录。

第一百五十四条　文件的起草、修订、审核、批准均应当由适当的人员签名并注明日期。

第一百五十五条　文件应当标明题目、种类、目的以及文件编号和版本号。文字应当确切、清晰、易懂，不能模棱两可。

第一百五十六条　文件应当分类存放、条理分明，便于查阅。

第一百五十七条　原版文件复制时，不得产生任何差错；复制的文件应当清晰可辨。

第一百五十八条　文件应当定期审核、修订；文件修订后，应当按照规定管理，防止旧版文件的误用。分发、使用的文件应当为批准的现行文本，已撤销的或旧版文件除留档备查外，不得在工作现场出现。

第一百五十九条　与本规范有关的每项活动均应当有记录，以保证产品生产、质量控制和质量保证等活动可以追溯。记录应当留有填写数据的足够空格。记录应当及时填写，内容真实，字迹清晰、易读，不易擦除。

第一百六十条　应当尽可能采用生产和检验设备自动打印的记录、图谱和曲线图等，并标明产品或样品的名称、批号和记录设备的信息，操作人应当签注姓名和日期。

第一百六十一条　记录应当保持清洁，不得撕毁和任意涂改。记录填写的任何更改都应当签注姓名和日期，并使原有信息仍清晰可辨，必要时，应当说明更改的理由。记录如需重新誊写，则原有记录不得销毁，应当作为重新誊写记录的附件保存。

第一百六十二条　每批药品应当有批记录，包括批生产记录、批包装记录、批检验记录和药品放行审核记录等与本批产品有关的记录。批记录应当由质量管理部门负责管理，至少保存至药品有效期后一年。

质量标准、工艺规程、操作规程、稳定性考察、确认、验证、变更等其他重要文件应当长期保存。

第一百六十三条　如使用电子数据处理系统、照相技术或其他可靠方式记录数据资料，应当有所用系统的操作规程；记录的准确性应当经过核对。

使用电子数据处理系统的，只有经授权的人员方可输入或更改数据，更改和删除情况应当有记录；应当使用密码或其他方式来控制系统的登录；关键数据输入后，应当由他人独立进行复核。

用电子方法保存的批记录，应当采用磁带、缩微胶卷、纸质副本或其他方法进行备份，以确保记录的安全，且数据资料在保存期内便于查阅。

第二节 质量标准

第一百六十四条 物料和成品应当有经批准的现行质量标准;必要时,中间产品或待包装产品也应当有质量标准。

第一百六十五条 物料的质量标准一般应当包括:

(一)物料的基本信息

1. 企业统一指定的物料名称和内部使用的物料代码;
2. 质量标准的依据;
3. 经批准的供应商;
4. 印刷包装材料的实样或样稿。

(二)取样、检验方法或相关操作规程编号;

(三)定性和定量的限度要求;

(四)贮存条件和注意事项;

(五)有效期或复验期。

第一百六十六条 外购或外销的中间产品和待包装产品应当有质量标准;如果中间产品的检验结果用于成品的质量评价,则应当制定与成品质量标准相对应的中间产品质量标准。

第一百六十七条 成品的质量标准应当包括:

(一)产品名称以及产品代码;

(二)对应的产品处方编号(如有);

(三)产品规格和包装形式;

(四)取样、检验方法或相关操作规程编号;

(五)定性和定量的限度要求;

(六)贮存条件和注意事项;

(七)有效期。

第三节 工艺规程

第一百六十八条 每种药品的每个生产批量均应当有经企业批准的工艺规程,不同药品规格的每种包装形式均应当有各自的包装操作要求。工艺规程的制定应当以注册批准的工艺为依据。

第一百六十九条 工艺规程不得任意更改。如需更改,应当按照相关的操作规程修订、审核、批准。

第一百七十条 制剂的工艺规程的内容至少应当包括:

(一)生产处方

1. 产品名称和产品代码;
2. 产品剂型、规格和批量;
3. 所用原辅料清单(包括生产过程中使用,但不在成品中出现的物料),阐明每一物料的指定名称、代码和用量;如原辅料的用量需要折算时,还应当说明计算方法。

(二)生产操作要求

1. 对生产场所和所用设备的说明(如操作间的位置和编号、洁净度级别、必要的温湿度要求、设备型号和编号等);

2. 关键设备的准备(如清洗、组装、校准、灭菌等)所采用的方法或相应操作规程编号;

3. 详细的生产步骤和工艺参数说明(如物料的核对、预处理、加入物料的顺序、混合时间、温度等);

4. 所有中间控制方法及标准;

5. 预期的最终产量限度,必要时,还应当说明中间产品的产量限度,以及物料平衡的计算方法和限度;

6. 待包装产品的贮存要求,包括容器、标签及特殊贮存条件;

7. 需要说明的注意事项。

(三)包装操作要求

1. 以最终包装容器中产品的数量、重量或体积表示的包装形式;

2. 所需全部包装材料的完整清单,包括包装材料的名称、数量、规格、类型以及与质量标准有关的每一包装材料的代码;

3. 印刷包装材料的实样或复制品,并标明产品批号、有效期打印位置;

4. 需要说明的注意事项,包括对生产区和设备进行的检查,在包装操作开始前,确认包装生产线的清场已经完成等;

5. 包装操作步骤的说明,包括重要的辅助性操作和所用设备的注意事项、包装材料使用前的核对;

6. 中间控制的详细操作,包括取样方法及标准;

7. 待包装产品、印刷包装材料的物料平衡计算方法和限度。

第四节 批生产记录

第一百七十一条 每批产品均应当有相应的批生产记录,可追溯该批产品的生产历史以及与质量有关的情况。

第一百七十二条 批生产记录应当依据现行批准的工艺规程的相关内容制定。记录的设计应当避免填写差错。批生产记录的每一页应当标注产品的名称、规格和批号。

第一百七十三条 原版空白的批生产记录应当经生产管理负责人和质量管理负责人审核和批准。批生产记录的复制和发放均应当按照操作规程进行控制并有记录,每批产品的生产只能发放一份原版空白批生产记录的复制件。

第一百七十四条 在生产过程中,进行每项操作时应当及时记录,操作结束后,应当由生产操作人员确认并签注姓名和日期。

第一百七十五条 批生产记录的内容应当包括:

(一)产品名称、规格、批号;

(二)生产以及中间工序开始、结束的日期和时间;

(三)每一生产工序的负责人签名;

(四)生产步骤操作人员的签名;必要时,还应当有操作(如称量)复核人员的签名;

(五)每一原辅料的批号以及实际称量的数量(包括投入的回收或返工处理产品的批号及数量);

(六)相关生产操作或活动、工艺参数及控制范围,以及所用主要生产设备的编号;

(七)中间控制结果的记录以及操作人员的签名;

(八)不同生产工序所得产量及必要时的物料平衡计算;

（九）对特殊问题或异常事件的记录，包括对偏离工艺规程的偏差情况的详细说明或调查报告，并经签字批准。

第五节 批包装记录

第一百七十六条 每批产品或每批中部分产品的包装，都应当有批包装记录，以便追溯该批产品包装操作以及与质量有关的情况。

第一百七十七条 批包装记录应当依据工艺规程中与包装相关的内容制定。记录的设计应当注意避免填写差错。批包装记录的每一页均应当标注所包装产品的名称、规格、包装形式和批号。

第一百七十八条 批包装记录应当有待包装产品的批号、数量以及成品的批号和计划数量。原版空白的批包装记录的审核、批准、复制和发放的要求与原版空白的批生产记录相同。

第一百七十九条 在包装过程中，进行每项操作时应当及时记录，操作结束后，应当由包装操作人员确认并签注姓名和日期。

第一百八十条 批包装记录的内容包括：
（一）产品名称、规格、包装形式、批号、生产日期和有效期；
（二）包装操作日期和时间；
（三）包装操作负责人签名；
（四）包装工序的操作人员签名；
（五）每一包装材料的名称、批号和实际使用的数量；
（六）根据工艺规程所进行的检查记录，包括中间控制结果；
（七）包装操作的详细情况，包括所用设备及包装生产线的编号；
（八）所用印刷包装材料的实样，并印有批号、有效期及其他打印内容；不易随批包装记录归档的印刷包装材料可采用印有上述内容的复制品；
（九）对特殊问题或异常事件的记录，包括对偏离工艺规程的偏差情况的详细说明或调查报告，并经签字批准；
（十）所有印刷包装材料和待包装产品的名称、代码，以及发放、使用、销毁或退库的数量、实际产量以及物料平衡检查。

第六节 操作规程和记录

第一百八十一条 操作规程的内容应当包括：题目、编号、版本号、颁发部门、生效日期、分发部门以及制定人、审核人、批准人的签名并注明日期，标题、正文及变更历史。

第一百八十二条 厂房、设备、物料、文件和记录应当有编号（或代码），并制定编制编号（或代码）的操作规程，确保编号（或代码）的唯一性。

第一百八十三条 下述活动也应当有相应的操作规程，其过程和结果应当有记录：
（一）确认和验证；
（二）设备的装配和校准；
（三）厂房和设备的维护、清洁和消毒；
（四）培训、更衣及卫生等与人员相关的事宜；
（五）环境监测；
（六）虫害控制；

(七)变更控制；

(八)偏差处理；

(九)投诉；

(十)药品召回；

(十一)退货。

第九章 生产管理

第一节 原 则

第一百八十四条 所有药品的生产和包装均应当按照批准的工艺规程和操作规程进行操作并有相关记录，以确保药品达到规定的质量标准，并符合药品生产许可和注册批准的要求。

第一百八十五条 应当建立划分产品生产批次的操作规程，生产批次的划分应当能够确保同一批次产品质量和特性的均一性。

第一百八十六条 应当建立编制药品批号和确定生产日期的操作规程。每批药品均应当编制唯一的批号。除另有法定要求外，生产日期不得迟于产品成型或灌装(封)前经最后混合的操作开始日期，不得以产品包装日期作为生产日期。

第一百八十七条 每批产品应当检查产量和物料平衡，确保物料平衡符合设定的限度。如有差异，必须查明原因，确认无潜在质量风险后，方可按照正常产品处理。

第一百八十八条 不得在同一生产操作间同时进行不同品种和规格药品的生产操作，除非没有发生混淆或交叉污染的可能。

第一百八十九条 在生产的每一阶段，应当保护产品和物料免受微生物和其他污染。

第一百九十条 在干燥物料或产品，尤其是高活性、高毒性或高致敏性物料或产品的生产过程中，应当采取特殊措施，防止粉尘的产生和扩散。

第一百九十一条 生产期间使用的所有物料、中间产品或待包装产品的容器及主要设备、必要的操作室应当贴签标识或以其他方式标明生产中的产品或物料名称、规格和批号，如有必要，还应当标明生产工序。

第一百九十二条 容器、设备或设施所用标识应当清晰明了，标识的格式应当经企业相关部门批准。除在标识上使用文字说明外，还可采用不同的颜色区分被标识物的状态(如待验、合格、不合格或已清洁等)。

第一百九十三条 应当检查产品从一个区域输送至另一个区域的管道和其他设备连接，确保连接正确无误。

第一百九十四条 每次生产结束后应当进行清场，确保设备和工作场所没有遗留与本次生产有关的物料、产品和文件。下次生产开始前，应当对前次清场情况进行确认。

第一百九十五条 应当尽可能避免出现任何偏离工艺规程或操作规程的偏差。一旦出现偏差，应当按照偏差处理操作规程执行。

第一百九十六条 生产厂房应当仅限于经批准的人员出入。

第二节 防止生产过程中的污染和交叉污染

第一百九十七条 生产过程中应当尽可能采取措施，防止污染和交叉污染，如：

(一)在分隔的区域内生产不同品种的药品；

(二)采用阶段性生产方式;
(三)设置必要的气锁间和排风;空气洁净度级别不同的区域应当有压差控制;
(四)应当降低未经处理或未经充分处理的空气再次进入生产区导致污染的风险;
(五)在易产生交叉污染的生产区内,操作人员应当穿戴该区域专用的防护服;
(六)采用经过验证或已知有效的清洁和去污染操作规程进行设备清洁;必要时,应当对与物料直接接触的设备表面的残留物进行检测;
(七)采用密闭系统生产;
(八)干燥设备的进风应当有空气过滤器,排风应当有防止空气倒流装置;
(九)生产和清洁过程中应当避免使用易碎、易脱屑、易发霉器具;使用筛网时,应当有防止因筛网断裂而造成污染的措施;
(十)液体制剂的配制、过滤、灌封、灭菌等工序应当在规定时间内完成;
(十一)软膏剂、乳膏剂、凝胶剂等半固体制剂以及栓剂的中间产品应当规定贮存期和贮存条件。

第一百九十八条 应当定期检查防止污染和交叉污染的措施并评估其适用性和有效性。

第三节 生产操作

第一百九十九条 生产开始前应当进行检查,确保设备和工作场所没有上批遗留的产品、文件或与本批产品生产无关的物料,设备处于已清洁及待用状态。检查结果应当有记录。

生产操作前,还应当核对物料或中间产品的名称、代码、批号和标识,确保生产所用物料或中间产品正确且符合要求。

第二百条 应当进行中间控制和必要的环境监测,并予以记录。

第二百零一条 每批药品的每一生产阶段完成后必须由生产操作人员清场,并填写清场记录。清场记录内容包括:操作间编号、产品名称、批号、生产工序、清场日期、检查项目及结果、清场负责人及复核人签名。清场记录应当纳入批生产记录。

第四节 包装操作

第二百零二条 包装操作规程应当规定降低污染和交叉污染、混淆或差错风险的措施。

第二百零三条 包装开始前应当进行检查,确保工作场所、包装生产线、印刷机及其他设备已处于清洁或待用状态,无上批遗留的产品、文件或与本批产品包装无关的物料。检查结果应当有记录。

第二百零四条 包装操作前,还应当检查所领用的包装材料正确无误,核对待包装产品和所用包装材料的名称、规格、数量、质量状态,且与工艺规程相符。

第二百零五条 每一包装操作场所或包装生产线,应当有标识标明包装中的产品名称、规格、批号和批量的生产状态。

第二百零六条 有数条包装线同时进行包装时,应当采取隔离或其他有效防止污染、交叉污染或混淆的措施。

第二百零七条 待用分装容器在分装前应当保持清洁,避免容器中有玻璃碎屑、金属颗粒等污染物。

第二百零八条 产品分装、封口后应当及时贴签。未能及时贴签时,应当按照相关的操作规程操作,避免发生混淆或贴错标签等差错。

第二百零九条 单独打印或包装过程中在线打印的信息(如产品批号或有效期)均应当进行检查,确保其正确无误,并予以记录。如手工打印,应当增加检查频次。

第二百一十条 使用切割式标签或在包装线以外单独打印标签,应当采取专门措施,防止混淆。

第二百一十一条 应当对电子读码机、标签计数器或其他类似装置的功能进行检查,确保其准确运行。检查应当有记录。

第二百一十二条 包装材料上印刷或模压的内容应当清晰,不易褪色和擦除。

第二百一十三条 包装期间,产品的中间控制检查应当至少包括下述内容:
(一)包装外观;
(二)包装是否完整;
(三)产品和包装材料是否正确;
(四)打印信息是否正确;
(五)在线监控装置的功能是否正常。

样品从包装生产线取走后不应当再返还,以防止产品混淆或污染。

第二百一十四条 因包装过程产生异常情况而需要重新包装产品的,必须经专门检查、调查并由指定人员批准。重新包装应当有详细记录。

第二百一十五条 在物料平衡检查中,发现待包装产品、印刷包装材料以及成品数量有显著差异时,应当进行调查,未得出结论前,成品不得放行。

第二百一十六条 包装结束时,已打印批号的剩余包装材料应当由专人负责全部计数销毁,并有记录。如将未打印批号的印刷包装材料退库,应当按照操作规程执行。

第十章 质量控制与质量保证

第一节 质量控制实验室管理

第二百一十七条 质量控制实验室的人员、设施、设备应当与产品性质和生产规模相适应。

企业通常不得进行委托检验,确需委托检验的,应当按照第十一章中委托检验部分的规定,委托外部实验室进行检验,但应当在检验报告中予以说明。

第二百一十八条 质量控制负责人应当具有足够的管理实验室的资质和经验,可以管理同一企业的一个或多个实验室。

第二百一十九条 质量控制实验室的检验人员至少应当具有相关专业中专或高中以上学历,并经过与所从事的检验操作相关的实践培训且通过考核。

第二百二十条 质量控制实验室应当配备药典、标准图谱等必要的工具书,以及标准品或对照品等相关的标准物质。

第二百二十一条 质量控制实验室的文件应当符合第八章的原则,并符合下列要求:
(一)质量控制实验室应当至少有下列详细文件:
1. 质量标准;
2. 取样操作规程和记录;
3. 检验操作规程和记录(包括检验记录或实验室工作记事簿);
4. 检验报告或证书;

5. 必要的环境监测操作规程、记录和报告；
6. 必要的检验方法验证报告和记录；
7. 仪器校准和设备使用、清洁、维护的操作规程及记录。

(二)每批药品的检验记录应当包括中间产品、待包装产品和成品的质量检验记录,可追溯该批药品所有相关的质量检验情况；

(三)宜采用便于趋势分析的方法保存某些数据(如检验数据、环境监测数据、制药用水的微生物监测数据)；

(四)除与批记录相关的资料信息外,还应当保存其他原始资料或记录,以方便查阅。

第二百二十二条 取样应当至少符合以下要求：

(一)质量管理部门的人员有权进入生产区和仓储区进行取样及调查；

(二)应当按照经批准的操作规程取样,操作规程应当详细规定：

1. 经授权的取样人；
2. 取样方法；
3. 所用器具；
4. 样品量；
5. 分样的方法；
6. 存放样品容器的类型和状态；
7. 取样后剩余部分及样品的处置和标识；
8. 取样注意事项,包括为降低取样过程产生的各种风险所采取的预防措施,尤其是无菌或有害物料的取样以及防止取样过程中污染和交叉污染的注意事项；
9. 贮存条件；
10. 取样器具的清洁方法和贮存要求。

(三)取样方法应当科学、合理,以保证样品的代表性；

(四)留样应当能够代表被取样批次的产品或物料,也可抽取其他样品来监控生产过程中最重要的环节(如生产的开始或结束)；

(五)样品的容器应当贴有标签,注明样品名称、批号、取样日期、取自哪一包装容器、取样人等信息；

(六)样品应当按照规定的贮存要求保存。

第二百二十三条 物料和不同生产阶段产品的检验应当至少符合以下要求：

(一)企业应当确保药品按照注册批准的方法进行全项检验；

(二)符合下列情形之一的,应当对检验方法进行验证：

1. 采用新的检验方法；
2. 检验方法需变更的；
3. 采用《中华人民共和国药典》及其他法定标准未收载的检验方法；
4. 法规规定的其他需要验证的检验方法。

(三)对不需要进行验证的检验方法,企业应当对检验方法进行确认,以确保检验数据准确、可靠；

(四)检验应当有书面操作规程,规定所用方法、仪器和设备,检验操作规程的内容应当与经确认或验证的检验方法一致；

(五)检验应当有可追溯的记录并应当复核,确保结果与记录一致。所有计算均应当严格核对;

(六)检验记录应当至少包括以下内容:

1. 产品或物料的名称、剂型、规格、批号或供货批号,必要时注明供应商和生产商(如不同)的名称或来源;

2. 依据的质量标准和检验操作规程;

3. 检验所用的仪器或设备的型号和编号;

4. 检验所用的试液和培养基的配制批号、对照品或标准品的来源和批号;

5. 检验所用动物的相关信息;

6. 检验过程,包括对照品溶液的配制、各项具体的检验操作、必要的环境温湿度;

7. 检验结果,包括观察情况、计算和图谱或曲线图,以及依据的检验报告编号;

8. 检验日期;

9. 检验人员的签名和日期;

10. 检验、计算复核人员的签名和日期。

(七)所有中间控制(包括生产人员所进行的中间控制),均应当按照经质量管理部门批准的方法进行,检验应当有记录;

(八)应当对实验室容量分析用玻璃仪器、试剂、试液、对照品以及培养基进行质量检查;

(九)必要时应当将检验用实验动物在使用前进行检验或隔离检疫。饲养和管理应当符合相关的实验动物管理规定。动物应当有标识,并应当保存使用的历史记录。

第二百二十四条 质量控制实验室应当建立检验结果超标调查的操作规程。任何检验结果超标都必须按照操作规程进行完整的调查,并有相应的记录。

第二百二十五条 企业按规定保存的、用于药品质量追溯或调查的物料、产品样品为留样。用于产品稳定性考察的样品不属于留样。

留样应当至少符合以下要求:

(一)应当按照操作规程对留样进行管理;

(二)留样应当能够代表被取样批次的物料或产品;

(三)成品的留样:

1. 每批药品均应当有留样;如果一批药品分成数次进行包装,则每次包装至少应当保留一件最小市售包装的成品;

2. 留样的包装形式应当与药品市售包装形式相同,原料药的留样如无法采用市售包装形式的,可采用模拟包装;

3. 每批药品的留样数量一般至少应当能够确保按照注册批准的质量标准完成两次全检(无菌检查和热原检查等除外);

4. 如果不影响留样的包装完整性,保存期间内至少应当每年对留样进行一次目检观察,如有异常,应当进行彻底调查并采取相应的处理措施;

5. 留样观察应当有记录;

6. 留样应当按照注册批准的贮存条件至少保存至药品有效期后一年;

7. 如企业终止药品生产或关闭的,应当将留样转交受权单位保存,并告知当地药品监督管理部门,以便在必要时可随时取得留样。

(四)物料的留样:

1. 制剂生产用每批原辅料和与药品直接接触的包装材料均应当有留样。与药品直接接触的包装材料(如输液瓶),如成品已有留样,可不必单独留样;

2. 物料的留样量应当至少满足鉴别的需要;

3. 除稳定性较差的原辅料外,用于制剂生产的原辅料(不包括生产过程中使用的溶剂、气体或制药用水)和与药品直接接触的包装材料的留样应当至少保存至产品放行后二年。如果物料的有效期较短,则留样时间可相应缩短;

4. 物料的留样应当按照规定的条件贮存,必要时还应当适当包装密封。

第二百二十六条 试剂、试液、培养基和检定菌的管理应当至少符合以下要求:

(一)试剂和培养基应当从可靠的供应商处采购,必要时应当对供应商进行评估;

(二)应当有接收试剂、试液、培养基的记录,必要时,应当在试剂、试液、培养基的容器上标注接收日期;

(三)应当按照相关规定或使用说明配制、贮存和使用试剂、试液和培养基。特殊情况下,在接收或使用前,还应当对试剂进行鉴别或其他检验;

(四)试液和已配制的培养基应当标注配制批号、配制日期和配制人员姓名,并有配制(包括灭菌)记录。不稳定的试剂、试液和培养基应当标注有效期及特殊贮存条件。标准液、滴定液还应当标注最后一次标化的日期和校正因子,并有标化记录;

(五)配制的培养基应当进行适用性检查,并有相关记录。应当有培养基使用记录;

(六)应当有检验所需的各种检定菌,并建立检定菌保存、传代、使用、销毁的操作规程和相应记录;

(七)检定菌应当有适当的标识,内容至少包括菌种名称、编号、代次、传代日期、传代操作人;

(八)检定菌应当按照规定的条件贮存,贮存的方式和时间不应当对检定菌的生长特性有不利影响。

第二百二十七条 标准品或对照品的管理应当至少符合以下要求:

(一)标准品或对照品应当按照规定贮存和使用;

(二)标准品或对照品应当有适当的标识,内容至少包括名称、批号、制备日期(如有)、有效期(如有)、首次开启日期、含量或效价、贮存条件;

(三)企业如需自制工作标准品或对照品,应当建立工作标准品或对照品的质量标准以及制备、鉴别、检验、批准和贮存的操作规程,每批工作标准品或对照品应当用法定标准品或对照品进行标化,并确定有效期,还应当通过定期标化证明工作标准品或对照品的效价或含量在有效期内保持稳定。标化的过程和结果应当有相应的记录。

第二节 物料和产品放行

第二百二十八条 应当分别建立物料和产品批准放行的操作规程,明确批准放行的标准、职责,并有相应的记录。

第二百二十九条 物料的放行应当至少符合以下要求:

(一)物料的质量评价内容应当至少包括生产商的检验报告、物料包装完整性和密封性的检查情况和检验结果;

(二)物料的质量评价应当有明确的结论,如批准放行、不合格或其他决定;

(三)物料应当由指定人员签名批准放行。

第二百三十条　产品的放行应当至少符合以下要求：

(一)在批准放行前,应当对每批药品进行质量评价,保证药品及其生产应当符合注册和本规范要求,并确认以下各项内容：

1. 主要生产工艺和检验方法经过验证；
2. 已完成所有必需的检查、检验,并综合考虑实际生产条件和生产记录；
3. 所有必需的生产和质量控制均已完成并经相关主管人员签名；
4. 变更已按照相关规程处理完毕,需要经药品监督管理部门批准的变更已得到批准；
5. 对变更或偏差已完成所有必要的取样、检查、检验和审核；
6. 所有与该批产品有关的偏差已有明确的解释或说明,或者已经过彻底调查和适当处理；如偏差还涉及其他批次产品,应当一并处理。

(二)药品的质量评价应当有明确的结论,如批准放行、不合格或其他决定；

(三)每批药品均应当由质量受权人签名批准放行；

(四)疫苗类制品、血液制品、用于血源筛查的体外诊断试剂以及国家食品药品监督管理局规定的其他生物制品放行前还应当取得批签发合格证明。

第三节　持续稳定性考察

第二百三十一条　持续稳定性考察的目的是在有效期内监控已上市药品的质量,以发现药品与生产相关的稳定性问题(如杂质含量或溶出度特性的变化),并确定药品能够在标示的贮存条件下,符合质量标准的各项要求。

第二百三十二条　持续稳定性考察主要针对市售包装药品,但也需兼顾待包装产品。例如,当待包装产品在完成包装前,或从生产厂运输到包装厂,还需要长期贮存时,应当在相应的环境条件下,评估其对包装后产品稳定性的影响。此外,还应当考虑对贮存时间较长的中间产品进行考察。

第二百三十三条　持续稳定性考察应当有考察方案,结果应当有报告。用于持续稳定性考察的设备(尤其是稳定性试验设备或设施)应当按照第七章和第五章的要求进行确认和维护。

第二百三十四条　持续稳定性考察的时间应当涵盖药品有效期,考察方案应当至少包括以下内容：

(一)每种规格、每个生产批量药品的考察批次数；

(二)相关的物理、化学、微生物和生物学检验方法,可考虑采用稳定性考察专属的检验方法；

(三)检验方法依据；

(四)合格标准；

(五)容器密封系统的描述；

(六)试验间隔时间(测试时间点)；

(七)贮存条件(应当采用与药品标示贮存条件相对应的《中华人民共和国药典》规定的长期稳定性试验标准条件)；

(八)检验项目,如检验项目少于成品质量标准所包含的项目,应当说明理由。

第二百三十五条　考察批次数和检验频次应当能够获得足够的数据,以供趋势分析。通常情况下,每种规格、每种内包装形式的药品,至少每年应当考察一个批次,除非当年没有生产。

第二百三十六条 某些情况下,持续稳定性考察中应当额外增加批次数,如重大变更或生产和包装有重大偏差的药品应当列入稳定性考察。此外,重新加工、返工或回收的批次,也应当考虑列入考察,除非已经过验证和稳定性考察。

第二百三十七条 关键人员,尤其是质量受权人,应当了解持续稳定性考察的结果。当持续稳定性考察不在待包装产品和成品的生产企业进行时,则相关各方之间应当有书面协议,且均应当保存持续稳定性考察的结果以供药品监督管理部门审查。

第二百三十八条 应当对不符合质量标准的结果或重要的异常趋势进行调查。对任何已确认的不符合质量标准的结果或重大不良趋势,企业都应当考虑是否可能对已上市药品造成影响,必要时应当实施召回,调查结果以及采取的措施应当报告当地药品监督管理部门。

第二百三十九条 应当根据所获得的全部数据资料,包括考察的阶段性结论,撰写总结报告并保存。应当定期审核总结报告。

第四节 变更控制

第二百四十条 企业应当建立变更控制系统,对所有影响产品质量的变更进行评估和管理。需要经药品监督管理部门批准的变更应当在得到批准后方可实施。

第二百四十一条 应当建立操作规程,规定原辅料、包装材料、质量标准、检验方法、操作规程、厂房、设施、设备、仪器、生产工艺和计算机软件变更的申请、评估、审核、批准和实施。质量管理部门应当指定专人负责变更控制。

第二百四十二条 变更都应当评估其对产品质量的潜在影响。企业可以根据变更的性质、范围、对产品质量潜在影响的程度将变更分类(如主要、次要变更)。判断变更所需的验证、额外的检验以及稳定性考察应当有科学依据。

第二百四十三条 与产品质量有关的变更由申请部门提出后,应当经评估、制定实施计划并明确实施职责,最终由质量管理部门审核批准。变更实施应当有相应的完整记录。

第二百四十四条 改变原辅料、与药品直接接触的包装材料、生产工艺、主要生产设备以及其他影响药品质量的主要因素时,还应当对变更实施后最初至少三个批次的药品质量进行评估。如果变更可能影响药品的有效期,则质量评估还应当包括对变更实施后生产的药品进行稳定性考察。

第二百四十五条 变更实施时,应当确保与变更相关的文件均已修订。

第二百四十六条 质量管理部门应当保存所有变更的文件和记录。

第五节 偏差处理

第二百四十七条 各部门负责人应当确保所有人员正确执行生产工艺、质量标准、检验方法和操作规程,防止偏差的产生。

第二百四十八条 企业应当建立偏差处理的操作规程,规定偏差的报告、记录、调查、处理以及所采取的纠正措施,并有相应的记录。

第二百四十九条 任何偏差都应当评估其对产品质量的潜在影响。企业可以根据偏差的性质、范围、对产品质量潜在影响的程度将偏差分类(如重大、次要偏差),对重大偏差的评估还应当考虑是否需要对产品进行额外的检验以及对产品有效期的影响,必要时,应当对涉及重大偏差的产品进行稳定性考察。

第二百五十条　任何偏离生产工艺、物料平衡限度、质量标准、检验方法、操作规程等的情况均应当有记录，并立即报告主管人员及质量管理部门，应当有清楚的说明，重大偏差应当由质量管理部门会同其他部门进行彻底调查，并有调查报告。偏差调查报告应当由质量管理部门的指定人员审核并签字。

企业还应当采取预防措施有效防止类似偏差的再次发生。

第二百五十一条　质量管理部门应当负责偏差的分类，保存偏差调查、处理的文件和记录。

第六节　纠正措施和预防措施

第二百五十二条　企业应当建立纠正措施和预防措施系统，对投诉、召回、偏差、自检或外部检查结果、工艺性能和质量监测趋势等进行调查并采取纠正和预防措施。调查的深度和形式应当与风险的级别相适应。纠正措施和预防措施系统应当能够增进对产品和工艺的理解，改进产品和工艺。

第二百五十三条　企业应当建立实施纠正和预防措施的操作规程，内容至少包括：

（一）对投诉、召回、偏差、自检或外部检查结果、工艺性能和质量监测趋势以及其他来源的质量数据进行分析，确定已有和潜在的质量问题。必要时，应当采用适当的统计学方法；

（二）调查与产品、工艺和质量保证系统有关的原因；

（三）确定所需采取的纠正和预防措施，防止问题的再次发生；

（四）评估纠正和预防措施的合理性、有效性和充分性；

（五）对实施纠正和预防措施过程中所有发生的变更应当予以记录；

（六）确保相关信息已传递到质量受权人和预防问题再次发生的直接负责人；

（七）确保相关信息及其纠正和预防措施已通过高层管理人员的评审。

第二百五十四条　实施纠正和预防措施应当有文件记录，并由质量管理部门保存。

第七节　供应商的评估和批准

第二百五十五条　质量管理部门应当对所有生产用物料的供应商进行质量评估，会同有关部门对主要物料供应商（尤其是生产商）的质量体系进行现场质量审计，并对质量评估不符合要求的供应商行使否决权。

主要物料的确定应当综合考虑企业所生产的药品质量风险、物料用量以及物料对药品质量的影响程度等因素。

企业法定代表人、企业负责人及其他部门的人员不得干扰或妨碍质量管理部门对物料供应商独立作出质量评估。

第二百五十六条　应当建立物料供应商评估和批准的操作规程，明确供应商的资质、选择的原则、质量评估方式、评估标准、物料供应商批准的程序。

如质量评估需采用现场质量审计方式的，还应当明确审计内容、周期、审计人员的组成及资质。需采用样品小批量试生产的，还应当明确生产批量、生产工艺、产品质量标准、稳定性考察方案。

第二百五十七条　质量管理部门应当指定专人负责物料供应商质量评估和现场质量审计，分发经批准的合格供应商名单。被指定的人员应当具有相关的法规和专业知识，具有足够的质量评估和现场质量审计的实践经验。

第二百五十八条　现场质量审计应当核实供应商资质证明文件和检验报告的真实性,核实是否具备检验条件。应当对其人员机构、厂房设施和设备、物料管理、生产工艺流程和生产管理、质量控制实验室的设备、仪器、文件管理等进行检查,以全面评估其质量保证系统。现场质量审计应当有报告。

第二百五十九条　必要时,应当对主要物料供应商提供的样品进行小批量试生产,并对试生产的药品进行稳定性考察。

第二百六十条　质量管理部门对物料供应商的评估至少应当包括:供应商的资质证明文件、质量标准、检验报告、企业对物料样品的检验数据和报告。如进行现场质量审计和样品小批量试生产的,还应当包括现场质量审计报告,以及小试产品的质量检验报告和稳定性考察报告。

第二百六十一条　改变物料供应商,应当对新的供应商进行质量评估;改变主要物料供应商的,还需要对产品进行相关的验证及稳定性考察。

第二百六十二条　质量管理部门应当向物料管理部门分发经批准的合格供应商名单,该名单内容至少包括物料名称、规格、质量标准、生产商名称和地址、经销商(如有)名称等,并及时更新。

第二百六十三条　质量管理部门应当与主要物料供应商签订质量协议,在协议中应当明确双方所承担的质量责任。

第二百六十四条　质量管理部门应当定期对物料供应商进行评估或现场质量审计,回顾分析物料质量检验结果、质量投诉和不合格处理记录。如物料出现质量问题或生产条件、工艺、质量标准和检验方法等可能影响质量的关键因素发生重大改变时,还应当尽快进行相关的现场质量审计。

第二百六十五条　企业应当对每家物料供应商建立质量档案,档案内容应当包括供应商的资质证明文件、质量协议、质量标准、样品检验数据和报告、供应商的检验报告、现场质量审计报告、产品稳定性考察报告、定期的质量回顾分析报告等。

第八节　产品质量回顾分析

第二百六十六条　应当按照操作规程,每年对所有生产的药品按品种进行产品质量回顾分析,以确认工艺稳定可靠,以及原辅料、成品现行质量标准的适用性,及时发现不良趋势,确定产品及工艺改进的方向。应当考虑以往回顾分析的历史数据,还应当对产品质量回顾分析的有效性进行自检。

当有合理的科学依据时,可按照产品的剂型分类进行质量回顾,如固体制剂、液体制剂和无菌制剂等。

回顾分析应当有报告。

企业至少应当对下列情形进行回顾分析:

(一)产品所用原辅料的所有变更,尤其是来自新供应商的原辅料;

(二)关键中间控制点及成品的检验结果;

(三)所有不符合质量标准的批次及其调查;

(四)所有重大偏差及相关的调查、所采取的整改措施和预防措施的有效性;

(五)生产工艺或检验方法等的所有变更;

(六)已批准或备案的药品注册所有变更;
(七)稳定性考察的结果及任何不良趋势;
(八)所有因质量原因造成的退货、投诉、召回及调查;
(九)与产品工艺或设备相关的纠正措施的执行情况和效果;
(十)新获批准和有变更的药品,按照注册要求上市后应当完成的工作情况;
(十一)相关设备和设施,如空调净化系统、水系统、压缩空气等的确认状态;
(十二)委托生产或检验的技术合同履行情况。

第二百六十七条 应当对回顾分析的结果进行评估,提出是否需要采取纠正和预防措施或进行再确认或再验证的评估意见及理由,并及时、有效地完成整改。

第二百六十八条 药品委托生产时,委托方和受托方之间应当有书面的技术协议,规定产品质量回顾分析中各方的责任,确保产品质量回顾分析按时进行并符合要求。

第九节 投诉与不良反应报告

第二百六十九条 应当建立药品不良反应报告和监测管理制度,设立专门机构并配备专职人员负责管理。

第二百七十条 应当主动收集药品不良反应,对不良反应应当详细记录、评价、调查和处理,及时采取措施控制可能存在的风险,并按照要求向药品监督管理部门报告。

第二百七十一条 应当建立操作规程,规定投诉登记、评价、调查和处理的程序,并规定因可能的产品缺陷发生投诉时所采取的措施,包括考虑是否有必要从市场召回药品。

第二百七十二条 应当有专人及足够的辅助人员负责进行质量投诉的调查和处理,所有投诉、调查的信息应当向质量受权人通报。

第二百七十三条 所有投诉都应当登记与审核,与产品质量缺陷有关的投诉,应当详细记录投诉的各个细节,并进行调查。

第二百七十四条 发现或怀疑某批药品存在缺陷,应当考虑检查其他批次的药品,查明其是否受到影响。

第二百七十五条 投诉调查和处理应当有记录,并注明所查相关批次产品的信息。

第二百七十六条 应当定期回顾分析投诉记录,以便发现需要警觉、重复出现以及可能需要从市场召回药品的问题,并采取相应措施。

第二百七十七条 企业出现生产失误、药品变质或其他重大质量问题,应当及时采取相应措施,必要时还应当向当地药品监督管理部门报告。

第十一章 委托生产与委托检验

第一节 原 则

第二百七十八条 为确保委托生产产品的质量和委托检验的准确性和可靠性,委托方和受托方必须签订书面合同,明确规定各方责任、委托生产或委托检验的内容及相关的技术事项。

第二百七十九条 委托生产或委托检验的所有活动,包括在技术或其他方面拟采取的任何变更,均应当符合药品生产许可和注册的有关要求。

第二节 委托方

第二百八十条 委托方应当对受托方进行评估,对受托方的条件、技术水平、质量管理情况进行现场考核,确认其具有完成受托工作的能力,并能保证符合本规范的要求。

第二百八十一条　委托方应当向受托方提供所有必要的资料,以使受托方能够按照药品注册和其他法定要求正确实施所委托的操作。

委托方应当使受托方充分了解与产品或操作相关的各种问题,包括产品或操作对受托方的环境、厂房、设备、人员及其他物料或产品可能造成的危害。

第二百八十二条　委托方应当对受托生产或检验的全过程进行监督。

第二百八十三条　委托方应当确保物料和产品符合相应的质量标准。

第三节　受托方

第二百八十四条　受托方必须具备足够的厂房、设备、知识和经验以及人员,满足委托方所委托的生产或检验工作的要求。

第二百八十五条　受托方应当确保所收到委托方提供的物料、中间产品和待包装产品适用于预定用途。

第二百八十六条　受托方不得从事对委托生产或检验的产品质量有不利影响的活动。

第四节　合　同

第二百八十七条　委托方与受托方之间签订的合同应当详细规定各自的产品生产和控制职责,其中的技术性条款应当由具有制药技术、检验专业知识和熟悉本规范的主管人员拟订。委托生产及检验的各项工作必须符合药品生产许可和药品注册的有关要求并经双方同意。

第二百八十八条　合同应当详细规定质量受权人批准放行每批药品的程序,确保每批产品都已按照药品注册的要求完成生产和检验。

第二百八十九条　合同应当规定何方负责物料的采购、检验、放行、生产和质量控制(包括中间控制),还应当规定何方负责取样和检验。

在委托检验的情况下,合同应当规定受托方是否在委托方的厂房内取样。

第二百九十条　合同应当规定由受托方保存的生产、检验和发运记录及样品,委托方应当能够随时调阅或检查;出现投诉、怀疑产品有质量缺陷或召回时,委托方应当能够方便地查阅所有与评价产品质量相关的记录。

第二百九十一条　合同应当明确规定委托方可以对受托方进行检查或现场质量审计。

第二百九十二条　委托检验合同应当明确受托方有义务接受药品监督管理部门检查。

第十二章　产品发运与召回

第一节　原　则

第二百九十三条　企业应当建立产品召回系统,必要时可迅速、有效地从市场召回任何一批存在安全隐患的产品。

第二百九十四条　因质量原因退货和召回的产品,均应当按照规定监督销毁,有证据证明退货产品质量未受影响的除外。

第二节　发　运

第二百九十五条　每批产品均应当有发运记录。根据发运记录,应当能够追查每批产品的销售情况,必要时应当能够及时全部追回,发运记录内容应当包括:产品名称、规格、批号、数量、收货单位和地址、联系方式、发货日期、运输方式等。

第二百九十六条 药品发运的零头包装只限两个批号为一个合箱,合箱外应当标明全部批号,并建立合箱记录。

第二百九十七条 发运记录应当至少保存至药品有效期后一年。

第三节 召　回

第二百九十八条 应当制定召回操作规程,确保召回工作的有效性。

第二百九十九条 应当指定专人负责组织协调召回工作,并配备足够数量的人员。产品召回负责人应当独立于销售和市场部门;如产品召回负责人不是质量受权人,则应当向质量受权人通报召回处理情况。

第三百条 召回应当能够随时启动,并迅速实施。

第三百零一条 因产品存在安全隐患决定从市场召回的,应当立即向当地药品监督管理部门报告。

第三百零二条 产品召回负责人应当能够迅速查阅到药品发运记录。

第三百零三条 已召回的产品应当有标识,并单独、妥善贮存,等待最终处理决定。

第三百零四条 召回的进展过程应当有记录,并有最终报告。产品发运数量、已召回数量以及数量平衡情况应当在报告中予以说明。

第三百零五条 应当定期对产品召回系统的有效性进行评估。

第十三章 自　检

第一节 原　则

第三百零六条 质量管理部门应当定期组织对企业进行自检,监控本规范的实施情况,评估企业是否符合本规范要求,并提出必要的纠正和预防措施。

第二节 自　检

第三百零七条 自检应当有计划,对机构与人员、厂房与设施、设备、物料与产品、确认与验证、文件管理、生产管理、质量控制与质量保证、委托生产与委托检验、产品发运与召回等项目定期进行检查。

第三百零八条 应当由企业指定人员进行独立、系统、全面的自检,也可由外部人员或专家进行独立的质量审计。

第三百零九条 自检应当有记录。自检完成后应当有自检报告,内容至少包括自检过程中观察到的所有情况、评价的结论以及提出纠正和预防措施的建议。自检情况应当报告企业高层管理人员。

第十四章 附　则

第三百一十条 本规范为药品生产质量管理的基本要求。对无菌药品、生物制品、血液制品等药品或生产质量管理活动的特殊要求,由国家食品药品监督管理局以附录方式另行制定。

第三百一十一条 企业可以采用经过验证的替代方法,达到本规范的要求。

第三百一十二条 本规范下列术语(按汉语拼音排序)的含义是:

(一)包装

待包装产品变成成品所需的所有操作步骤,包括分装、贴签等。但无菌生产工艺中产品的无菌灌装,以及最终灭菌产品的灌装等不视为包装。

(二)包装材料

药品包装所用的材料,包括与药品直接接触的包装材料和容器、印刷包装材料,但不包括发运用的外包装材料。

(三)操作规程

经批准用来指导设备操作、维护与清洁、验证、环境控制、取样和检验等药品生产活动的通用性文件,也称标准操作规程。

(四)产品

包括药品的中间产品、待包装产品和成品。

(五)产品生命周期

产品从最初的研发、上市直至退市的所有阶段。

(六)成品

已完成所有生产操作步骤和最终包装的产品。

(七)重新加工

将某一生产工序生产的不符合质量标准的一批中间产品或待包装产品的一部分或全部,采用不同的生产工艺进行再加工,以符合预定的质量标准。

(八)待包装产品

尚未进行包装但已完成所有其他加工工序的产品。

(九)待验

指原辅料、包装材料、中间产品、待包装产品或成品,采用物理手段或其他有效方式将其隔离或区分,在允许用于投料生产或上市销售之前贮存、等待作出放行决定的状态。

(十)发放

指生产过程中物料、中间产品、待包装产品、文件、生产用模具等在企业内部流转的一系列操作。

(十一)复验期

原辅料、包装材料贮存一定时间后,为确保其仍适用于预定用途,由企业确定的需重新检验的日期。

(十二)发运

指企业将产品发送到经销商或用户的一系列操作,包括配货、运输等。

(十三)返工

将某一生产工序生产的不符合质量标准的一批中间产品或待包装产品、成品的一部分或全部返回到之前的工序,采用相同的生产工艺进行再加工,以符合预定的质量标准。

(十四)放行

对一批物料或产品进行质量评价,作出批准使用或投放市场或其他决定的操作。

(十五)高层管理人员

在企业内部最高层指挥和控制企业、具有调动资源的权力和职责的人员。

(十六)工艺规程

为生产特定数量的成品而制定的一个或一套文件,包括生产处方、生产操作要求和包装操作要求,规定原辅料和包装材料的数量、工艺参数和条件、加工说明(包括中间控制)、注意事项等内容。

(十七)供应商

指物料、设备、仪器、试剂、服务等的提供方,如生产商、经销商等。

(十八)回收

在某一特定的生产阶段,将以前生产的一批或数批符合相应质量要求的产品的一部分或全部,加入到另一批次中的操作。

(十九)计算机化系统

用于报告或自动控制的集成系统,包括数据输入、电子处理和信息输出。

(二十)交叉污染

不同原料、辅料及产品之间发生的相互污染。

(二十一)校准

在规定条件下,确定测量、记录、控制仪器或系统的示值(尤指称量)或实物量具所代表的量值,与对应的参照标准量值之间关系的一系列活动。

(二十二)阶段性生产方式

指在共用生产区内,在一段时间内集中生产某一产品,再对相应的共用生产区、设施、设备、工器具等进行彻底清洁,更换生产另一种产品的方式。

(二十三)洁净区

需要对环境中尘粒及微生物数量进行控制的房间(区域),其建筑结构、装备及其使用应当能够减少该区域内污染物的引入、产生和滞留。

(二十四)警戒限度

系统的关键参数超出正常范围,但未达到纠偏限度,需要引起警觉,可能需要采取纠正措施的限度标准。

(二十五)纠偏限度

系统的关键参数超出可接受标准,需要进行调查并采取纠正措施的限度标准。

(二十六)检验结果超标

检验结果超出法定标准及企业制定标准的所有情形。

(二十七)批

经一个或若干加工过程生产的、具有预期均一质量和特性的一定数量的原辅料、包装材料或成品。为完成某些生产操作步骤,可能有必要将一批产品分成若干亚批,最终合并成为一个均一的批。在连续生产情况下,批必须与生产中具有预期均一特性的确定数量的产品相对应,批量可以是固定数量或固定时间段内生产的产品量。

例如:口服或外用的固体、半固体制剂在成型或分装前使用同一台混合设备一次混合所生产的均质产品为一批;口服或外用的液体制剂以灌装(封)前经最后混合的药液所生产的均质产品为一批。

(二十八)批号

用于识别一个特定批的具有唯一性的数字和(或)字母的组合。

(二十九)批记录

用于记述每批药品生产、质量检验和放行审核的所有文件和记录,可追溯所有与成品质量有关的历史信息。

(三十)气锁间

设置于两个或数个房间之间(如不同洁净度级别的房间之间)的具有两扇或多扇门的隔离空间。设置气锁间的目的是在人员或物料出入时,对气流进行控制。气锁间有人员气锁间和物料气锁间。

(三十一)企业

在本规范中如无特别说明,企业特指药品生产企业。

(三十二)确认

证明厂房、设施、设备能正确运行并可达到预期结果的一系列活动。

(三十三)退货

将药品退还给企业的活动。

(三十四)文件

本规范所指的文件包括质量标准、工艺规程、操作规程、记录、报告等。

(三十五)物料

指原料、辅料和包装材料等。

例如:化学药品制剂的原料是指原料药;生物制品的原料是指原材料;中药制剂的原料是指中药材、中药饮片和外购中药提取物;原料药的原料是指用于原料药生产的除包装材料以外的其他物料。

(三十六)物料平衡

产品或物料实际产量或实际用量及收集到的损耗之和与理论产量或理论用量之间的比较,并考虑可允许的偏差范围。

(三十七)污染

在生产、取样、包装或重新包装、贮存或运输等操作过程中,原辅料、中间产品、待包装产品、成品受到具有化学或微生物特性的杂质或异物的不利影响。

(三十八)验证

证明任何操作规程(或方法)、生产工艺或系统能够达到预期结果的一系列活动。

(三十九)印刷包装材料

指具有特定式样和印刷内容的包装材料,如印字铝箔、标签、说明书、纸盒等。

(四十)原辅料

除包装材料之外,药品生产中使用的任何物料。

(四十一)中间产品

指完成部分加工步骤的产品,尚需进一步加工方可成为待包装产品。

(四十二)中间控制

也称过程控制,指为确保产品符合有关标准,生产中对工艺过程加以监控,以便在必要时进行调节而做的各项检查。可将对环境或设备控制视作中间控制的一部分。

第三百一十三条 本规范自2011年3月1日起施行。按照《中华人民共和国药品管理法》第九条规定,具体实施办法和实施步骤由国家食品药品监督管理局规定。

附录三　药品GMP认证检查评定标准

一、药品GMP认证检查项目共259项,其中关键项目(条款号前加"＊")92项,一般项目167项。

二、药品GMP认证检查时,应根据申请认证的范围确定相应的检查项目,并进行全面检查和评定。

三、检查中发现不符合要求的项目统称为"缺陷项目"。其中,关键项目不符合要求者称为"严重缺陷",一般项目不符合要求者称为"一般缺陷"。

四、缺陷项目如果在申请认证的各剂型或产品中均存在,应按剂型或产品分别计算。

五、在检查过程中,企业隐瞒有关情况或提供虚假材料的,按严重缺陷处理。检查组应调查取证并详细记录。

六、结果评定

(一)未发现严重缺陷,且一般缺陷≤20%,能够立即改正的,企业必须立即改正;不能立即改正的,企业必须提供缺陷整改报告及整改计划,方可通过药品GMP认证。

(二)严重缺陷或一般缺陷＞20%的,不予通过药品GMP认证。

药品GMP认证检查项目

序号	条款	检查内容
		机构与人员
1	＊0301	企业应建立药品生产和质量管理机构,明确各级机构和人员的职责。
2	0302	企业应配备一定数量的与药品生产相适应的具有相应的专业知识、生产经验及工作能力,应能正确履行其职责的管理人员和技术人员。
3	＊0401	主管生产和质量管理的企业负责人应具有医药或相关专业大专以上学历,并具有药品生产和质量管理经验,应对本规范的实施和产品质量负责。
4	＊0402	生物制品生产企业生产和质量管理负责人应具有相应的专业知识(细菌学、病毒学、生物学、分子生物学、生物化学、免疫学、医学、药学等),并有丰富的实践经验以确保在其生产、质量管理中履行其职责。
5	＊0403	中药制剂生产企业主管药品生产和质量管理的负责人应具有中药专业知识。
6	＊0501	生产管理和质量管理的部门负责人应具有医药或相关专业大专以上学历,并具有药品生产和质量管理的实践经验,有能力对药品生产和质量管理中的实际问题做出正确的判断和处理。
7	＊0502	药品生产管理部门和质量管理部门负责人不得互相兼任。
8	0601	企业应建有对各级员工进行本规范和专业技术、岗位操作知识、安全知识等方面的培训制度、培训计划和培训档案。

9	*0602	企业负责人和各级管理人员应定期接受药品管理法律法规培训。
10	0603	从事药品生产操作的人员应通过相应的专业技术培训后上岗,具有基础理论知识和实际操作技能。
11	0604	从事原料药生产的人员应接受原料药生产特定操作的有关知识培训。
12	0605	中药材、中药饮片验收人员应通过相关知识的培训后上岗,具有识别药材真伪、优劣的技能。
13	*0606	从事药品质量检验的人员应通过相应专业技术培训后上岗,具有基础理论知识和实际操作技能。
14	0607	从事高生物活性、高毒性、强污染性、高致敏性及有特殊要求的药品生产操作和质量检验人员应通过专业的技术培训后上岗。
15	0608	从事生物制品制造的全体人员(包括清洁人员、维修人员)均应根据其生产的制品和所从事的生产操作要求进行专业(卫生学、微生物学等)和安全防护培训。
16	0609	进入洁净区的工作人员(包括维修、辅助人员)应定期进行卫生和微生物学基础知识、洁净作业等方面的培训及考核。
17	0701	应按本规范要求对各级员工进行定期培训和考核。
厂房与设施		
18	0801	企业的生产环境应整洁;厂区地面、路面及运输等不应对药品生产造成污染;生产、行政、生活和辅助区总体布局应合理,不得互相妨碍。
19	0901	厂房应按生产工艺流程及所要求的空气洁净度级别进行合理布局。
20	0902	同一厂房内的生产操作和相邻厂房之间的生产操作不得相互妨碍。
21	1001	厂房应有防止昆虫和其它动物进入的有效设施。
22	1101	洁净室(区)的内表面应平整光滑、无裂缝、接口严密、无颗粒物脱落、耐受清洗和消毒。
23	1102	洁净室(区)的墙壁与地面的交界处应成弧形或采取其他措施,以减少灰尘积聚和便于清洁。
24	1103	中药生产的非洁净厂房地面、墙壁、天棚等内表面应平整,易于清洁,不易脱落,无霉迹。
25	1201	生产区应有与生产规模相适应的面积和空间用以安置设备、物料,便于生产操作,避免差错和交叉污染。
26	1202	中药材炮制中的蒸、炒、炙、煅等厂房应与其生产规模相适应,并有良好的通风、除尘、除烟、降温等设施。
27	1203	中药材、中药饮片的提取、浓缩等厂房应与其生产规模相适应,并有良好的排风和防止污染及交叉污染等设施。
28	1204	净选药材的厂房应设拣选工作台,工作台表面应平整、不易产生脱落物。
29	1205	净选药材的厂房应有必要的通风除尘设施。
30	1206	原料药中间产品的质量检验与生产环境有交叉影响时,其检验场所不应设置在该生产区域内。

31	1207	贮存区应有与生产规模相适应的面积和空间用于存放物料、中间产品、待验品和成品,避免差错和交叉污染。
32	1208	易燃、易爆、有毒、有害物质的生产和贮存的厂房设施应符合国家有关规定。
33	*1209	中药材的库房应分别设置原料库与净料库,毒性药材、贵细药材应分别设置专库或专柜。
34	1301	洁净室(区)内各种管道、灯具、风口以及其他公用设施应易于清洁。
35	1401	洁净室(区)应根据生产要求提供足够的照明。主要工作室的照度应达到 300 勒克斯;对照度有特殊要求的生产部位应设置局部照明。厂房应有应急照明设施。
36	*1501	进入洁净室(区)的空气必须净化,并根据生产工艺要求划分空气洁净度级别。
37	1502	洁净室(区)空气的微生物数和尘粒数应定期监测,监测结果应记录存档。洁净室(区)在静态条件下检测的尘埃粒子数、浮游菌数或沉降菌数应符合规定。
38	1503	非最终灭菌的无菌制剂应在百级区域下进行动态监测微生物数。
39	1504	洁净室(区)的净化空气如可循环使用,应采取有效措施避免污染和交叉污染。
40	*1505	产尘量大的洁净室(区)经捕尘处理不能避免交叉污染时,其空气净化系统不得利用回风。
41	1506	空气净化系统应按规定清洁、维修、保养并作记录。
42	*1601	洁净室(区)的窗户、天棚及进入室内的管道、风口、灯具与墙壁或天棚的连接部位应密封。
43	1602	空气洁净度等级不同的相邻房间(区域)之间或规定保持相对负压的相邻房间(区域)之间的静压差应符合规定,应有指示压差的装置,并记录压差。
44	1603	空气洁净度等级相同的区域内,产尘量大的操作室应保持相对负压。
45	1604	非创伤面外用中药制剂及其它特殊的中药制剂生产厂房门窗应能密闭,必要时有良好的除湿、排风、除尘、降温等设施,人员、物料进出及生产操作应参照洁净室(区)管理。
46	1605	用于直接入药的净药材和干膏的配料、粉碎、混合、过筛等厂房门窗应能密闭,有良好的通风、除尘等设施,人员、物料进出及生产操作应参照洁净室(区)管理。
47	1701	洁净室(区)的温度和相对湿度应与药品生产工艺要求相适应。无特殊要求时,温度应控制在 18—26℃,相对湿度应控制在 45%—65%。
48	*1801	洁净室(区)的水池、地漏不得对药品产生污染,100 级洁净室(区)内不得设置地漏。
49	1901	不同空气洁净度级别的洁净室(区)之间的人员和物料出入,应有防止交叉污染的措施。
50	*1902	10 000 级洁净室(区)使用的传输设备不得穿越空气洁净度较低级别区域。
51	*1903	洁净室(区)与非洁净室(区)之间应设置缓冲设施,洁净室(区)人流、物流走向应合理。
52	*2001	生产青霉素类等高致敏性药品应使用独立的厂房与设施、独立的空气净化系统,分装室应保持相对负压。排至室外的废气应经净化处理并符合要求,排风口应远离其他空气净化系统的进风口。

53	*2002	生产β-内酰胺结构类药品应使用专用设备和独立的空气净化系统,并与其他药品生产区域严格分开。
54	*2101	避孕药品生产厂房与其它药品生产厂房应分开,应装有独立的专用空气净化系统。生产性激素类避孕药品的空气净化系统的气体排放应经净化处理。
55	*2102	生产激素类、抗肿瘤类化学药品应避免与其他药品使用同一设备和空气净化系统;不能避免与其他药品交替使用同一设备和空气净化系统时,应采取有效的防护、清洁措施并进行必要的验证。
56	*2201	生产用菌毒种与非生产用菌毒种、生产用细胞与非生产用细胞、强毒与弱毒、死毒与活毒、脱毒前与脱毒后的制品和活疫苗与灭活疫苗、人血液制品、预防制品等加工或灌装不得同时在同一生产厂房内进行。
57	*2202	生产用菌毒种与非生产用菌毒种、生产用细胞与非生产用细胞、强毒与弱毒、死毒与活毒、脱毒前与脱毒后的制品和活疫苗与灭活疫苗、人血液制品、预防制品等贮存应严格分开。
58	*2203	不同种类的活疫苗的处理及灌装应彼此分开。
59	*2204	强毒微生物操作区应与相邻区域保持相对负压,应有独立的空气净化系统。
60	*2205	芽胞菌制品操作区应与相邻区域保持相对负压,应有独立的空气净化系统,排出的空气不应循环使用,芽胞菌操作直至灭活过程完成之前应使用专用设备。
61	*2206	各类生物制品生产过程中涉及高危致病因子的操作,其空气净化系统等设施应符合特殊要求。
62	*2207	生物制品生产过程中使用某些特定活生物体阶段的设备应专用,应在隔离或封闭系统内进行。
63	*2208	卡介苗生产厂房和结核菌素生产厂房应与其它制品生产厂房严格分开,卡介苗生产设备要专用。
64	*2209	炭疽杆菌、肉毒梭状芽胞杆菌和破伤风梭状芽胞杆菌制品应在相应专用设施内生产。
65	2210	设备专用于生产孢子形成体,当加工处理一种制品时应集中生产,某一设施或一套设施中分期轮换生产芽胞菌制品时,在规定时间内应只生产一种制品。
66	*2211	生物制品生产的厂房与设施不得对原材料、中间体和成品存在潜在污染。
67	*2212	聚合酶链反应试剂(PCR)的生产和检定应在各自独立的建筑物中进行,防止扩增时形成的气溶胶造成交叉污染。
68	*2213	生产人免疫缺陷病毒(HIV)等检测试剂,在使用阳性样品时,应有符合相应规定的防护措施和设施。
69	*2214	生产用种子批和细胞库,应在规定贮存条件下专库存放,应只允许指定的人员进入。
70	*2215	以人血、人血浆或动物脏器、组织为原料生产的制品应使用专用设备,应与其它生物制品的生产严格分开。
71	*2216	未使用密闭系统生物发酵罐生产的生物制品不得在同一区域同时生产(如单克隆抗体和重组DNA制品)。

72	*2217	各种灭活疫苗(包括重组 DNA 产品)、类毒素及细胞提取物,在其灭活或消毒后可以与其他无菌制品交替使用同一灌装间和灌装、冻干设施。但在一种制品分装后,应进行有效的清洁和消毒,清洁消毒效果应定期验证。
73	*2218	操作有致病作用的微生物应在专门的区域内进行,应保持相对负压。
74	*2219	有菌(毒)操作区与无菌(毒)操作区应有各自独立的空气净化系统,来自病原体操作区的空气不得循环使用,来自危险度为二类以上病原体的空气应通过除菌过滤器排放,滤器的性能应定期检查。
75	*2220	使用二类以上病原体强污染性材料进行制品生产时,对其排出污物应有有效的消毒设施。
76	2221	用于加工处理活生物体的生物制品生产操作区和设备应便于清洁和去除污染,能耐受熏蒸消毒。
77	2301	中药材的前处理、提取、浓缩和动物脏器、组织的洗涤或处理等生产操作应与其制剂生产严格分开。
78	2401	厂房必要时应有防尘及捕尘设施。
79	2402	中药材的筛选、切制、粉碎等生产操作的厂房应安装捕尘设施。
80	2501	与药品直接接触的干燥用空气、压缩空气和惰性气体应经净化处理,符合生产要求。
81	2601	仓储区应保持清洁和干燥,应安装照明和通风设施。仓储区的温度、湿度控制应符合储存要求,按规定定期监测。
82	2602	如仓储区设物料取样室,取样环境的空气洁净级别应与生产要求一致。如不在取样室取样,取样时应有防止污染和交叉污染的措施。
83	*2701	根据药品生产工艺要求,洁净室(区)内设置的称量室或备料室,空气洁净度等级应与生产要求一致,应有捕尘和防止交叉污染的措施。
84	2801	质量管理部门根据需要设置的实验室、中药标本室、留样观察以及其他各类实验室应与药品生产区分开。
85	2802	生物检定、微生物限度检定和放射性同位素检定等应分室进行。
86	2901	有特殊要求的仪器、仪表应安放在专门的仪器室内,应有防止静电、震动、潮湿或其它外界因素影响的设施。
87	3001	实验动物房应与其它区域严格分开,实验动物应符合国家有关规定。
88	*3002	用于生物制品生产的动物室、质量检定动物室应与制品生产区分开。
89	*3003	生物制品所使用动物的饲养管理要求,应符合实验动物管理规定。
		设　　备
90	3101	设备的设计、选型、安装应符合生产要求,应易于清洗、消毒或灭菌,应便于生产操作和维修、保养,应能防止差错和减少污染。
91	*3102	无菌药品生产用灭菌柜应具有自动监测、记录装置,其能力应与生产批量相适应。
92	3103	生物制品生产使用的管道系统、阀门和通气过滤器应便于清洁和灭菌,封闭性容器(如发酵罐)应使用蒸汽灭菌。

93	3201	与药品直接接触的设备表面应光洁、平整、易清洗或消毒、耐腐蚀,不与药品发生化学变化或吸附药品。
94	3202	洁净室(区)内设备保温层表面应平整、光洁、不得有颗粒性等物质脱落。
95	3203	无菌药品生产中与药液接触的设备、容器具、管路、阀门、输送泵等应采用优质耐腐蚀材质,管路的安装应尽量减少连接或焊接。
96	*3204	无菌药品生产中过滤器材不得吸附药液组份和释放异物,禁止使用含有石棉的过滤器材。
97	3205	生产过程中应避免使用易碎、易脱屑、易长霉器具;使用筛网时应有防止因筛网断裂而造成污染的措施。
98	3206	原料药生产中难以清洁的特定类型的设备可专用于特定的中间产品、原料药的生产或贮存。
99	3207	与中药材、中药饮片直接接触的工具、容器表面应整洁、易清洗消毒、不易产生脱落物。
100	3208	设备所用的润滑剂、冷却剂等不得对药品或容器造成污染。
101	3301	与设备连接的主要固定管道应标明管内物料名称、流向。
102	*3401	纯化水的制备、储存和分配应能防止微生物的滋生和污染。
103	*3402	注射用水的制备、储存和分配应能防止微生物的滋生和污染,储罐的通气口应安装不脱落纤维的疏水性除菌滤器,储存应采用80℃以上保温、65℃以上保温循环或4℃以下保温循环。生物制品生产用注射用水应在制备后6小时内使用;制备后4小时内灭菌72小时内使用。
104	*3403	储罐和输送管道所用材料应无毒、耐腐蚀,管道的设计和安装应避免死角、盲管,应规定储罐和管道清洗、灭菌周期。
105	3404	水处理及其配套系统的设计、安装和维护应能确保供水达到设定的质量标准。
106	3501	用于生产和检验的仪器、仪表、量具、衡器等,其适用范围和精密度应符合生产和检验要求,应有明显的合格标志,应定期校验。
107	3601	生产设备应有明显的状态标志。
108	3602	生产设备应定期维修、保养。设备安装、维修、保养的操作不得影响产品的质量。
109	3603	不合格的设备如有可能应搬出生产区,未搬出前应有明显状态标志。
110	3604	非无菌药品的干燥设备进风口应有过滤装置,出风口应有防止空气倒流装置。
111	*3605	生物制品生产过程中污染病原体的物品和设备应与未用过的灭菌物品和设备分开,并有明显状态标志。
112	3701	生产、检验设备应有使用、维修、保养记录,并由专人管理。
113	3702	生产用模具的采购、验收、保管、维护、发放及报废应制定相应管理制度,应设专人专柜保管。
		物 料
114	3801	药品生产所用物料的购入、贮存、发放、使用等应制定管理制度。
115	3802	应有能准确反映物料数量变化及去向的相关记录。

116	3803	物料应按品种、规格、批号分别存放。
117	3804	原料药生产中难以精确按批号分开的大批量、大容量原料、溶媒等物料入库时应编号；其收、发、存、用应制定相应的管理制度。
118	*3901	药品生产所用物料应符合药品标准、包装材料标准、生物制品规程或其它有关标准，不得对药品的质量产生不良影响。
119	*3902	进口原料药、中药材、中药饮片应具有《进口药品注册证》(或《医药产品注册证》)或《进口药品批件》，应符合药品进口手续，应有口岸药品检验所的药品检验报告。
120	*3903	非无菌药品上直接印字所用油墨应符合食用标准要求。
121	3904	直接接触药品的包装材料应经过批准。
122	*3905	物料应按批取样检验。
123	4001	药品生产用中药材应按质量标准购入，产地应保持相对稳定。
124	4002	购入的中药材、中药饮片应有详细记录，每件包装上应附有明显标记，标明品名、规格、数量、产地、来源、采收（加工）日期。
125	4003	毒性药材、易燃易爆等药材外包装上应有明显的规定标志。
126	4004	鲜用中药材的购进、管理、使用应符合工艺要求。
127	4101	物料应从符合规定的供应商购进并相对固定，变更供应商需要申报的应按规定申报，供应商应经评估确定。对供应商评估情况、供应商资质证明文件、质量管理体系情况、购买合同等资料应齐全，并归档。
128	4102	购进的物料应严格执行验收、抽样检验等程序，并按规定入库。
129	*4201	待验、合格、不合格物料应严格管理。不合格的物料应专区存放，应有易于识别的明显标志，并按有关规定及时处理。如采用计算机控制系统，应能确保对不合格物料及不合格产品不放行。
130	4301	对温度、湿度或其他条件有特殊要求的物料、中间产品和成品应按规定条件贮存。
131	4302	固体原料和液体原料应分开贮存；挥发性物料应避免污染其它物料；炮制、整理加工后的净药材应使用清洁容器或包装，应与未加工、炮制的药材严格分开。
132	4303	中药材、中药饮片的贮存、养护应按规程进行。
133	*4401	麻醉药品、精神药品、毒性药品（包括药材）的验收、贮存、保管应严格执行国家有关规定。
134	*4402	菌毒种的验收、贮存、保管、使用、销毁应执行国家有关医学微生物菌种保管的规定。
135	4403	生物制品用动物源性的原材料使用时应详细记录，内容至少包括动物来源、动物繁殖和饲养条件、动物的健康情况。
136	4404	用于疫苗生产的动物应是清洁级以上的动物。
137	*4405	应建立生物制品生产用菌毒种的原始种子批、主代种子批和工作种子批系统。种子批系统应有菌毒种原始来源、菌毒种特征鉴定、传代谱系、菌毒种应为单一纯微生物、生产和培育特征、最适保存条件等完整资料。

138	*4406	应建立生物制品生产用细胞的原始细胞库、主代细胞库和工作细胞库系统。细胞库系统应包括:细胞原始来源(核型分析、致瘤性)、群体倍增数、传代谱系、细胞应为单一纯化细胞系、制备方法、最适保存条件等。
139	4407	易燃、易爆和其它危险品的验收、贮存、保管应严格执行国家有关规定。
140	4501	物料应按规定的使用期限贮存,贮存期内如有特殊情况应及时复验。
141	*4601	药品标签、说明书应与药品监督管理部门批准的内容、式样、文字相一致。
142	4602	标签、说明书应经企业质量管理部门校对无误后印制、发放、使用。
143	4603	印有与标签内容相同的药品包装物,应按标签管理。
144	4701	标签、说明书应由专人保管、领用。
145	4702	标签、说明书应按品种、规格专柜或专库存放,应凭批包装指令发放。
146	4703	标签应计数发放,由领用人核对、签名。标签使用数、残损数及剩余数之和应与领用数相符。印有批号的残损标签或剩余标签应由专人负责计数销毁。
147	4704	标签发放、使用、销毁应有记录。
	卫 生	
148	4801	药品生产企业应有防止污染的卫生措施,应制定各项卫生管理制度,并由专人负责。
149	4802	洁净室(区)内应使用无脱落物、易清洗、易消毒的卫生工具,卫生工具应存放于对产品不造成污染的指定地点,并限定使用区域。
150	4901	药品生产车间、工序、岗位应按生产和空气洁净度等级的要求制定厂房清洁规程,内容应包括:清洁方法、程序、间隔时间、使用的清洁剂或消毒剂,清洁工具的清洁方法和存放地点。
151	4902	药品生产车间、工序、岗位应按生产和空气洁净度等级的要求制定设备清洁规程,内容应包括:清洁方法、程序、间隔时间、使用的清洁剂或消毒剂,清洁工具的清洁方法和存放地点。
152	4903	药品生产车间、工序、岗位应按生产和空气洁净度等级的要求制定容器清洁规程,内容应包括:清洁方法、程序、间隔时间、使用的清洁剂或消毒剂,清洁工具的清洁方法和存放地点。
153	*4904	原料药生产更换品种时,应对设备进行彻底的清洁。在同一设备连续生产同一品种,如有影响产品质量的残留物,更换批次时,也应对设备进行彻底的清洁。
154	5001	生产区不得存放非生产物品和个人杂物,生产中的废弃物应及时处理。
155	*5002	在含有霍乱、鼠疫苗、免疫缺陷病毒(HIV)、乙肝病毒等高危病原体的生产操作结束后,对可疑的污染物品应在原位消毒,并单独灭菌后,方可移出工作区。
156	5101	更衣室、浴室及厕所的设置不应对洁净室(区)产生不良影响。
157	5201	工作服的选材、式样及穿戴方式应与生产操作和空气洁净度等级要求相一致,并不得混用。洁净工作服的质地应光滑、不产生静电、不脱落纤维和颗粒物。
158	5202	无菌工作服应能包盖全部头发、胡须及脚部,并能阻留人体脱落物。
159	5203	不同空气洁净度级别使用的工作服应分别清洗、整理,必要时消毒或灭菌,工作服洗涤、灭菌时不应带入附加的颗粒物质,应制定工作服清洗周期。

160	5204	100 000级以上区域的洁净工作服应在洁净室(区)内洗涤、干燥、整理。
161	5301	洁净室(区)应限于该区域生产操作人员和经批准的人员进入,人员数量应严格控制,对进入洁净室(区)的临时外来人员应进行指导和监督。
162	5302	无菌操作区人员数量应与生产空间相适应,其确定依据应符合要求。
163	*5304	在生物制品生产日内,没有经过明确规定的去污染处理,生产人员不得由操作活微生物或动物的区域到操作其他制品或微生物的操作区域。与生产过程无关的人员不得进入生产控制区,必须进入时,应穿着无菌防护服。
164	5305	从事生物制品生产操作的人员应与动物饲养人员分开。
165	5401	进入洁净室(区)的人员不得化妆和佩带饰物,不得裸手直接接触药品;100级洁净室(区)内操作人员不得裸手操作,当不可避免时手部应及时消毒。
166	5501	洁净室(区)应定期消毒;使用的消毒剂不得对设备、物料和成品产生污染,消毒剂品种应定期更换,以防止产生耐药菌株。
167	5502	应制定消毒剂的配制规程并有配制记录。
168	5503	生产生物制品的洁净区和需要消毒的区域,应使用一种以上的消毒方式,应定期轮换使用,并进行检测,以防止产生耐药菌株。
169	5601	药品生产人员应有健康档案,直接接触药品的生产人员应每年至少体检一次。传染病、皮肤病患者和体表有伤口者不得从事直接接触药品的生产。
170	5602	生物制品生产、维修、检验和动物饲养的操作人员、管理人员,应接种相应疫苗并定期进行体检。
171	5603	患有传染病、皮肤病、皮肤有伤口者和对生物制品质量产生潜在的不利影响的人员,不得进入生产区进行操作或进行质量检验。
172	5604	应建立员工主动报告身体不适应生产情况的制度。
	验 证	
173	*5701	企业应有验证总计划,进行药品生产验证,应根据验证对象建立验证小组,提出验证项目,制定验证方案,并组织实施。
174	5702	药品生产验证内容应包括空气净化系统、工艺用水系统、生产工艺及其变更、设备清洗、主要原辅材料变更。
175	*5703	关键设备及无菌药品的验证内容应包括灭菌设备、药液滤过及灌封(分装)系统。
176	*5801	生产一定周期后,应进行再验证。
177	*5901	验证工作完成后应写出验证报告,由验证工作负责人审核、批准。
178	6001	验证过程中的数据和分析内容应以文件形式归档保存,验证文件应包括验证方案、验证报告、评价和建议、批准人等。
	文 件	
179	6101	药品生产企业应有设施和设备的使用、维护、保养、检修等制度和记录。
180	6102	药品生产企业应有物料采购、验收、生产操作、检验、发放、成品销售和用户投诉等制度和记录。
181	6103	药品生产企业应有不合格品管理、物料退库和报废、紧急情况处理制度和记录。

182	*6201	生产工艺规程的内容应包括:品名、剂型、处方和确定的批量,生产工艺的操作要求,物料、中间产品、成品的质量标准和技术参数及贮存注意事项,物料平衡的计算方法,成品容器、包装材料的要求等。
183	6202	岗位操作法的内容应包括:生产操作方法和要点,重点操作的复核、复查,中间产品质量标准及控制,安全和劳动保护,设备维修、清洗,异常情况处理和报告,工艺卫生和环境卫生等。
184	6203	标准操作规程的格式应包括:题目、编号、制定人及制定日期、审核人及审核日期、批准人及批准日期、颁发部门、生效日期、分发部门、标题及正文。
185	6204	批生产记录内容应包括:产品名称、规格、生产批号、生产日期、操作者、复核者的签名,有关操作与设备,相关生产阶段的产品数量,物料平衡的计算,生产过程的控制记录及特殊问题记录。
186	6301	药品生产企业应有药品的申请和审批文件。
187	*6302	药品生产企业应有物料、中间产品和成品质量标准及检验操作规程。
188	*6303	药品生产企业应有产品质量稳定性考察计划、原始数据和分析汇总报告。
189	*6304	每批产品应有批检验记录。
190	6401	药品生产企业应建立文件的起草、修订、审查、批准、撤销、印制、分发、收回及保管的管理制度。
191	6402	分发、使用的文件应为批准的现行文本。已撤销和过时的文件除留档备查外,不得在工作现场出现。
192	6501	生产管理文件和质量管理文件应满足以下要求: 1. 文件的标题应能清楚地说明文件的性质。 2. 各类文件应有便于识别其文本、类别的系统编码和日期。 3. 文件使用的语言应确切、易懂。 4. 填写数据时应有足够的空格。 5. 文件制定、审查和批准的责任应明确,应有责任人签名。
		生产管理
193	*6601	药品应严格按照注册批准的工艺生产。
194	*6602	生产工艺规程、岗位操作法或标准操作规程不得任意更改,如需更改时应按规定程序执行。
195	6701	每批产品应按产量和数量的物料平衡进行检查。如有显著差异,应查明原因,在得出合理解释、确认无潜在质量事故后,方可按正常产品处理。
196	6702	中药制剂生产中所需贵细、毒性药材或饮片应按规定监控投料,并有记录。
197	6801	批生产记录应及时填写、字迹清晰、内容真实、数据完整,并由操作人及复核人签名。
198	6802	批生产记录应保持整洁、不得撕毁和任意涂改;更改时,应在更改处签名,并使原数据仍可辨认。
199	6803	批生产记录应按批号归档,保存至药品有效期后一年。

200	*6804	原料药应按注册批准的工艺生产。批生产记录应反映生产的全过程。连续生产的批生产记录,可为该批产品各工序生产操作和质量监控的记录。
201	*6901	药品应按规定划分生产批次,并编制生产批号。
202	7001	生产前应确认无上次生产遗留物,并将相关记录纳入下一批生产记录中。
203	7002	生产中应有防止尘埃产生和扩散的措施。
204	*7003	不同品种、规格的生产操作不得在同一操作间同时进行。
205	*7004	有数条包装线同时进行包装时,应采取隔离或其他有效防止污染或混淆的设施。
206	*7005	无菌药品生产用直接接触药品的包装材料不得回收使用。
207	7006	生产过程中应防止物料及产品所产生的气体、蒸汽、喷雾物或生物体等引起的交叉污染。
208	7007	无菌药品生产中,应采取措施避免物料、容器和设备最终清洗后的二次污染。
209	7008	无菌药品生产用直接接触药品的包装材料、设备和其他物品的清洗、干燥、灭菌到使用时间间隔应有规定。
210	*7009	无菌药品的药液从配制到灭菌或除菌过滤的时间间隔应有规定。
211	*7010	无菌药品生产用物料、容器、设备或其他物品需进入无菌作业区时应经过消毒或灭菌处理。
212	7011	每一生产操作间或生产用设备、容器应有所生产的产品或物料名称、批号、数量等状态标志。
213	*7012	非无菌药品液体制剂配制、过滤、灌封、灭菌等过程应在规定时间内完成。
214	7013	生产中的中间产品应规定贮存期和贮存条件。
215	7014	原料药生产使用敞口设备或打开设备操作时,应有避免污染措施。
216	*7015	药品生产过程中,不合格的中间产品,应明确标示并不得流入下道工序;因特殊原因需处理使用时,应按规定的书面程序处理并有记录。
217	7016	药品生产过程中,物料、中间产品在厂房内或厂房间的流转应有避免混淆和污染的措施。
218	*7017	应建立原料药生产发酵用菌种保管、使用、贮存、复壮、筛选等管理制度,并记录。
219	7018	中药制剂生产过程中,中药材不应直接接触地面。
220	7019	含有毒性药材的药品生产操作,应有防止交叉污染的特殊措施。
221	7020	拣选后药材的洗涤应使用流动水,用过的水不应用于洗涤其他药材,不同药性的药材不应在一起洗涤。
222	7021	洗涤后的药材及切制和炮制品不应露天干燥。
223	7022	中药材、中间产品、成品的灭菌方法应以不改变药材的药效、质量为原则。
224	7023	直接入药的药材粉末,配料前应做微生物检查。
225	7024	中药材使用前应按规定进行拣选、整理、剪切、炮制、洗涤等加工,需要浸润的中药材应做到药透水尽。
226	*7101	应根据产品工艺规程选用工艺用水,工艺用水应符合质量标准。
227	7102	工艺用水应根据验证结果,规定检验周期,定期检验,检验应有记录。

228	7201	产品应有批包装记录,批包装记录的内容应包括:待包装产品的名称、批号、规格;印有批号的标签和使用说明书以及产品合格证;待包装产品和包装材料的领取数量及发放人、领用人、核对人签名;已包装产品的数量;前次包装操作的清场记录(副本)及本次包装清场记录(正本);本次包装操作完成后的检验核对结果、核对人签名;生产操作负责人签名。
229	7202	药品零头包装应只限两个批号为一个合箱,包装箱外应标明合箱药品的批号,并建立合箱记录。
230	7203	原料药生产中,对可以重复使用的包装容器,应根据书面程序清洗干净,并去除原有的标签。
231	7301	每批药品的每一生产阶段完成后应由生产操作人员清场,填写清场记录。清场记录内容应包括:工序、品名、生产批号、清场日期、检查项目及结果、清场负责人及复查人签名。清场记录应纳入批生产记录。
质量管理		
232	*7401	药品生产企业的质量管理部门应负责药品生产全过程的质量管理和检验,应受企业负责人直接领导,并能独立履行其职责。
233	7402	质量管理部门应配备一定数量的质量管理和检验人员,应有与药品生产规模、品种、检验要求相适应的场所、仪器、设备。
234	7501	质量管理部门应制定和修订物料、中间产品和产品的内控标准和检验操作规程,应制定取样和留样制度。
235	7502	原料药留样包装应与产品包装相同或使用模拟包装,应保存在与产品标签说明相符的条件下,并按留样管理规定进行观察。
236	7503	质量管理部门应制定检验用设备、仪器、试剂、试液、标准品(或对照品)、滴定液、培养基、实验动物等管理办法。
237	7504	生物制品生产企业应使用由国家药品检验机构统一制备、标化和分发的国家标准品,应根据国家标准品制备其工作标准品。
238	*7505	质量管理部门应有物料和中间产品使用、成品放行的决定权。
239	*7506	生物制品生产用的主要原辅料(包括血液制品的原料血浆)应符合质量标准,并由质量管理部门检验合格签证发放。
240	*7507	药品放行前应由质量管理部门对有关记录进行审核。审核内容应包括:配料、称重过程中的复核情况;各生产工序检查记录;清场记录;中间产品质量检验结果;偏差处理;成品检验结果等。符合要求并有审核人员签字后方可放行。
241	*7508	质量管理部门应审核不合格品处理程序。
242	*7509	质量管理部门应对物料、中间产品和成品进行取样、检验、留样,并按试验原始数据如实出具检验报告。
243	*7510	最终灭菌的无菌药品成品的无菌检查应按灭菌柜次取样检验。
244	7511	原料药生产用的物料因特殊原因需处理使用时,应有审批程序,并经企业质量管理负责人批准后发放使用。

245	7512	对生物制品原材、原液、半成品及成品应严格按照《中国生物制品规程》(或《中华人民共和国药典》)或国家药品监督管理部门批准的质量标准进行检定。
246	7513	质量管理部门应按规定监测洁净室(区)的尘粒数和微生物数。
247	7514	质量管理部门应评价原料、中间产品及成品的质量稳定性,为确定物料贮存期、药品有效期提供数据。
248	7515	质量管理部门应制定和执行偏差处理程序,所有偏差应有记录,重大偏差应有调查报告。
249	7601	质量管理部门应会同有关部门对主要物料供应商质量体系进行评估,并履行质量否决权。当变更供应商时,质量管理部门应履行审查批准变更程序。
250	7602	企业应根据工艺要求、物料的特性以及对供应商质量体系的审核情况,确定原料药生产用物料的质量控制项目。
产品销售与收回		
251	*7701	每批药品均应有销售记录。根据销售记录应能追查每批药品的售出情况,必要时应能及时全部收回。销售记录内容应包括品名、剂型、批号、规格、数量、收货单位和地址、发货日期。
252	7801	销售记录应保存至药品有效期后一年。未规定有效期的药品,其销售记录应保存三年。
253	7901	药品生产企业应建立药品退货和收回的书面程序,并有记录。药品退货和收回记录内容应包括品名、批号、规格、数量、退货和收回单位及地址、退货和收回原因及日期、处理意见。
254	7902	因质量原因退货或收回的药品制剂,应在质量管理部门监督下销毁,涉及其它批号时,应同时处理。
投诉与不良反应报告		
255	8001	企业应建立药品不良反应监测和报告制度,应指定专门机构或人员负责管理。
256	8101	对用户的药品质量投诉和药品不良反应应有详细记录并及时调查处理。对药品不良反应应及时向当地药品监督管理部门报告。
257	*8201	药品生产出现重大质量问题时,应及时向当地药品监督管理部门报告。
自 检		
258	8301	药品生产企业应定期组织自检。自检应按预定的程序,对执行规范要求的全部情况定期进行检查,对缺陷进行改正。
259	8401	自检应有记录。自检完成后应形成自检报告,内容应包括自检的结果、评价的结论以及改进措施和建议。

参考文献

[1] 国家食品药品监督管理局.药品生产质量管理规范(2010年修订)[EB/OL].(2011-01-17)[2012-01-10]http://www.sda.gov.cn.
[2] 国家食品药品监督管理局药品认证管理中心组织编写.药品GMP指南[M].北京:中国医药科技出版社,2011.
[3] 罗世富.药品GMP实施标准与GMP验证认证检查项目及企业自检案例实务手册[M].北京:中国科技文化出版社,2005.
[4] 罗文华.药品生产质量管理[M].北京:人民卫生出版社,2009.
[5] 何思煌.药品生产质量管理[M].北京:中国医药科技出版社,2009.
[6] 中华人民共和国药典编委会.中华人民共和国药典(2010年版)[M].北京:中国医药科技出版社,2010.
[7] 国家食品药品监督管理局药品安全监管司、国家食品药品监督管理局高级研修学院、国家食品药品监督管理局药品认证管理中心.药品生产质量管理规范(2010年修订)培训教材[M].天津:天津科学技术出版社,2011.
[8] 梁毅.药品生产企业GMP实务[M].北京:军事医学科学出版社,2003.
[9] 张亚丰.企业GMP与GMP认证实务全书[M].吉林:吉林摄影出版社,2002.
[10] 韩瑞亭.GMP应用基础[M].哈尔滨:哈尔滨工业大学出版社,2006.
[11] 梁毅.GMP教程[M].北京:中国医药科技出版社,2003.
[12] 罗文华.GMP实训教程[M].北京:中国医药科技出版社,2008.
[13] 朱玉玲.实用药品GMP基础[M].北京:化学工业出版社,2008.
[14] 李钧.药品GMP验证教程[M].北京:中国医药科技出版社,2002.
[15] 杨世民,丁勇.药品生产质量管理[M].北京:人民卫生出版社,2009.
[16] 梁毅.GMP教程[M].北京:中国医药科技出版社,2003.
[17] 李志宁,李钧.药品GMP简明教程[M].北京:中国医药科技出版社,2007.
[18] 范松华.药品GMP实务[M].第2版.北京:化学工业出版社,2010.
[19] 邓海根.制药企业GMP管理实用指南[M].北京:中国计量出版社,2000.
[20] 严振.药事法规实用教程[M].北京:化学工业出版社,2007.